韩喜平 主编

新时代中国精神价值传承

雷锋精神

张仲国 李 静 著

U0953155

东北大学出版社

图书在版编目（CIP）数据

雷锋精神 / 张仲国，李静著. — 沈阳 ：东北大学出版社，2023.8（2025.6重印）
（新时代中国精神价值传承 / 韩喜平主编）
ISBN 978-7-5517-3391-5

Ⅰ. ①雷… Ⅱ. ①张… ②李… Ⅲ. ①雷锋精神—青少年读物 Ⅳ. ①D64-49

中国国家版本馆CIP数据核字（2023）第163907号

出 版 者：东北大学出版社
地址：沈阳市和平区文化路三号巷11号
邮编：110819
电话：024-83680267（社务室） 83687331（市场部）
传真：024-83680265（办公室） 83680178（出版部）
网址：http://www.neupress.com
E-mail:neuph@neupress.com
印 刷 者：辽宁一诺广告印务有限公司
发 行 者：东北大学出版社
幅面尺寸：170 mm × 240 mm
印　　张：16
字　　数：265千字
出版时间：2023年8月第1版
印刷时间：2025年6月第3次印刷
责任编辑：向　阳　曲　直　袁　美
责任校对：郭爱民
装帧设计：潘正一　初　茗
责任出版：唐敏志

ISBN 978-7-5517-3391-5　　定价：70.00元

总序

INTRODUCTION

人无精神不立，国无精神不强。一个国家要有精神，它是国本；一个民族要有精神，它是脊梁。习近平总书记强调指出："精神是一个民族赖以长久生存的灵魂，唯有精神上达到一定的高度，这个民族才能在历史的洪流中屹立不倒、奋勇向前。"在几千年的历史流变中，中华民族生生不息、绵延发展，饱受挫折又不断浴火重生，其中很重要的一点就是我们的民族积淀了自身最深沉的价值追求和精神烙印。习近平总书记指出，"中华民族在几千年历史中创造和延续的中华优秀传统文化，是中华民族的根和魂"，"中华优秀传统文化是中华民族的精神命脉"。翻开中华民族精神图谱，无数耳熟能详的诗词诠释了中华民族精神脉络的核心内涵，例如："天行健，君子以自强不息"的奋斗精神，"天下兴亡，匹夫有责""先天下之忧而忧，后天下之乐而乐"的爱国情怀，"人生自古谁无死，留取丹心照汗青""为有牺牲多壮志，敢教日月换新天"的牺牲精神，"鞠躬尽瘁，死而后已"的奉献精神，"苔花如米小，也学牡丹开"的自强精神，"革故鼎新""徙木为信"的创新思想，"老吾老以及人之老，幼吾幼以及人之幼""扶危济困"的公德意识，等等。中华民族既坚守本根又不断与时俱进，始终保持着坚定的民族自信和强大的修复能力，培育了共同的情感和价值、共同的理想和精神。这些千百年传承下来的精神理念、精神文化，成为积淀中国精神的价值内核。

中国共产党在领导中国革命、建设和改革的伟大历史进程，之所以创造了惊天地、泣鬼神的辉煌业绩，就在于坚守初心使命、就在于不畏艰难险阻、就在于有一大批革命先驱、有一大批英雄人物，形成了伟大精神激励与指引，这种逐步积累和形成的思想结晶和精神谱系，是中国共产党人精神境界、精神风貌、精神力量的集中写照，是中国共产党百年历史经验的总结。把马克思主义基本原理同中国具体实际、同中华优秀传统文化相结合是必由之路，谱写了马克思主义中国化时代化的最新篇章。中国精神包含的独一无二的理念、智慧、气度和价值，增添了中国人民内心深处的自信和自豪。这种强大的精神支撑，成为中华民族战胜一切艰难困苦的有力武器和实现中华民族伟大复兴的动力之源。

伟大事业需要伟大精神。在我们全面建成小康社会，向着社会主义现代化强国奋进的新征程中，党的二十大报告要求我们弘扬伟大建党精神，自信自强、守正创新，踔厉奋发、勇毅前行。深入研究和广泛宣传中国精神，传承民族精神、弘扬时代正气、培育时代新人，要求理论工作者把中国精神阐释好。《新时代中国精神价值传承》（以下简称《丛书》）正是这样一套回应时代关切、弘扬中国精神的书籍。《丛书》选取中国共产党带领广大人民进行革命、建设、改革的奋斗历程中凝练形成的红船精神、井冈山精神、长征精神、延安精神、东北抗联精神、雷锋精神、铁人精神、“两弹一星”精神、特区精神、女排精神、劳模精神、抗疫精神等为源，由全国高校十余位知名教授、专家集体撰著，以历史的视角，放置于实现中华民族伟大复兴中国梦的大背景下，阐释中国精神的具体样式，立足近代以来中华民族伟大复兴历程，特别是中国共产党带领中国人民从站起来、富起来到强起来所展现出来的民族集聚、动员和感召效应的精神及其气象，从党的领导特点和大党风范入手，追溯和解读中华民族悠久的历史传统和中华儿女可歌可泣的历史经历，研究中国精神形成的历史背景、形成过程，挖掘其科学内涵和新时代的重要价值，展现当代中华民族精神的历史穿透力和生命冲击力。《丛书》包括12分册，分别是：《红船精神》《井冈山精神》《长征精神》《延安精神》《东北抗联精神》《雷锋精神》《铁人精神》《“两弹一星”精神》《特区精神》《女排精神》《劳模精神》《抗疫精神》。这些共同构成了中国精神的重要内容，是社会主义核心价值观的精髓和具体体现，昭示着中国共产党人的初心和使命，镌刻着中华民族砥砺前行的优秀品格，是迄今为止学术界和出版界反映以爱国主义为核心的民族精神和以改革创新为核心的时代精神的大型学术普及类系列著作，是中国文化软实力的重要显示。

伟大精神铸就伟大梦想。今天，我们比历史上任何时期都更接近中华民族伟大复兴的目标，比历史上任何时期都更有信心有能力实现这个目标。实现中华民族伟大复兴不仅需要强大的物质力量，更需要强大的精神力量。要把这种精神力量汇聚成14亿多中华儿女强大的奋进合力，就不能把中国精神存放在“博物馆”内、停留在“象牙塔”中。推出《丛书》，可以推进中国精神时代化、大众化，永续传承，把它变为新时代的实践伟力。站在新时代的历史基点上，立足精神对事件的辐射和普照，阐释一定历史时期的民族精神对重大社会事件、历史发展进程甚至个人事业与生活的重大影响；立足事件对精神的折射和反映，分析历史事件、个人事迹对民族精神的具体呈现，以期在精神与史实的双向关照中，使中国精神触动整个民族情结和个体心理情感，凝聚中华儿女奋斗的精神动力。从普适性来讲，中国精神不仅是中国共产党成就伟大事业的宝贵精神财富，也是全体中华儿女在实践中总结、凝练和形成的价值理想。《丛书》定位于普及性学术著作，力求以通俗易懂、生动鲜活地讲述故事的形式呈现，引领新时代精神风尚，激发中华儿女特别是青年一代干事创业的热情。从价值层面看，《丛书》重点挖掘在中国特色社会主义新时代的价值，这对于汇聚中国力量，弘扬中华优秀传统文化，践行社会主义核心价值观，坚守中国共产党精神谱系，提升中国文化软实力，培养担负民族复兴大任的时代新人具有重大意义。

“求木之长者，必固其根本；欲流之远者，必浚其泉源。”我们坚信，这套极具学术性、知识性、资料性和可读性的《新时代中国精神价值传承》，能够成为筑牢中华民族共同体团结奋斗的精神纽带，为凝聚起中华民族的磅礴力量，建设中华民族现代文明贡献一份力量。

韩喜平

2023年6月

韩喜平，教育部“长江学者”特聘教授，国家“万人计划”哲学社会科学领军人才，中央马克思主义理论与建设工程首席专家。

目录

CONTENTS

第一章 01

雷锋精神概述

有一个人，在历史的长河中来去匆匆。尽管他短暂的生命最终归于尘土，但始终散发着璀璨的光芒。他或许离你很近，或许素昧平生。当你看到了，你就能感受到他的力量；当你走近了，你就能体会到他的温暖。在你跋涉的人生路上，他始终在你身边从未走远。他激励着你在变革的时代去创造，在跨越的时代去奔跑，在奋斗的时代去奉献，在追梦的时代去拼搏。他的精神激励着我们践行这代人的使命。

他闪亮的名字告诉世界，不枉今生、不负将来。这个人就是雷锋。

雷锋，一个普通战士的名字，浓缩了几代中国人的共同记忆，书写了新中国70多年的精神年轮。雷锋是伟大的共产主义战士，是全心全意为人民服务的典范，是践行社会主义、共产主义思想道德的楷模。雷锋精神产生于中华民族“站”起来的时代，光大于“富”起来的时代，发展于“强”起来的时代。雷锋精神已成为全社会的道德标杆、精神标识、文明标记，是党和人民极为宝贵的精神财富，在社会进步中不断焕发出光彩，在新时代发展中不断散发着魅力。

半个多世纪以来，雷锋精神一直在神州大地上传颂……如一声炸响的春雷在中国大地回荡，似一股清新和煦的春风扑面而来。从“向雷锋同志学习”到“雷锋精神是永恒的”，雷锋带来的“暖流”汇成了一条波澜壮阔的大河。“雷锋”已远远超出了个人称谓，“雷锋”已成为一种精神、一种现象、一种文化。雷锋精神的传承史，其实就是新中国精神大厦的建设史，就是共和国道德领域的成长史。有哲人言：思想和身体，总有一个在路上。我们要说，物质和精神，一个都不能落下。中国人的精神世界永远需要一方明亮的天空，时代故事里永远离不开雷锋这样温暖人心的主人公。新时代需要传承雷锋精神，我们仿佛看到了他把自己化作国歌中的一个音符，红旗上的一根纤维；他把自己化作花丛中的红花一瓣，浪花中最清纯的一片。在青少年的成长故事集里，我们毫不犹豫地选择了雷锋，是因为雷锋总是伴随春天而行。只要他到来，只要有他在，精神世界的沃土中一年到头都适宜播种。雷锋像一首诗歌，越读越觉得生动，而这诗歌饱含真知、充满哲理；雷锋像一串故事，越讲越让人动情，而这故事只有延续、没有结尾。

“知雷锋、爱雷锋、学雷锋、做雷锋”，已成为具有一定全球影响力的文化活动。雷锋精神凝结着中华民族的优秀品德，闪烁着共产主义的道德光辉，信念的力量、大爱的胸怀、忘我的精神、进取的锐气，具有引领人们崇德尚义、向上向善的强大力量。60年来，雷锋精神完成了一种文化生成与构建，成为践行社会主义核心价值观的一面精神旗帜，成为中国特色社会主义先进文化中的一个重要符号，成为亿万中国人民心中一座巍峨的道德丰碑。

雷锋不仅属于中国，而且属于全人类。雷锋精神已成为全世界的精神财富。我们相信，雷锋精神会一直伴随着人类前行的脚步，会始终迷人地散发着永恒的生命之光。就让我们在雷锋的日记里读懂“德”，在雷锋的故事中感悟“善”，在雷锋的精神中体会“爱”……

雷锋，一个响亮而温暖的名字，一个令人肃然起敬的名字，一个让人倍感亲切的名字。他，不是领袖，但令人难以忘怀；他，不是诗人，但他的日记却广为流传。他，没有高大的身躯，却受世人仰慕；他，没有漫长的人生，却用短暂的生命诠释了永恒的价值。

一、雷锋成长历程

雷锋的生命虽然只有短暂的22年，但他的精神却是永恒的。在党的教育下，他从一名孤儿成长为一名共产主义战士，他从报仇、报恩的初心到爱党、报国的践行，让我们看到了一个不朽灵魂的成长历程。

（一）苦难童年

从湖南长沙跨过湘江，翻过岳麓山，沿着长宁公路西行大约15公里，在那连绵起伏的丘陵之间，有个小山村名叫简家塘，这就是雷锋的家乡。1940年12月18日，雷锋出生在湖南省望城县安庆乡简家塘村的一个贫苦农民的家庭里，原名雷正兴。因为这一年是农历庚辰年，父母就给他取了乳名叫“庚伢

图1-1 雷锋故居

子”。

那时候，在中国共产党领导下，抗日烽火燃遍全国。但国民党政府消极抗日、积极反共，致使日本侵略者的铁蹄踏到了湖南、湖北大片地区，再加上汉奸、走狗为非作歹，湘江两岸成了豺狼当道的世界，广大劳苦群众生活在水深火热之中。在残酷的民族压迫和阶级剥削下，几年中，雷正兴的爷爷、爸爸、妈妈、哥哥和小弟弟都相继死去。

雷正兴的祖父雷新庭生于1883年。雷家一直靠佃租地主唐四滚子10亩田来勉强维持半饱的生活。在高地租、高利贷和苛捐杂税的盘剥下，雷新庭得了重病，卧床不起。雷正兴1岁多的那年冬天，地主唐四滚子前来逼债，要雷家在年前还清租债。雷新庭无力偿还，悲愤交集，病情加重，于1941年年末，在过年的鞭炮声中被活活逼死，年仅58岁。

雷正兴的父亲雷明亮生于1907年，从小和雷正兴的爷爷一起务农，靠佃租地主家的土地生活。在1926年至1927年湖南农民运动中，雷明亮参加了本乡农民协会，当过农会会长、自卫队队长。大革命失败后，他到长沙仁和福油盐号当了挑夫。资本家逼迫他到江边去运货，结果他遭到歹徒毒打，重伤吐血，造成内伤，落下了病根。雷明亮带着伤回到家乡，边养病边种地勉强度日。1944年雷明亮被日军拉去做挑夫，由于反抗遭受毒打，吐血越来越厉害，因没钱医治，于1945年春天含恨病死，年仅38岁。

雷正兴的哥哥雷正德生于1933年。作为雷家的长子长孙，无论是祖父，还是爸爸、妈妈，都非常疼爱他。雷父死后家境更加贫寒，雷正兴的母亲痛下决心，托人把小正德送到400里之外的津市，到一个远房亲戚开的新胜机械厂做童工。不久就患上了童子痨（肺结核），晕倒在机器旁，一只手臂被撞伤了，并被轧断了一节手指。资本家看他已经致残，就把他赶出了工厂。雷正德被解雇后又到一家印染作坊当了童工。由于劳累过度，肺病加重，又无钱医治，1946年的秋天，这个过早地饱尝了生活磨难的孩子，在贫病交加中离开了那个可恶的世界，年仅13岁。

雷正兴的小弟弟雷金满是个“遗腹子”，生于1945年初冬。那时的雷家日子过得非常艰难，家中无米下锅，母亲没有一点乳汁，小小的孩子不到两岁便饿死在母亲的怀里。

雷正兴的母亲张元满生于1911年。她的父亲张春华是望城县霞凝港的一

图1-2 雷正兴的妈妈叮嘱小正兴要报仇

个铁匠，给孩子取名“张元满”，意思就是生到此为止了。因为家境贫寒，生下来不久，她就被送到长沙市内一个育婴堂里。当时坪山村的杨竹云在那里当佣人，她和丈夫杨庆生很喜欢这个可爱的孩子，就把小元满抱回家了。抚养到6岁左右，由于家庭生活困难，杨家就把小元满送给雷家当了童养媳。10岁时，她就和雷明亮完婚，乡亲们都亲切地称她为“雷一嫂”。雷母的针线活好。1947年夏，地主唐四滚子家的六小姐要出嫁，叫雷母去给做嫁妆抵还欠债。一天夜晚，她被唐七少爷凌辱了。中秋的夜晚，雷正兴的母亲悬梁自尽，年仅37岁。

年仅7岁的雷正兴从此沦为孤儿。六叔爷爷和六叔奶奶收养了他，雷正兴艰难地活下来。因为穷人很苦，多一个人就多一张嘴，他们又把雷正兴介绍到地主家放猪。在那里雷正兴得了百花疮，让人抬了回来，并得救。1948年，雷正兴看家里太苦，就拿着棍子出去讨饭。讨到一个地主家时，地主家没有给饭，却放出一条狗把他咬了。后来，雷正兴和几个小伙伴上山砍柴。一个姓徐的地主婆说这是她家的山地，雷正兴坏了她家的风水，于是夺过雷正兴的刀就向他身上砍去。地主婆在雷正兴手背上连砍三刀，给雷正兴留下了永久的疤痕。1949年4月和5月期间，雷正兴在荣湾镇一带讨饭时，地下党给他讲过许多革命道理，他为地下党撒过传单、贴过标语。一颗革命的种子深深地埋在了少年雷正兴的心中。

（二）先锋少年

雷正兴的童年是在苦难中度过的，共产党把他从旧社会中解放出来并送他读书。小雷正兴时刻记着党的恩情，并用自己的实际行动报答这一恩情。雷正兴由一名先锋少年逐渐成长为一名坚强的共产主义战士，最后成长为一名为人民服务的楷模。

1949年8月，雷正兴家乡解放了，安庆乡建立了人民政府、农民协会、妇女会和儿童团等组织。雷正兴担任了儿童团大队长，带领少年儿童们敲锣打鼓、扭秧歌，迎接解放军进村。他每天手持红缨枪，站岗放哨，监视地主和土匪的行动。1950年初，安庆乡开始土改，雷正兴分得二亩四分田，还有一些生活用品。对于庚伢子这个讨饭出身的孤儿，读书是他梦寐以求的事情，他做梦也没有想到自己还有上学读书的机会。

雷正兴读书的第一所学校是龙回塘小学，地址在黄花岭下的刘家祠，因此也有人称刘家祠小学，距离雷正兴家所在的简家塘大约2公里。农会主席彭德茂亲自把雷正兴送去学堂。从1950年下半年到1952年上半年，雷正兴在这所小学读完了一、二年级。这所小学是新中国成立初期当地乡政府为了解决失学儿童上学而创办的。可是，当时新中国百废待兴，困难重重，由于师资不足，龙回塘小学办不下去了。这时，安庆乡人民政府已经成立，彭德茂改任乡长。在彭德茂的安排下，雷正兴转到上车庙小学。这是雷正兴读书的第二所学校，在这里只上学半年，校舍被拆除。雷正兴又转到他读书的第三所学校——向家冲小学，在这里雷正兴完成了四年级的学业，也就是初小毕业。在向家冲小学，雷正兴刻苦学习，成绩优异，多次被评为

图1-3　彭德茂乡长送雷正兴上学

（绘画：雷锋辅导过的学生刘静）

优秀学生。他还积极参加学校的各项活动，成为了一名出色的腰鼓队队员，这为雷正兴后来的艺术特长奠定了基础。

1954年下半年，雷正兴以优异的成绩考上了高小，也就是雷正兴读书的第四所学校——清水塘完全小学。雷正兴在一篇日记里写道：“在那万恶的旧社会，我家受到了地主、资本家的残酷压迫，过着牛马不如的生活，祖祖辈辈没有进过学门，更没有上学读书的权利。今天，我进高小读书了，多么幸福啊！我要为毛主席争光，为雷家争气，克服一切困难，认真读书，长大了做一个有出息的人。”雷正兴是这样说的，也是这样做的。在清水塘完全小学读书期间，雷正兴在各项活动中都走在前面。雷正兴每天早早起身赶往学校，无论春夏秋冬，不管刮风下雨，上课从不迟到。1954年秋天，雷正兴在清水塘完全小学首批加入了少年儿童先锋队组织。在隆重的入队宣誓大会上，辅导员给他戴上红领巾并告诉他，“红领巾是五星红旗的一角，是无数革命先烈的鲜血染红的。新中国的少先队员，一定要用自己的实际行动，保持红领巾的鲜艳和美丽。”雷锋把这些话都牢牢地记在了心里。

加入少先队，雷正兴懂得了队旗和红领巾的含义，懂得了如何做一名合格的少先队员。他克服困难、好学上进的心劲儿更大了。

1955年上半年，雷正兴转到离家四五里远的荷叶坝完小读书，这是雷正兴读书的第五所学校。当时，这所小学只有四五名少先队员，而且正在筹备建立少先队组织。雷正兴来到这里后很快就成了建队的积极分子。他努力动员同学们入队，宣传少先队章程，也用自己的实际行动诠释了一名少先队员的责任。有一次，学校少先队去长沙烈士陵园过队日，当时雷正兴的任务是打大鼓。由于雷正兴个子小，大鼓又很重，他一连背着大鼓走了十几里，累得满头大汗，浑身都湿透了。辅导员发现后，要找别的同学替换他，可是雷正兴却说：“不累，不累，这是少先队交给我的任务，应该归我完成。就是再苦再累，我心里也觉得甜甜的呢。”他坚持走完了十几里，把这面大鼓背到了烈士陵园。

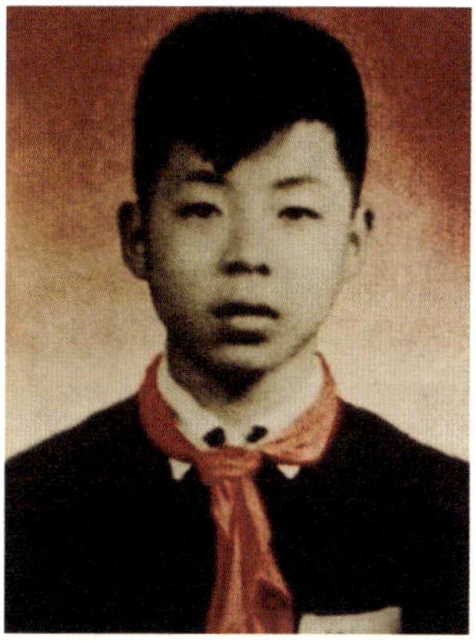
图1-4　少先队员雷正兴

1955年下半年，乡里组织扫盲运动，决定把没进过学校的乡亲们组织起来办夜校。雷正兴当时已经是六年级学生了，他听到办夜校的消息后，觉得自己也有一份责任，应该把自己所学的知识传播给每一位乡亲。他和好朋友小芳约定一起来承担这项工作。在他耐心的教导下，乡亲们学会了写字、计算。每到晚饭后，雷正兴便挨家挨户地叫他的“学生”去夜校上课，他们成了夜校出色的“小先生”。后来，从夜校出来的乡亲有的还当起了小文书、小会计。在年底，县里组织夜校检查评比，雷正兴等人办的夜校名列全县榜首。

图1–5 1956年，荷叶坝小学师生合影（前排左一为雷正兴）

1956年7月15日，望城县荷叶坝小学为高小学生举行隆重的毕业典礼。毕业典礼快结束时，雷正兴突然跑上讲台，含着热泪向大家倾吐自己的心声：

亲爱的老师，同学们：

我们小学毕业了。毕业以后，很多同学准备升入中学学习。我呢，我决定留在农村广阔的天地里，当一个新式农民。我决心做个好农民，争取驾起拖拉机，耕耘祖国大地，建设社会主义新农村。将来，如果祖国需要，我就去做一个好工人，为我国的社会主义工业化建设出把力。将来，如果祖国需要，我就参军做个好战士，用自己的鲜血和生命去保卫我们伟大的祖国，做人类英雄。

同学们，让我们在不同的岗位上竞赛吧！老师们，请你们看我的实际行动吧！

铮铮誓言宣示了雷正兴毕业后的人生抉择，并在日后的6年零1个月中，也就是到他1962年8月15日因公殉职时，都以只争朝夕的精神，用一个个实际行动，完美地践行了他的诺言。

（三）新式农民

1956年夏天，雷正兴高小毕业后，回到了简家塘他所寄居的堂叔家，从此结束了学生生活，和农业社的社员们一起出工参加农业生产劳动。这既是回报养育他的父老乡亲的极好机会，也是他正式走上为人民服务工作岗位之前的有益“见习”。

雷正兴很快就被他所在的简家塘生产队选为记工员。自从他当了队里的记工员后，社员们的劳动工分被记录得清清楚楚，再也没有发生社员们平日为工分争吵的现象。没过多久，彭德茂主持乡领导开会研究决定：安排雷正兴到乡政府担任通信员，同时仍兼任简家塘生产队记工员。这表明他的身份并非“脱产干部”，与普通社员有别之处在于他多了“误工补贴”一项。雷正兴一肩挑起了乡政府通信员与生产队记工员两副担子，白天在乡政府上班，晚上抽空回简家塘生产队为社员们记录劳动工分，做到两不耽误。有一段时间，他还作为“秋征助理员”协助乡干部到本乡各村和社队搞征收公粮工作。同时，他还是乡里办的农民夜校“高级班”学员，主要学习党在农村的方针政策和农业新技术知识，被评为“学习积极分子”。

1956年11月17日，雷正兴经时任中共望城县委组织部干事黄菊芳的推荐，来到中共望城县委机关担任公务员。他以主动积极、勤恳热情的工作赢得了领导和同志们的一致赞扬。1957年2月8日，雷正兴加入中国共产主义青年团。这期间，他先后三次被评为“模范工作者”，还荣获“模范共青团员”称号，并被县委机关评为“建设社会主义青年积极分子”。雷正兴入团后不久，他找到当时的县委书记张兴玉，想把名字“正兴”改为单字。张兴玉沉思了一会儿说：“就叫‘雷峰’吧。‘峰’是山峰、是高峰，这会永远激励你奋发努力，攀登高峰的。”雷正兴一听非常高兴，就把“雷峰”这个名字记在了本上，并把张书记给他改名的这件事告诉了同事。

雷峰在望城县委机关仅工作了15个月。这段时间是雷峰人生的起步阶段，县委机关同志特别是县委书记张兴玉在雷峰成长的道路上起了重要的作用，可以说是雷峰思想方面的启蒙老师。张书记借给雷峰的两本书《把一切献给党》和《钢铁是怎样炼成的》，雷峰看过多遍。书中的名言警句，雷峰都能一字不落地背诵下来。雷峰说："吴运铎和保尔，是每个青年学习的榜样。我要像他们那样去做。"张书记还注重从日常小事着手教育雷峰，被广为传颂的"螺丝钉"的故事就是一例。

图1-6 在望城县当公务员时的雷峰

1957年11月，雷峰向县委领导积极要求参加治理沩水工程，在治沩工程指挥部给总指挥赵阳城等领导当通信员。他在出色地完成本职工作的同时，还主动承担了很多危险困难的工作。在与洪水搏斗、抢救国家财产的斗争中，哪里最危险他就出现在哪里，直至圆满完成任务。

从1958年2月26日起，雷峰在国营团山湖农场和后来的五星人民公社当拖拉机手。这年春天，团县委号召全县广大青年、共青团员捐款买一台拖拉机给团山湖农场。雷峰积极响应号召，把自己省吃俭用节约下来的20元钱全部交给团组织，成为全县青少年捐款最多的一个，受到团县委的表扬。县委领导知道这件事后，决定派他去学开拖拉机，雷峰十分高兴。他到团山湖农场学开拖拉机简直入了迷，仅一个星期就可以熟练驾驶拖拉机了。雷峰写的《我学会开拖拉机了》一文，发表在1958年3月16日的《望城报》上。从此，望城有了自己的拖拉机手。

雷峰小学毕业后，两年多里换了多个工作岗位，从生产队记工员到乡政府通信员，从秋征助理员到县委机关公务员，从治沩工程指挥部通信员到国营团山湖农场拖拉机驾驶员，不论他在哪个岗位，都始终自觉地以全心全意为人民服务的精神和一流的工作业绩诠释着他对事业的奉献精神。这期间，雷峰在党的教育下、在以时任望城县委书记张兴玉为代表的各级干部和广大人民群众热心培养和帮助下，思想更加成熟了，这也铸就了雷峰望城青春之旅的飞跃与传奇。

在县里工作的这两年，特别是在团山湖农场工作期间，雷峰写下了一批脍炙人口的诗歌、散文、小说等作品。其中，1958年6月7日写于团山湖农场的日记《如果你是一滴水》堪称经典。这篇著名的“人生七问”虽然只有177个字，但从中我们看到了作者的思想境界和认识高度。当时不满18岁的雷峰用诗一样的语言叩问人生、叩问未来、叩问生活。显然，年轻的雷峰此时正激情满怀地探索着“人为什么活着”这个古老而重大命题的真谛，并找到了人生价值的最佳坐标点。这表明，雷峰在望城县工作期间，已经自觉而明确地把马克思所说的“为人类而工作”作为自己的人生追求，决定为未来的人类的生活付出自己的劳动，使世界一天天变得更美丽。

（四）模范工人

1958年下半年，鞍山钢铁公司（简称鞍钢）派人到望城县招工。雷峰响应党的号召，为支援国家工业建设，决定报名去鞍钢当工人。在报名前夕，雷峰想把名字中的“峰”改为“锋”。他解释说，自己将来要加入中国共产党，共产党是工人阶级的先锋队，成为其中的一员，做个先锋战士，把名字改为先锋的“锋”更有意义。这个想法得到了当时主持望城县委工作的赵阳城书记的支持。就这样，“雷锋”这个名字第一次出现在鞍钢的招工表上。从此，雷峰正式更名为雷锋。

1958年11月12日傍晚，这是一个让人热血沸腾的日子。长沙站里人流涌动，来自湖南湘潭、长沙、望城等各个地区的人都在向候车室里汇集，他们有着一个共同的目标——鞍钢。当时鞍钢从湖南招工五六百人，其中从望城就招工60多人。在那个年代，当一名钢铁工人成了年轻人最向往、最崇拜的职业。21点15分，一辆北去的普通列车载着雷锋和一群伙伴，也载着这一群年轻人的梦想从长沙出发。雷锋踏上了当一名“好工人”梦想的新起点，也开始了自己人生中最长的一次旅行。13日上午8时整，列车到达武昌站，在这里换车。下午3点多这些青年人继续乘车北去，坐了两天一夜，14日经北京中转，在京停留3个多小时后换车出关，直奔目的地——祖国的钢都鞍山。

1958年11月15日，雷锋来到了梦寐以求的鞍钢，走进化工总厂的洗煤车间，投入到火热的工作中。洗煤车间的白明利主任决定让雷锋跟李长义师傅学开C—80推土机。雷锋经常利用休班时间主动参加炼钢。那时工人是“三班倒”，每班8个小时。于是，雷锋每天要上两次班：一次是来当推土机手，一次是来炼钢。他忙得吃不好饭，睡不好觉，但干劲很足。

图1-7　在鞍钢当工人时的雷锋

雷锋在洗煤车间工作了9个月零5天。他到岗位后，虚心向师傅们学习，有不懂的地方就问，对老师傅们也特别尊敬。雷锋的技术水平提高很快，在较短的时间里就能独立工作了。原定一年的师徒合同，雷锋只用4个月就学会了驾驶技术，并第一个以优异的成绩取得了“冶金工业部鞍山钢铁公司安全操作允许证”。学会开车以后，他看到由于推土机出故障后维修工人修理要耽误很长时间，这样势必影响生产。于是，雷锋就利用业余时间向修理工人学习维修技术，在很短的时间内就掌握了推土机的性能和一般故障排除方法。这样，他在工作时，一发现推土机出故障，就能及时地排除，既节省了维修费用，又保证了生产的顺利进行。雷锋的这些做法很快在车间推广起来。许多工人既能操作又能维修，成了多面手，提高了生产效率。雷锋爱护设备胜过爱自己的眼睛，他精心操作，又精心维护。他一有时间就去保养推土机，从而保证了设备的完好率。雷锋使用的这台推土机多次被评为厂和车间的红旗设备，受到领导和同志们的赞扬。

1959年8月间，鞍钢要往弓长岭调一批人建焦化厂。那时弓长岭的工作环境非常艰苦，大多数人都怕调去。雷锋知道后，几次找到车间领导要求去支援弓长岭建设。雷锋说：“我之所以要去，就是因为我是一个共青团员，弓长岭虽然艰苦点，但这正需要青年人去锻炼一下。为了建设社会主义贡献我的一分力量。”在他的再三要求下，领导同意了他的请求。1959年8月20日至1960年1月2日，雷锋在鞍钢弓长岭焦化厂4个月零13天的建厂劳动中，挖地基、运建材、盖厂房、建宿舍，无论干什么活，雷锋都抢在别人前头，专拣重活、脏活干。

雷锋在鞍钢1年零2个月的时间里，用出色的劳动让火红的青春绽放，赢得了多项荣誉：他曾3次被评为先进工作者、5次被评为红旗手、18次被评为标兵、3次被评为节约能手及职工夜校优秀兼职语文教员，荣获鞍山市“青年社会主义建设积极分子”荣誉称号，出席了1959年共青团鞍山市委召开的青年社会主义建设积极分子代表大会。这时的雷锋深深地为工人阶级热火朝天奋战“1070”钢铁梦的建设氛围所感染，他的思想逐步发生变化，由初来鞍钢时淳朴的报恩向工人阶级的使命与担当方向转化。

1960年1月，雷锋从这里出发，走进了军营，从而迈向了伟大的共产主义战士的行列。

（五）伟大战士

雷锋从小就有参军报国的远大理想。早在1949年8月雷锋9岁时，家乡解放，迎接解放军进村时，他就有了参军的愿望。在雷锋五年级的时候，班主任肖老师的儿子从抗美援朝战场上回来。学校邀请肖老师的儿子给学生作报告。雷锋在大会上发言，慷慨激昂地说：“我现在年龄还小，等我长大了一定要参加中国人民解放军，做一个坚强的战士，保卫党中央，保卫毛主席，保卫社会主义祖国和全国人民……”

1959年12月3日，雷锋听了焦化厂党总支书记李钦荣的征兵动员报告之后激动万分，立即报名参军。遗憾的是，身高只有154厘米、体重不足55公斤的雷锋不符合当时征兵的条件；但雷锋因政治素质过硬并有经验技术以及百折不挠的毅力、矢志参军报国的决心，最终赢得了辽阳市委、市兵役局及接兵部队首长的关爱和支持，被特批入伍，走向军营，实现了他梦寐以求的远大理想。

1960年1月8日，雷锋穿上了军装，被编入新兵连。在全团欢迎新战友大会上，雷锋代表新兵作了发言。当天晚上，雷锋把一幅黄继光的头像（从画报上剪下的）贴在自己崭新的笔记本扉页上，并写道：“我要永远向您学习，英雄的战士黄继光！为了党和人民的事业，就是入火海上刀山，我甘心情愿，头断骨碎，身红心赤，永远不变。”接着，他写下了当兵第一天的日记。在新兵连里，雷锋受到了革命传统教育，感受到了革

图1-8　1960年1月1日雷锋入伍前的留影

命大家庭的温暖。同时，他把自己的光和热也全部献给了战友和同志。

1960年3月，新兵连训练结束了，雷锋被分配到运输连当汽车兵。就在他下连队之前举行的文艺晚会上，雷锋的表演天赋被团俱乐部主任发现了，主任指名要雷锋参加团里的战士业余演出队。在演出队，他拿着脚本起早贪黑地背台词、练动作，有时忙得连饭都忘了吃。可是，当大家一起合练节目时，才发现雷锋的湖南口音很重，和大家的声音不协调。俱乐部主任打算把他换下来，又怕挫伤他的积极性。雷锋了解到同志们的心情和领导的意图后，首先想到的是工作，而不是个人得失，他主动要求把自己换下来。角色换掉了，可他的心还在演出队里。他主动帮助替换了的演员把节目排好，并把演出队的勤杂工作全部包下来，烧开水、打扫排练场、收拾道具、照顾病号、接待观众，他样样都干。演出队演出的每个节目里，都包含着雷锋的辛勤劳动和雷锋的心血。

1960年4月7日，雷锋随同演出队来到抚顺，回到了运输连。这时，分配到汽车连的新兵已经学完了汽车理论课，要转入实际驾驶阶段了。雷锋落下了一个多月的课程，他一方面刻苦学习“汽车驾驶”课程，另一方面把汽车的构造、各种零件性能和操作方法同拖拉机、推土机做比较，找到相同点和不同点。由于雷锋学习刻苦，很快把落下的课程赶上了，而且担任了技术学习小组长。一个月后，雷锋成为一名合格的汽车驾驶兵。

雷锋觉得既然是个驾驶员，只懂开车还不行，还应该懂得修理，才能更好地完成任务。于是，他又努力钻研修理技术，成了一名出色的汽车修理工。除了工作外，雷锋最大的爱好仍然是学习。他学习的兴趣越来越广泛，政治、技术、文学、写作等，他无所不爱。尤其对马克思列宁主义、毛泽东思想，更是刻苦攻读、孜孜不倦。他曾把毛泽东的著作比作“粮食”和“武器”，比作汽车上的“方向盘”。

图1-9　军人雷锋

1960年8月，抚顺地区接连几天降暴雨，酿成洪水灾害，运输连接到了抗洪抢险的命令，雷锋坚决要求到抗洪抢险第一线。在这场抗洪斗争中，雷锋的突出表现受到了战友们的赞扬，团党委为他记了三等功。

1960年8—9月，团政治处连续收到两封表扬雷锋的地方来信：一封是抚顺市望花区和平人民公社寄来的，感谢雷锋支援人民公社100元钱；一封是辽阳市委寄来的，表扬雷锋支援灾区人民100元钱。这两封信对团政治处的同志震动很大。一个新战士，津贴很少，好不容易攒了点钱，却捐给了人民公社和灾区人民，雷锋到底是一个什么样的人呢？他们派了一个干事，到运输连了解雷锋的情况。在调查中，这个干事发现，雷锋克勤克俭，从来不舍得乱花一分钱。他参军以来，每月领到的津贴费，除一角钱交团费，两角钱买肥皂，再留点钱买书外，其余全部存入储蓄所。他穿的袜子补了又补，缝了又缝，不知补了多少次、穿了多少年，还舍不得丢掉。他的搪瓷脸盆和漱口缸已经破得不像样了，也舍不得买个新的。他的一件衣服，是从湖南家乡带来的，已经是补丁落补丁了，还穿在身上。连队每次吃饭，他都把洒在桌上、掉在地上的饭粒拾起来，送到猪食缸里。为工地运水泥时，他准备了一把扫帚、一个簸箕，每次出车回来都把洒落在车厢的水泥，一点一点地扫起来，倒进一个桶里存起来。他做了一个“节约箱”，把平时捡到的破铜烂铁、边角料、螺丝钉、牙膏皮、破手套等都装在里面，修车、修工具时能用上的就用上。发夏装时，施工部队规定每人发两套单军装，而雷锋却只领了一套军装。另外，这个干事还发现，雷锋经常利用节假日等休息时间参加义务劳动，做了许许多多好事。团党委树他为全团节约标兵。

1960年11月8日，雷锋被批准加入中国共产党。年底，雷锋的先进思想和模范事迹，以《苦孩子好战士》为题在报刊上发表。接着，不少单位邀请雷锋作报告。雷锋的事迹动人，讲演也感人，很受听众欢迎。

1961年8月，雷锋出席了抚顺市第四届人民代表大会，回连队后担任了四班班长。1962年春，雷锋带领全班和兄弟班的几个战友，到铁岭下石碑山区执行国防工程运输任务。这段路极其艰险，雷锋很不放心。他调查了道路情况并作了详细记录，提出了“三先、四勤、五不超、六不走、九慢”的安全措施，并绘制了路况地图，保证了任务的安全顺利完成。

1962年8月15日上午，雷锋和乔安山驾车从工地回到连队车场。雷锋不顾长途行车的疲劳立即去洗车。当时，战士们为了平时晒衣服，在路边立了一排约两米高的木杆，木杆顶上用8号铁丝拉着。雷锋让乔安山开车，自己下车引导。汽车的前轮过去了，但后轮胎外侧将木杆从根部挤压断。受顶部铁丝的作用，木杆反弹过来，不幸击中雷锋的右太阳穴，当场就打出血来，雷锋昏倒在地。战友们立即用担架把他送到抚顺矿务局西部职工医院（现抚顺市第二医院）抢救，副连长又开车飞速赶到沈阳二○二医院请来医疗专家。但由于伤势过重，抢救无效，雷锋于当日12时5分不幸因公殉职，年仅22岁。

雷锋在入伍后2年零8个月里，荣获二等功1次、三等功2次，受团营嘉奖多次，先后被评为学习毛主席著作积极分子，艰苦奋斗的节约标兵，少先队优秀辅导员，模范共青团员、共产党员。他当选为抚顺市人民代表，出席过沈阳部队首届共青团代表会议，并被选为主席团成员。

少年时的磨难，当农民的积淀，当公务员的成长，当工人的成熟，当军人的淬砺，让雷锋拥有了好思想、好作风、好品格，将雷锋推向其人生的辉煌之巅。

二、雷锋精神的形成与发展

雷锋精神产生于20世纪50和60年代，那是我们国家历史上一个特殊而辉煌的时代。人民共和国刚刚成立，百废俱兴，人民实实在在地感受到了当家做主的喜悦和幸福。党和政府在人民群众中有着巨大的凝聚力和号召力。新生的共和国以雷霆万钧之势迅速涤荡了旧社会留下的一切污泥浊水，社会风气为之焕然一新。建立在社会主义公有制基础之上的人与人之间的关系淳朴而诚挚，是一种真正的同志似的平等、互助、友爱的关系。社会主义建设事业红红火火，各条战线捷报频传，各种英雄模范人物辈出，这些都激励、教育着那个时代的青年人。即使是在三年经济困难时期，群众对于党和领袖也有着诚挚的信任，并坚信只要听党的话就没有战胜不了的困难。20世纪50年代末60年代初，国内国际的困难不仅没有压倒中国人民，反而增加了民族的凝聚力，激起了人们的干劲。

（一）雷锋精神产生的时代背景

从1949年到1959年，新中国经历了一个恢复国民经济、巩固人民民主专政和向社会主义过渡的恢复和发展时期，全国人民在中国共产党的领导下取得了举世瞩目的光辉成就。在经济建设上，超额完成了第一个五年计划，工农业产值和全国居民的消费水平都显著提高。1956年，我国基本上完成了对农业、手工业和资本主义工商业的社会主义改造，社会主义经济成分确立了牢固的统治地位，控制了整个国家的经济命脉，社会主义制度已经基本建立起来。20世纪60年代初期，由于帝国主义对中国采取孤立政策、实行长期经济封锁，加之苏联背信弃义，导致国民经济比例严重失调，国民经济面临严峻的形势，面对严峻的困难。中国人民既没有被困难吓倒，也没有屈服于外来的压力，而是更增强了自力更生、战胜困难、共渡难关的信心，激发了建设祖国的极大热情。在各条战线上涌现出许多英雄式的人物。国内的主要矛盾已经转变为人民对经济文化迅速发展的需要同经济文化不能满足人民需要的状况之间的矛盾。党的主要任务是领导人民发展生产力，实现国家工业化，逐步满足人民日益增长的物质文化需要。

（二）雷锋精神产生的社会历史条件

一个古老的东方大国摆脱了近百年的屈辱历史，走上了生机勃勃的社会主义道路。新中国成立初期，党领导人民用很短的时间肃清了国民党反动派残余，国民经济建设得到迅速恢复与发展，取得了举世瞩目的辉煌成就。共产党、毛主席在中国人民心中的威望得到显著提高。

1. 雷锋精神是社会主义政治、经济、文化的产物

新中国成立后，我国确立了人民当家做主的政治制度。1956年社会主义改造的完成，建立了公有制的经济基础。在革命和建设实践中，马克思列宁主义和毛泽东思想的指导地位也在我国逐步确立起来。社会主义经济、政治、文化条件的确立，极大地改变了中国人民的精神面貌。一个社会主义的中国屹立在东方，以崭新的面貌出现在世界民族之林。但是，反映这个时代的一代新人到底是个什么样子？这种新人的精神状态是什么样子？无论是过去的战斗英雄还是经济恢复时期的模范，都很难典型地体现这一代新人的面貌。雷锋的出现，正是这个新的社会和新的时代各方面条件孕育的结果。

2. 雷锋精神是社会主义社会教育和实践的产物

雷锋与一切革命道德传统的模范人物一样，具有“毫不利己、专门利人”的特点。他的思想不是天生的，而是在具体的实践活动中形成的。雷锋的一生虽然短暂，但他接受了新中国的学校教育，特别是懂得认真学习和实践当时中国化的马克思主义——毛泽东思想。雷锋得益于毛泽东思想的精神财富是显而易见的。同时，他又在工作中经受了实践锻炼，逐渐成长为一个具有社会主义和共产主义觉悟的模范人物。雷锋的言论和行动，与旧社会体现的“人性是自私的”谬论划清了界限，他不愧为用马克思列宁主义、毛泽东思想哺育的战士。

3. 雷锋精神是社会主义国家新型人际关系孕育的产物

雷锋作为一个典型的社会主义新人，他的出现与其周围的社会环境和具体经历有关。他对待人民像春天般的温暖，对待敌人像冬天那样严酷，对待个人主义像秋风扫落叶一样无情。这样爱憎分明的立场，推动他把有限的生命融入到无限的为人民服务中去。他到处助人为乐，到处做好事，表现了他对人民的真诚热烈的爱。这种热烈而真挚的爱，其实来自新社会体现的社会主义人际温情。雷锋在旧社会体验到的是私有制社会的残酷和冷淡，他的父母和其他亲人相继在旧社会去世，这个孤儿体验到了旧社会的黑暗和专制。新社会建立后，他得到了党和政府的关心和哺育，到处充满了他不曾想象到的关爱和真诚。雷锋在旧社会形成的冰凉的心被新社会人民大众的互相关爱暖化了，升温了。面前这个新社会使雷锋充满了希望，他觉得自己无论怎么奉献都无法报答这个社会带给自己的关爱。他忘我的奉献，高度的道德责任感，都是从这里涌流出来的。人民对他的爱，唤起了他对人民的无限热爱。这种对人民无限的热爱，又转化为他为人民服务的高尚精神。

（三）雷锋精神产生的社会文化基础

雷锋精神是一种文化现象。什么是文化？文化是一个很宽泛的概念，它有许多解释，众说纷纭、莫衷一是。马克思主义认为，文化是一种精神创造，它是人类通过劳动将在精神中积淀着的思维方式、抒情方式和价值观念等转化为物质形式或非物质形式的精神对象。因为这些物质形式的对象中沉积着人的种种观念，诸如国家观念、民族观念、宗教观念、审美观念等。至于社会意识形态及各种精神文明，如科学、艺术、社会伦理、宗教、哲学等非物质形式的对象，更是人类精神创造的产品，则是一目了然的。

雷锋的言行及其产生的巨大社会影响，他的行为所产生的物质的、精神的成果，以及雷锋遗物、遗言、日记等，都已打上了时代的印记，凝聚着雷锋精神。此外，雷锋纪念馆、雷锋公园，有关雷锋的塑像、题字碑等，标志着人们对雷锋的敬仰，纪念、学习雷锋成为一种社会风尚。这一切说明，雷锋、雷锋精神已成为一种文化现象。从雷锋精神的产生来说，它是中华民族优秀传统文化与革命的、社会主义新文化结合的结果。具体来说，它是中华民族优秀传统文化、革命红色文化和社会主义先进文化的结晶。从这个意义上说，它又是一种文化的继承。雷锋、雷锋精神已成为新时期精神文明建设的一份宝贵财富。从这个意义上来说，它又是一种思想文化现象。

1. 雷锋精神与中华民族传统美德

雷锋精神影响着人们的思想、行为。它作为一种思想境界，激发人们的进取心；作为一种精神支柱，是激励和促进个人、民族、国家进步的内在力量。雷锋精神就是一种社会道德观念，是朴素而高尚的美德。

中华民族优秀道德传统源远流长，博大精深。其“舍生取义、杀身成仁”、勇于牺牲的道德传统，造就了无数令人仰慕的民族英雄和志士仁人；其公而忘私、“鞠躬尽瘁、死而后已”的道德追求，形成了以集体为本、以国家利益为重的爱国主义精神，教育鼓舞了一代又一代中华儿女为了国家和民族的利益不惜抛头颅、洒热血；其“恭、宽、信、敏、惠”的道德准则，“己所不欲，勿施于人”的道德信条，在社会生活实践中形成了诸如尊敬师长、友爱兄弟、诚实守信、廉洁奉公、严于律己、勤俭节约的传统美德。这种道德产生的强大凝聚力，使中华民族历经五千年风雨沧桑而不衰。雷锋精神是在中国这块土壤上产生的，所以，雷锋精神又凝聚着中华民族的传统美德。在我们民族的历史上，克己奉公、舍己为人、勤劳俭朴、不畏艰难等从来就是为人们所称颂的美德。“大道之行也，天下为公”“老吾老，以及人之老；幼吾幼，以及人之幼”的社会理想，曾经长期为中国人民所憧憬。大禹治水三过家门而不入的故事，为人们千秋传颂。孔子把“博施于人，而能济众”视为“仁”的最高境界。墨子把“兴天下之利，除天下之害”看作一切事物中最可宝贵的“义”。诸葛亮“鞠躬尽瘁，死而后已”的精神，范仲淹“先天下之忧而忧，后天下之乐而乐”的胸怀，激励着一代又一代志士仁人……我们从雷锋公而忘私的共产主义风格、艰苦奋斗的革命精神和助人为乐的高尚情操等方面，都可以看到雷锋精神对中华民族传统美德的继承和发展。

雷锋一生做了许许多多平凡的帮助别人的事。他真诚地爱人、关心人，成为我们国家里爱人的精神象征。在人伦关系上提倡爱人，是中华民族古老人生哲理中的优秀部分。中国传统文化中，十分重视人际和谐关系，早在《尚书·尧典》中，就提出了人和人之间的相处问题。《论语》中也提出：“有朋自远方来，不亦乐乎?”“己所不欲，勿施于人。”“己欲立而立人，己欲达而达人。”可谓中国古代社会所遵循的基本道德准则，其核心就是“仁”。仁者人也，即人与人、人与社会的和谐关系。“仁”即爱人，包含着舍己为人、舍己爱人，强调的是从无私的动机出发的爱，主张“老吾老以及人之老，幼吾幼以及人之幼”。中国传统中的“爱人”思想，在雷锋身上得到充分的体现。雷锋说：“我觉得人活着，就是为了使别人过得更美好”“对待同志要像春天般的温暖”。这概括了雷锋的爱人思想，这是中华民族传统美德与革命优良传统相结合的产物。

1963年3月5日，毛泽东同志发出“向雷锋同志学习”的伟大号召。几十年来，在毛泽东、邓小平、江泽民、胡锦涛、习近平等中央领导人的亲切关怀和大力倡导之下，全国学雷锋活动从风生水起到如火如荼，持续着旺盛的生命力。雷锋精神，早已融入了中华民族文化的精神血液和道德肌体，传承了中华民族的优良品德，彰显着社会主义核心价值体系的精髓要义，滋养着一代代人的心灵，成为全国人民昂扬奋进的内驱力量。

2. 雷锋精神与共产主义道德

雷锋精神闪耀着共产主义道德的光辉。共产主义道德作为迄今最先进的道德，是对人类历史上一切进步的、文明的和有价值的道德观念的继承和发展。早在古希腊时代，亚里士多德就认为，人们应该为高尚的事业而生活，人生的目的就在所从事的事业之中。他说：“真正高宏之人，必能造福人类”。文艺复兴以后，早期空想共产主义者则进一步提出了他们的社会理想，希望消灭私有制，在公有制基础上建立起人与人之间新型的道德关系，使人类同享幸福和欢乐。他们认为，个人妨碍他人的幸福，损害公共利益，是不道德的；反之，牺牲个人所得以资助和成全他人，则是道德的。

在近代，为人类造福、为社会造福的思想，在歌德的《浮士德》中，在马克思中学毕业考试作文《青年在选择职业时的考虑》中也有所反映。少年马克思写道：“如果我们选择了最能为人类而工作的职业，那么，重担就不能把我们压倒，因为这是为大家作出的牺牲；那时我们所享受的就不是可怜的、有限的、自私的乐趣，我们的幸福将属于千百万人，我们的事业将悄然无声地存在下去，但是它会永远发挥作用，而面对我们的骨灰，高尚的人们将洒下热泪。”由此可见马克思主义产生以前人类追求崇高理想和美德所达到的高度，也可以看到共产主义道德对人类传统美德的继承关系。共产主义道德作为代表着未来的无产阶级的道德，是以马克思主义的科学思想为指导的，它超越了历史上一切道德的阶级局限性，比以往的和现存的其他阶级的道德更先进、更崇高，“拥有最多的能够长久保持的因素”，因而必然引起一切热爱真理、富于正义感的人的向往。明白了这个道理，我们就不难理解雷锋精神何以能在广大人民群众中薪火相传。雷锋精神的强大生命力，体现着共产主义道德的强大生命力。

随着马克思主义的广泛传播和中国共产党的诞生，中华民族优秀儿女和无产阶级先进分子在长期的革命斗争中发展了这一道德。毛泽东同志在《纪念白求恩》《为人民服务》等一系列著作中，对中国革命实践中形成的新型的道德作了科学的概括和总结。在毛泽东同志的论述中，共产主义道德和中华民族的传统美德得到了有机的结合。比如，毛泽东同志谈到生死问题时，引用了司马迁的话：“人固有一死，或重于泰山，或轻于鸿毛。”接着指出：“为人民利益而死，就比泰山还重；替法西斯卖力，替剥削人民和压迫人民的人去死，就比鸿毛还轻。”这里阐述的是共产主义的人生观，又完全是中国作风和中国气派的。这种民族性和科学性相统一的思想，成为雷锋精神直接的思想源泉。

任何一个时代占统治地位的思想，都是统治阶级的思想，道德也是这样。在新中国成立以前，共产主义道德还不可能成为在全社会占主导地位的道德。社会主义制度的建立，为社会主义道德（按历史类型来说，它实质上就是共产主义道德）的形成开辟了道路。20世纪50年代中期，我国社会主义改造基本完成。社会主义经济基础的确立，带来了人与人之间、个人与集体之间、个人与社会之间、企业之间、部门之间关系的一系列新变化，这些变化客观上要求在全社会建立一种新型的道德规范和行为准则。于是，建立在新的经济关系上的“思想社会关系”，即社会主义的道德关系开始形成。劳动人民当家做主地位的确立，要求人们以新的态度对待自己的社会和国家，于是爱党、爱国、爱社会主义的精神得以发扬光大；生产资料的全民所有和部门、行业之间的新型关系，要求人们以新的观念和态度来对待人民自己的财产，一心为公、克己奉公，发扬共产主义风格，用集体主义原则处理国家、集体、个人三者之间的利益关系；人与人之间在政治上经济上的平等，共同占有生产资料和在共同理想指导下的同志关系，使得我们祖先的某些道德理想开始成为现实，全社会开始形成助人为乐的良好风尚，急他人所急、想他人所想，把困难留给自己、把方便让给别人，被视为基本的道德常识。此外，社会主义经济要求人们立足本职工作，干一行、爱一行、钻一行。人民共和国的蒸蒸日上以及社会主义建设的困难和艰巨，要求人们艰苦奋斗、奋发图强。在社会主义按劳分配原则的基础上，社会先进分子进一步倡导无私奉献。

这一切表明，社会主义道德观念已经形成，并逐步成为全社会的道德规范；社会主义的新一代公民正在成长。在他们的行列中，出现了雷锋的名字。这位平凡而又伟大的共产主义战士的典型意义，就在于他集中地体现了社会主义的时代精神，是新兴的社会主义道德的一个全面的实践者，具备新型的社会主义道德的理想人格。社会主义经济关系所要求的一切道德规范和行为准则，他都默默地、一丝不苟地、全心全意地实践着。他用自己的一生总结了社会科学工作者需要用文字概括和总结的社会主义道德体系。

雷锋精神的思想道德价值是永存的。这不是空话，不是简单的逻辑推论，而是活生生的现实生活。在1998年抗洪中，解放军战士跳进江中，以血肉之躯阻挡汹涌的洪水，保护人民生命财产安全的公而忘私、舍己为人的精神，战非典中广大医护人员出生入死、舍己救人的高尚品质，不都是新时期新环境中雷锋精神的熠熠生辉吗？实际上在我们的生活中，在我们的身边，每时每刻都涌现出公而忘私、舍己为人的事例。特别是当我们回望2020年全国抗击新冠肺炎疫情这个没有硝烟却考验生死的无声战场时不难发现，雷锋精神的最可贵之处，就在于深深植根于广大人民的灵魂深处，融化在每一根平凡的血管里。

花好月圆、风平浪静的日子，显得默默无闻；但危难关头，无数来自四面八方、各行各业的平凡人们义无反顾、挺身而出，用最质朴却又最坚决的行动，冲锋在前、向险而行，展现着无我的大爱情怀和忘我的精神力量，雷锋精神也得到了最为精彩的诠释，展现着时代风采，展现着中国力量。

3. 雷锋精神与民族文化

雷锋精神深深扎根于中华民族优秀传统文化，集中体现了爱国主义、敬业奉献、自强不息、艰苦奋斗时代精神。雷锋既是中国共产党优秀党员、伟大的共产主义战士，也是中华民族的优秀儿女。雷锋平凡、短暂但又光辉的一生，既体现了共产主义精神，也体现了伟大的中华民族精神。习近平总书记在党的十九大报告中指出："没有高度的文化自信，没有文化的繁荣兴盛，就没有中华民族伟大复兴。"这是对文化自信最充分最有力的肯定。民族文化是一个民族最深沉最本质的记忆，是中华民族从神话传说的久远年代一路披荆斩棘，几度辉煌几度曲折走到现代的文化创造。历经五千年岁月洗礼，全世界只有中国的文字形体岿然不动。中华民族优秀文化是中国人血脉中流淌的文化基因。同时，又积淀着人类共同的价值要素，是人类文明的重要组成部分。中华民族精神，是维系中华民族团结和国家统一的精神纽带，也是促进中华民族与时俱进、不断走向兴盛繁荣和文明进步的重要精神动力。在人类历史上，中华文明之所以能绵延不断、生生不息，成为没有发生过断裂的社会文明；中华民族之所以能连续进步、自强不息，自立于世界民族之林，其重要原因之一就是我们中华民族具有一种源远流长、一以贯之并不断丰富发展的伟大民族精神，作为团结统一的文化纽带与精神支柱。而这种民族精神以及它所包含的种种传统美德和高尚品格，都是由众多的中华儿女前赴后继地用自己闪光的思想和行为来塑造和形成的，并在历史的演进中不断地得到丰富和发展。

应该说，能够传承和弘扬我们民族精神的，不仅有历代优秀的领袖人物和其他杰出人物，而且更重要的是那些默默无闻地为中华民族的生存发展而辛勤劳动和不懈奋斗的中华儿女，雷锋就是其中的优秀代表。他没有身居高位，也没有轰轰烈烈的业绩，他只是用自己极为平凡的言行，努力做好自己的本职工作，关爱国家、集体和他人，把有限的生命投入到无限的为人民服务之中去。雷锋精神的生命力，既在于它的无私和伟大，也在于它的平凡和一贯。所以，学习和弘扬雷锋精神，具有普遍的社会意义。

任何一种文化都具有民族性，都是以自己的民族精神为依托的。这种民族精神是文化传统的基础，是一个人、一个国家、一个民族的精神支柱。民族优秀人物创造出的精神成果，成为该民族的文化象征。中华民族传统文化的精华，比如，“天行健，君子以自强不息”“富贵不能淫，贫贱不能移，威武不能屈”“先天下之忧而忧，后天下之乐而乐”“天下兴亡，匹夫有责”“国而忘家，公而忘私”，等等，就是雷锋精神的根基和来源。雷锋精神既吸纳了中华民族传统文化的精华，又通过新的实践丰富了中华民族的民族精神。其中最宝贵的东西，比如，以国家与集体利益为重的责任感，自强不息、顽强拼搏的精神，先人后己、助人为乐的道德情操等，无不体现了中华民族优秀传统文化的博大精深，体现着东方文明的独特魅力。也有人这样总结雷锋精神在当代的体现，雷锋精神，体现为舍生忘死的奉献，体现为先人后己的情怀，体现为埋头苦干的担当等等。总之，中华民族的民族精神的独特魅力，正在通过雷锋精神以鲜明的个性丰富着世界文明。

雷锋精神体现了人类美好的精神追求。人类是由为数众多的民族组成的。各个民族之间存在着这样或那样的差别，存在着各自的优点和弱点，但是每个民族的人们总是向往真善美，向往和谐的社会，向往人的自我完善。雷锋精神在世界的传播，说明雷锋精神具有普遍意义，说明雷锋精神已经成为一种跨越国界的文化精神、时代精神，成为社会进步的一种标志。雷锋精神所蕴含的永恒的东西，就是雷锋精神为世界上很多人所认同的基础。

从雷锋精神形成的历史轨迹看，得益于中华民族优秀传统文化的哺育，雷锋从中汲取“爱国、忠诚、自强、勇敢、勤俭、友善、助人”以及“礼义廉耻”“仁者爱人”“乐善好施”等积极的道德文化元素，在社会主义社会实践的陶冶中，逐渐历练成“一心为公”的雷锋精神。雷锋精神根植于中华民族传统美德，又是中国共产党人先进性和先进文化的体现。雷锋精神是中华民族宝贵的精神财富。雷锋精神向全世界展示了中华民族精神的瑰宝和深厚底蕴，是民族文化走向世界的一个桥梁。

4. 雷锋精神与先进文化

党的十六大报告指出：“发展先进文化，就是发展面向现代化、面向世界、面向未来的，民族的科学的大众的社会主义文化”。对于先进文化的认识，产生于抗日战争年代，这是我党对于文化精髓的科学概括。几十年的实践证明，这样的认识是正确的。雷锋精神恰是我党所代表和倡导的先进文化的很好体现。

（1）雷锋精神是民族的。它深深植根于中华民族传统文化的沃土。雷锋同志的言论和行为可以说处处体现了中华民族的文化特征，比如雷锋同志的先进事迹，只有在中国这个特殊的国度里才能产生。毛泽东同志讲，只有民族的才是世界的。雷锋精神也是如此，雷锋同志的事迹是具体的历史，但雷锋精神的实质却是永存的。

（2）雷锋精神是科学的。雷锋同志是在毛泽东思想哺育下成长起来的，雷锋精神的内涵属于共产主义思想体系，是共产主义思想在中国社会的具体实践，因此雷锋精神的科学性是不言而喻的。

（3）雷锋精神也是大众的。雷锋同志没有做过什么惊天动地的大事，他的先进事迹都是日常人人几乎都可以做到的小事，在这些小事中体现了雷锋人格的伟大和思想境界的高尚。类似这样的事情，普通人都可以做到。所以雷锋精神并不是高不可攀，它不仅可敬，而且可学，从这个意义上说每个人都可能是雷锋。这一特点也是学雷锋活动长久不衰的重要原因。因此中国共产党代表和倡导的先进文化，雷锋精神是一个很好的具体体现。

三、雷锋精神的内涵

（一）雷锋精神内涵概述

雷锋精神是社会主义革命和社会主义建设的产物，集中体现了中国共产党人的崇高品质，凝结着中华民族的传统美德，闪烁着社会主义、共产主义的道德光辉。有着丰富的内涵和深刻的意蕴，是一面永不褪色、永放异彩的光辉旗帜。雷锋精神有狭义和广义之分。狭义的雷锋精神是对雷锋的言行和事迹所表现出来的先进思想、道德观念和崇高品质的理论概括和总结；广义的雷锋精神则已经升华为以雷锋的名字命名的、以雷锋的崇高品质为基本内涵的精神价值。60年来，雷锋精神在时代变迁中不断得以丰富和发展，已经具有了十分丰富的内涵。

（二）中华民族站起来时代雷锋精神的内涵

1963年，周恩来总理为雷锋同志题词：“向雷锋同志学习，憎爱分明的阶级立场，言行一致的革命精神，公而忘私的共产主义风格，奋不顾身的无产阶级斗志。”从四个方面对雷锋精神的内涵和本质特征作出了精确的概括，为广大人民群众开展学习雷锋活动指明了方向。

学习雷锋同志憎爱分明的阶级立场。雷锋同志对党无比忠诚，对党的理论真学真懂真信真用，自觉把自己的一切奉献给党和人民。爱党、爱国、爱社会主义，是雷锋精神的核心和灵魂。弘扬雷锋精神，最根本的就是要学习雷锋同志坚定的无产阶级立场和坚定的共产主义信仰，坚定不移地走中国特色社会主义道路。

学习雷锋同志言行一致的革命精神。雷锋对待工作像“夏天一样火热”，干一行爱一行，专一行精一行，像一颗“永不生锈的螺丝钉”，哪里需要就在哪里闪闪发光。雷锋同志这种对事业无比热爱、对工作极端负责、对学习孜孜以求的精神，不怕吃苦、诚实守信的品质，集中体现了先进分子的职业操守。这种认真钻研、扎实苦干、诚实守信的革命精神，为亿万人民群众做出了光辉榜样。

学习雷锋同志公而忘私的共产主义风格。雷锋克己奉公，“毫不利己、专门利人”，视国家利益和集体利益高于一切，始终保持勤俭节约、艰苦朴素的本色，始终以为人民服务为最大快乐。这种高尚品德，是雷锋精神的本质所在，也是雷锋精神中最感人的地方。在改革开放的今天，面对复杂的社会环境和多元化的价值取向，我们更需要弘扬雷锋这种高贵品质，引导人们不断校正自己的价值追求，提升思想道德境界，自觉践行社会主义道德观。

学习雷锋同志奋不顾身的无产阶级斗志。雷锋用自己光彩的一生，实现了“生为人民生，死为人民死”的誓言。雷锋的一生，坚持为社会服务、为人民群众服务，在困难面前奋不顾身，时刻把人民利益放在高于一切、重于一切的位置。学习雷锋奋不顾身的革命斗志，就是要像雷锋同志那样，当祖国和人民需要的时候，为了国家、人民的利益甘愿贡献出自己的一切。像雷锋同志那样，自觉地“把有限的生命投入到无限的为人民服务之中去”。

（三）中华民族富起来时代雷锋精神的内涵

中华民族富起来时代雷锋精神主要体现为：热爱党、热爱祖国、热爱社会主义的崇高理想和坚定信念，“服务人民，助人为乐”的奉献精神，“干一行爱一行，专一行精一行”的敬业精神，“艰苦奋斗、勤俭节约”的创业精神，“锐意进取，自强不息”的创新精神。总括起来，雷锋精神的核心就是全心全意为人民服务。这种精神体现了中华民族的传统美德，反映了社会主义道德的本质要求，彰显了共产党人的先进本色，是当代中国人民最为宝贵的精神财富。

1. 热爱党、热爱祖国、热爱社会主义的崇高理想和坚定信念

雷锋精神的首要体现，是对党、对国家、对社会主义的热爱。雷锋是党的忠诚战士，他时刻牢记党的宗旨，热爱党的事业，学习党的理论，坚持用先进理论武装头脑。他始终保持共产党员的政治本色，自觉把个人的命运与党和人民的事业紧密联系在一起，处处以国家、民族和集体利益为重，把个人的奋斗融入国家富强、民族振兴的历史洪流中，毫无保留地为祖国和人民奉献了一切。爱党爱国的坚定信念是激励我们为中国特色社会主义事业不懈奋斗的力量源泉。当前，改革开放和社会主义现代化建设全面推进，党和国家事业发展站在了新的历史起点上，我们要大力弘扬雷锋精神，引导人们深入学习雷锋热爱党、热爱祖国、热爱社会主义的崇高理想和坚定信念，升华爱国主义情怀，追求高尚的人生价值，自觉为民族振兴、国家富强、人民幸福贡献智慧和力量。

2.“服务人民，助人为乐”的奉献精神

雷锋以服务人民为最大幸福，以帮助他人为最大快乐，这是雷锋精神一个典型的标志，也是我们今天仍然要弘扬的一种崇高品德。雷锋的一生是无私奉献的一生，他以“燃烧自己、照亮他人”的实际行动，深刻地诠释了如何实现

人生价值的重要命题。无论在什么岗位，他总是把火一样的热情倾注其中，对待同志像春天般温暖，总是把方便让给别人，把辛苦留给自己；无论走到哪里，他总是将春天般的温暖带向哪里，他把有限的生命投入到无限的为人民服务之中去，每当人民群众遇到困难，他总是伸出援手、倾力相助；他走到哪里，好事就做到哪里，用真情和行动履行着一个公民的神圣责任，实践着一名共产党员的庄严承诺。雷锋在为他人做好事、为社会作贡献所体现出社会价值的同时，也收获了乐趣、满足和幸福，从而实现了个人价值。从雷锋精神中可以深切地感受到，脱离社会的“自我实现”，不可能真正实现人生价值。雷锋用自己的实际行动促进了良好社会风气的形成，助人为乐的宝贵品格体现着社会主义道德要求，是推动全社会形成良好道德风尚的重要力量。当前，面对建设社会主义核心价值体系的繁重任务，我们要大力弘扬雷锋精神，大力加强社会公德、职业道德、家庭美德、个人品德建设，引导人们深入学习雷锋全心全意为人民服务的思想，自觉践行社会主义道德规范，牢固树立社会主义荣辱观，在生活中热心助人、尊老爱幼、诚实守信、见义勇为，用实际行动促进良好人际关系和良好社会风气形成。

3.“干一行爱一行，专一行精一行”的敬业精神

雷锋是诚实守信、爱岗敬业的标兵。雷锋生前做过多种岗位的工作，但是他干一行热爱一行，干一行精通一行。雷锋早年在县里当通信员，就是模范工作者；开拖拉机，他是优秀拖拉机手；到了鞍钢当工人，他又是先进工作者；到了部队，他是先进战士；入了党，他是优秀党员；当了班长，他又是模范班长。无论是在农村、工厂和部队，还是当通信员、拖拉机手和班长，无论是任何时候，雷锋都充满了真诚之情、上进之心、奉献之意，总是竭尽所能，为党的事业多作贡献，为人民群众多做好事，在本职工作中当好“螺丝钉”。这一点在今天这样一个时代仍然是需要的，仍然需要像雷锋那样立足本职、忠于职守、兢兢业业、精益求精。雷锋如螺丝钉般的敬业精神，值得我们学习和发扬。

4.“锐意进取，自强不息”的创新精神

创新是一个民族进步的灵魂，是一个国家兴旺发达的不竭动力。雷锋把学

习作为基本需求，把创新作为重要动力，发扬善于“挤”、善于“钻”的“钉子精神”，勤奋学习科学理论，刻苦钻研业务知识，努力用现代科学文化知识武装自己、提高自己、完善自己。他始终保持乐观向上、斗志昂扬的状态，始终保持与时俱进、勇往直前的品格，敢于直面挑战，勇于克服困难，善于开拓创新，在创造性的劳动中升华人生价值。他坚持把学习当成一种人生追求，无论任何时候，他都能把所学知识充分运用于工作，在创新中为国家和人民谋福利。他总是抽出时间阅读《毛泽东选集》，并把它作为自己的思想指南。他满怀崇敬地学习方志敏、白求恩、董存瑞等英模的事迹，把他们作为自己的人生楷模和行为镜鉴。这种刻苦学习、锲而不舍、锐意进取的精神在今天这个社会中仍然受到大家的推崇。锐意创新的进取精神是激励我们坚持不懈走自主创新之路的不竭动力。当前，世界范围内以信息技术为先导的科技革命加速推进，创新越来越成为经济社会发展的重要引擎，越来越成为综合国力竞争的关键。我们要大力弘扬雷锋精神，引导人们深入学习雷锋锐意进取、自强不息的创新精神，敢于探索、勇于突破，在知识创新、技术创新、制度创新、管理创新和其他各方面创新中发挥聪明才智，成为知识型社会主义建设者，为提高自主创新能力、建设创新型国家作出应有贡献。

5.“艰苦奋斗、勤俭节约”的创业精神

雷锋有句名言：“在工作上，要向积极性最高的同志看齐；在生活上，要向水平最低的同志看齐。”雷锋的一生是艰苦奋斗的一生，雷锋自己很节俭，省吃俭用、节衣缩食，坚决反对贪图享受、铺张浪费。他在苦难环境中磨练意志，在艰苦条件下砥砺品行，始终保持昂扬向上、乐观进取的良好精神状态。他勤俭节约、生活朴素，对他人却很慷慨，把点点滴滴节省下来的钱用于支援国家建设，用于帮助解决他人困难。艰苦奋斗的优良作风是激励我们战胜前进道路上一切艰难险阻的精神力量。当前，社会主义初级阶段的基本国情没有变，经济发展中不平衡、不协调、不可持续的问题仍很突出，前进道路上还会遇到种种可以预料和难以预料的困难和风险，我们要大力弘扬雷锋精神，引导青少年深入学习雷锋艰苦奋斗、勤俭节约的创业精神，立足社会主义初级阶段这个最大的实际，不为任何风险所惧，不为任何干扰所惑，攻坚克难、埋头苦干，奋力开拓中国特色社会主义更为广阔的发展前景。

（四）中华民族强起来时代雷锋精神的内涵

习近平总书记曾指出，雷锋精神的核心内涵就是雷锋身上所具有的信念的能量、大爱的胸怀、忘我的精神、进取的锐气。在中国特色社会主义新时代，我们要结合时代发展，坚持与时俱进地大力彰显雷锋精神的核心内涵。

1. 信念的能量

习近平总书记指出："理想信念决定着我们的方向和立场，也决定着我们的言论和行动。"[①]雷锋精神的灵魂，就是其崇高而坚定的理想信念，表现为雷锋对党的无比热爱和忠诚，对共产主义的无比向往和执着追求。

坚定的理想信念，是雷锋成长为伟大共产主义战士的政治基石。"永远忠于党，忠于人民，为共产主义事业奋斗终身"是雷锋一生的政治信条，也是雷锋精神的核心要素，更是雷锋精神的内在规定性。当党号召大办农业时，雷锋就主动申请从县委机关下到农业第一线，成为县里一名优秀的拖拉机手，做了一名普通的新式农民；当党号召加强工业建设时，他就毫不犹豫地离开家乡，来到了"中国钢铁工业的摇篮"——鞍钢，成为了一名模范工人；当党号召青年应征入伍时，他又多次恳求参军，最终成为一名伟大的共产主义战士。虽然雷锋只是一名普通的共产党员，但他对共产主义的理想信念却坚如磐石，这是支撑雷锋为共产主义事业奋斗终身的精神源泉。他时刻牢记党的宗旨，忠诚党的事业，一心向党、一心为党，始终保持正确的政治方向和坚定的政治立场。雷锋在其短暂的22年生命历程中，虽然没有做出惊天动地的丰功伟绩，但他却怀有崇高理想和坚定信念，时刻把党和人民的利益放在高于一切的位置，把自己生命的每一分光和热都献给了党、祖国和人民，献给了伟大的社会主义事业，成为践行理想信念的划时代楷模。

我们从雷锋日记中可以看到，雷锋一直坚持认真学习马克思列宁主义、毛泽东思想，并且树立了共产主义理想。正是在坚定的共产主义信仰引领下，雷

---

① 习近平在纪念周恩来同志诞辰120周年座谈会上的讲话. 2018-03-01.

锋才能够自觉地把个人前途命运与国家、民族、社会主义的前途命运紧密联系在一起，处处严格要求自己，时刻保持共产党员的政治本色，主动申请到党和国家最需要最艰苦的地方工作，全身心地投入社会主义建设事业的伟大实践，以超越自我的有限性获得了生命价值的无限性。

2. 大爱的胸怀

以爱国主义为核心的民族精神，在雷锋身上有着极为生动的体现。雷锋对祖国爱得深沉，爱得久远，爱得坚定，爱得执着。著名诗人贺敬之在《雷锋之歌》中这样描述雷锋对祖国的炽热情怀，“你全身的血液，你每一根神经，都沸腾着对祖国的热爱”。雷锋总是自觉地把个人的前途命运与国家、民族，与社会主义的前途命运紧紧联系在一起，处处以国家、民族和集体利益为重，表现出主人翁的博大胸怀，体现了一种伟大的爱国主义精神。

大爱是雷锋精神的原动力，是雷锋精神具有永恒生命力的精髓所在，它贯穿于雷锋精神形成和发展的全过程。没有对党、对祖国和对人民的无限热爱，就没有雷锋精神的产生。雷锋爱憎分明、立场坚定，热爱党、热爱祖国、热爱社会主义，自觉把个人的一切都奉献给党和人民。雷锋的亲身经历让他深刻理解了幸福生活的来之不易，因此心怀感恩和倍加珍惜，并努力通过自己的实际行动表达了对党、国家和人民的忠诚、热爱和感激。在雷锋看来，人民的困难就是他自己的困难，帮助人民克服困难，是他应尽的责任，是他最大的幸福。他说：“我觉得要使自己活着，就是为了使别人过得更美好。”关心人民的疾苦，维护人民的利益，想人民之所想、急人民之所急、忧人民之所忧、乐人民之所乐，雷锋用这种对人民高度负责的精神、忧国忧民的大爱情怀和实实在在的助人行为拓展了生活的厚度，在平凡之中孕育了不朽的光辉。

雷锋的大爱胸怀是大爱无痕、润物无声。一滴水掉到土里，这个世界就会多一寸湿润的土地；一缕阳光照进黑暗，这个世界就会多一方明亮温暖的空间；一颗小小的螺丝钉拧进机器里，这个世界就会多一台正常运转的机器。无论大事小事，无论脏活累活，无论分内分外，雷锋总是默默地、心甘情愿地去做。在机关、在农场、在工厂、在部队，只要是有需要的地方，就有雷锋留下的足迹，就在人们心中留下了难以磨灭的印记。

雷锋的大爱胸怀是大爱无私、集体至上。大爱是无私的，集体利益应高于个人利益。集体主义是共产主义道德的基本准则，是共产党人处理国家、集体同个人关系时必须遵循的基本准则。雷锋精神始终闪耀着集体主义的光辉，彰显着对党、对民族和对国家高度负责的精神和大爱情怀。从雷锋身上，我们看到了大爱无私、集体至上的光芒在闪耀。

3. 忘我的精神

雷锋精神是“忘我”“无我”这种大公无私的共产主义价值观的生动展现，忘我的精神是雷锋精神的本质。雷锋为了共产主义事业将自己的生死置之度外，完美地诠释了“把有限的生命，投入到无限的为人民服务之中去”。雷锋虽然是一名普通的共产党员，却为中国共产党人全心全意为人民服务提供了人格示范和榜样力量，充分体现了共产党员大公无私的高尚情怀。中国共产党的根本宗旨就是全心全意为人民服务，全心全意为人民服务也是雷锋感人事迹的集中体现。雷锋用自己短暂的一生，用一个普通共产党员的实际行动模范地践行了党的根本宗旨。

雷锋把全心全意为人民服务作为自己的人生观，坚持“我活着是为了全心全意为人民服务”的人生信条，以使别人过得更美好为人生目的，以实现共产主义为人生理想，以对人民有用为人生价值，沿着把有限生命投入到无限为人民服务之中去的人生道路，为人类解放事业奉献自己的毕生精力和整个生命。

雷锋作为真正的共产主义者，牢固树立了全心全意为人民服务的共产主义人生观。他通过坚持不懈的理论学习和人生实践，创造性地回答了人生目的、人生理想、人生价值、人生道路等人生的根本问题。共产主义人生观认为，应当把全心全意为人民服务作为人生目的的核心内容。雷锋对此有自己独到的看法，他说，有人认为“人活着就是为了吃饭”，我觉得这种说法不对，我们吃饭是为了活着，可活着不是为了吃饭，“我觉得使自己活着，就是为了使别人过得更美好。”雷锋一生坚持倾己全力建设和保卫社会主义事业，竭尽所能为广大人民群众服务，从未懈怠，也从未动摇。

以“忘我”的境界为人民的利益无私奉献是贯穿于雷锋全部先进事迹的一条主线。他为国家和人民作出的每一分贡献都离不开他为民奉献的信念、意志和行动。因此，忘我的奉献精神是雷锋精神的本质。雷锋在他短暂的22年生命里，始终坚持在平凡的工作岗位上兢兢业业地工作，全心全意为人民服务。

他无时无刻不在为党、为国家、为人民和为社会主义事业奉献自己的光和热，如同春风化雨，润物无声，把自己的一切直至生命都献给了人类最伟大的事业——共产主义事业。可以说，雷锋是当之无愧的民族脊梁。

4. 进取的锐气

在雷锋身上始终澎湃着创新的激情与活力，始终保持积极向上的人生态度、勇往直前的奋进意志。在成绩和荣誉面前谦虚谦逊、不骄不躁，在困难和挑战面前愈挫愈勇、开拓进取，以富于创新的精神和富于创造的劳动，升华自己的人生价值，实现自己的理想抱负。雷锋锐意进取、勇于创新的集中体现，就是我们常常提到的“钉子”精神。在学习上，雷锋永不停步、永不满足，不断充实自己、提高自己、完善自己。他善于抓住一切可以利用的时间抓紧学习，特别是无时无刻不在刻苦学习毛泽东思想，他时刻放在枕边读的最多的就是《毛泽东选集》，不但认真阅读，而且注重理解，一边读书，一边画学习重点写阅读心得。雷锋在日记中写道：“毛主席著作对我来说好比粮食和武器，好比汽车上的方向盘。人不吃饭不行，打仗没有武器不行，开车没有方向盘不行，干革命不学习毛主席著作不行。”毛泽东主席在读过雷锋日记后，也连连称赞雷锋同志懂哲学。

在工作上，雷锋敢闯敢干、从不懈怠，对待工作“像夏天一样火热”。他一生在多个行业、多种岗位工作过，始终坚持干一行爱一行、专一行精一行，始终保持着“做人民的小学生”的谦虚进取之心，在工作上向积极性最高的同志看齐，处处不忘学习新本领，不断钻研农业生产、驾驶、投弹等工作中的技术问题，并进行技术创新。

尽管雷锋工作繁忙，但凭借肯吃苦、能钻研的精神，他不但本职工作表现突出，多次受到表彰，还在工作之余通过学习提升了自己的思想认识水平，掌握了很多技能。正是凭着钉子一样的挤劲和钻劲，雷锋在鞍钢工人岗位上取得了出色的成绩，多次获得“生产标兵”“红旗手”“先进生产者”等荣誉称号，还出席了鞍钢青年社会主义建设积极分子大会。雷锋在部队2年8个月，曾被评为“节约标兵”“模范共青团员”“学习毛主席著作积极分子”，荣立二等功1次、三等功2次，还当选了抚顺市第四届人大代表。雷锋被评为100位中国成立以来感动中国人物和新中国“最美奋斗者”。

四、雷锋精神的时代价值

我们要从传承优秀民族文化、推进“两个一百年”、实现中华民族伟大复兴中国梦的高度，更加全面、深刻地认识新形势下雷锋精神所具有的时代价值。

（一）雷锋精神是中华优秀传统文化的结晶

中华文明源远流长，这种文明寄托着中华民族内心深处最真实的精神追求，孕育了中华民族最向往的崇高道德理想，是我们国家最深厚的软实力。习近平总书记曾指出，雷锋精神正是中华民族精神最好的写照，是我们“民族的脊梁”。中国传统文化博大精深，自古儒家就有推崇“仁义礼智信”和“温良恭俭让”的道德文化传统，中国人也在传统文化的熏陶下形成了独具特色的人格特质。回顾中华民族的伟大发展历史，人们能够明显地感受到中国人民始终以“天下兴亡，匹夫有责”的担当精神承担着全球发展重担，以“天行健，君子以自强不息”的坚韧品格开拓中国发展道路，以“仁者爱人”的厚德载物道德理想弘扬民族文化。正是因为有着优秀传统道德文化的强大凝聚力和影响力，中国人民总是能在中国共产党的领导下冲破国家、民族、文化的层层发展阻碍。中华民族的传统文化已经渗透到了每一个中国人的血脉里，雷锋精神也正是在传统文化的积淀中发展起来的。雷锋出生在湖南长沙，从岳麓书院“惟楚有材，于斯为盛”的对联就可以看到传统文化对湖南人民的影响力。虽然雷锋只读过六年书，却是一个书不离手的好学之人，所受的传统文化教育驱使他以极大的热情投入到建设社会主义新中国的伟大事业中，处处为国家着想，凭着自强不息、厚德载物的人格特质奋斗在艰苦的一线，他身上的精神是传统文化的高度凝结。

（二）雷锋精神是社会主义核心价值观的体现

社会主义核心价值观是全国56个民族共同的价值取向，是中国经济社会蓬勃发展必不可少的关键道德能量。习近平总书记曾对雷锋连指导员谢正谊说，雷锋精神是社会主义核心价值观的生动体现。中国共产党结合中国特色社会主义建设的实际情况，将全国人民的智慧进行最大程度最广范围地集中，终于凝炼出涵盖国家、社会、公民三个层面价值准则的社会主义核心价值观，并强调要突出在三个层面对人民生活的指导，推动个人层面的价值观在全国人民群众中的践行，使百姓习以为常。中国历来强调“爱国如饥渴”“敬业乐群”“言必信，行必果”“与人为善”等道德品格，可见作为公民层面的爱国、敬业、诚信、友善的价值观具有中国传统文化的基因，也具有非常重要的时代价值。雷锋正是在平凡的工作和生活中，秉承着中国共产党全心全意为人民服务的根本宗旨，无论是当农民、公务员、工人还是当士兵，他都始终以集体主义为最高原则，时刻坚持“没有国家，就没有个人”的爱国主义，时刻坚守“机器上的一个螺丝钉”的敬业精神，时刻践行“言行一致”的诚信人格，时刻展现“对待同志像春天般温暖”的友善品质。雷锋同志作为一名普通群众和普通战士，始终保持尽己所能地在最普通的工作岗位上作出不平凡的贡献，生动体现了社会主义核心价值观的本质要求。

（三）雷锋精神是社会文明进步的正能量

实现中华民族伟大复兴中国梦，必须同步推动物质文明建设和精神文明建设。现代中国的发展不但要实现“仓廪实、衣食足”式充实无忧的物质生活理想，更要实现“知礼节、知荣辱”式高尚的精神生活理想。习近平总书记曾指出，雷锋精神为实现中国梦提供着强大的精神动力。他在回信给本禹志愿服务队的时候，希望他们继续发扬志愿者精神，争取为实现中国梦作出新的更大贡献。雷锋精神是民族精神和时代精神的统一，是中国精神最真实的反映，更是促进社会文明进步的道德“动力源”。雷锋坚持不怕苦不怕累、爱国奉献等高尚价值追求，他的精神不但影响着工厂、部队的同事，也作为先进典型影响着社会上的广大群众。特别是在1963年3月毛泽东同志向全社会发出“向雷锋同志学习”的号召以来，全国各地涌现出成千上万名学雷锋做好事的先进人物，社会上呈现出向上向善、助人为乐、爱国敬业的良好道德风尚，有效地提升了社会主义精神文明水平。

五、雷锋精神的世界影响

雷锋在短暂的一生中获得了很多荣誉。在他牺牲后，人们依然没有忘记他。2009年9月10日，雷锋被评选为“100位新中国成立以来感动中国人物”之一；2019年9月25日，雷锋被评选为“最美奋斗者”。虽然历经60年的风雨磨砺、沧桑变迁，但在无数中国人的心目中，雷锋的名字已经成为一种美好事物的代名词。他的崇高品质和感人事迹体现了中华民族的美德，是中华民族的一座内涵丰富、意蕴深刻的精神丰碑。在世界大变革、高度全球化的当下，雷锋精神是中国为人类世界贡献的精神食粮。每一个国家都在寻找自己的“雷锋”，雷锋精神影响所及远不止一个人、一个单位、一个国家。

（一）一个士兵，一种精神，赢得了几代领导人的赞誉

迄今为止，雷锋获得了两项大世界吉尼斯纪录：一项是2012年获得的“雷锋是党和国家领导人题词最多的士兵”；另一项是2017年获得的“以个人为题材出版书籍最多的士兵——雷锋”。60年来，雷锋热爱党、热爱祖国、热爱社会主义的崇高理想和坚定信念，服务人民、助人为乐的奉献精神，干一行爱一行、专一行精一行的敬业精神，锐意进取、自强不息的创新精神，艰苦奋斗、勤俭节约的创业精神始终占据着中国道德制高点，成为人人学习的一种道德准则，也赢得了几代领导人的盛赞。

1963年3月5日，毛泽东“向雷锋同志学习”题词在《人民日报》上发表。

周恩来同志题词：“向雷锋同志学习：憎爱分明的阶级立场，言行一致的

革命精神，公而忘私的共产主义风格，奋不顾身的无产阶级斗志。”

邓小平同志题词：“谁愿当一个真正的共产主义者，就应该向雷锋同志的品德和风格学习。”

江泽民同志题词：“学习雷锋同志，弘扬雷锋精神。”

胡锦涛同志指出：“一个只有22年短暂生命的普通共产党员，能够赢得亿万人民如此崇高和长久的敬意；一个普通的战士所表现的高贵品质，能够激励几代人的健康成长；一个群众性的活动，能够在几十年历史进程中延续不断，影响一个时代的社会风尚，这表明雷锋精神对于我们这个民族和社会过去具有、现在仍然具有重大价值和时代意义。”①

习近平总书记在讲话中也多次提到雷锋，总书记指出：“雷锋精神是永恒的，是社会主义核心价值观的生动体现。”②“雷锋是一个时代的楷模，雷锋精神是永恒的。”“学习雷锋精神，就要把崇高的理想信念和道德品质追求融入日常的工作生活，在自己岗位上做一颗永不生锈的螺丝钉。”③

60年来，我们党的领导人高度评价雷锋，并大力倡导弘扬雷锋精神，相继将雷锋精神列为社会主义精神文明建设、社会主义核心价值体系建设的重要内容，不断给学雷锋活动注入新的活力和内涵。雷锋始终活在亿万人民心中，成为一座精神丰碑；雷锋精神激励和影响了几代人，是我们党和国家一笔宝贵的精神财富。

（二）一项活动，一份传承，影响了一个民族的道德观

1963年，毛泽东等老一辈革命家相继为雷锋题词，每年的3月5日被确定为中国的“学雷锋日”。雷锋的名字随之传遍神州大地，全国掀起群众性学雷锋活动。在我们党和国家的历史上，雷锋这个普通的共产党员、解放军战士能够受到亿万人民的厚爱和崇敬，一项群众活动能够在这样长期的历史发展过程

---

① 胡锦涛. 在纪念毛泽东等老一辈革命家为雷锋同志题词三十周年大会上胡锦涛同志的讲话[N]. 人民日报，1993-03-05.

② 习近平主席在接见军队人大代表时的讲话. 2014-03-14.

③ 习近平总书记参观抚顺市雷锋纪念馆发表的重要讲话. 2018-09-28.

中保持生生不息的势头，也是绝无仅有的。从一个国家的层面，政府引领全社会掀起学习雷锋的热潮，对塑造良好的社会风尚、激发人们建设祖国的热情、实现中国梦产生了深远的影响。

雷锋这个典型的产生，标志着从社会主义制度建立和社会主义改造完成开始形成的社会主义道德逐步趋于完善，雷锋精神是那个时期社会主义价值观念和道德准则的一面旗帜。60年来，中国社会经历了深刻的经济转型和社会变革，但雷锋精神始终焕发着永恒的魅力，激励着人们无私奉献、做一颗永不生锈的螺丝钉。学雷锋做好事是人们对雷锋精神的充分肯定和热情赞扬，这是一种很原始的道德观，就像人的恻隐之心，是一种本然之善。现代社会，无论是常态下的举手之劳，还是危难时的雪中送炭，都让我们对公民的道德观有了更丰富的理解。从隐姓埋名的“两弹”元勋到为国争光的体育健儿，从血洒战场的部队军人到驻守边疆的国家卫士，从救死扶伤的白衣天使到坚守山村的人民教师，从主动驰援武汉的“逆行者”到自觉居家隔离的普通百姓，在他们身上除了良知良能的道德观外，还多了一分责任与使命。他们时刻都在践行着这份使命，这些都是对雷锋精神的一种传承。60年来，雷锋精神已经融入到每一个中国人的学习、工作、生活中。

1. 雷锋“向上”的人生姿态影响着我们奋发有为

纵观雷锋短暂的一生，他始终具有一种积极向上的生活态度，对新中国、新生活充满无限热爱和美好向往，始终以饱满的热情和充足的干劲投入到工作、学习之中。当前，全面推进社会主义现代化建设，开启第二个百年奋斗目标，需要大力弘扬雷锋精神，需要学习雷锋这种乐观向上、积极作为的人生姿态。在工作上“向上”，我们应该像雷锋那样爱岗敬业、刻苦钻研。无论我们从事什么工作，都不能缺少雷锋精神。再平凡的岗位都可以作出不平凡的贡献，只要你的人生观、价值观是正确的，你的工作就会有不尽的原动力。在学习上“向上”，我们应该像雷锋那样发扬“钉子”精神。雷锋说：“有些人说工作忙，没有时间学习。要学习时间是有的。问题是善不善于挤，愿不愿意钻。一块好的木板，上面一个眼都没有，但钉子为什么能钉进去呢？一个是挤劲，一个是钻劲。”我们在学习上要发扬“挤”和“钻”的“钉子”精神，努力学习，刻苦钻研，练就本领。在生活上“向上”，我们应该像雷锋那样发扬艰苦奋斗、勤俭节约的创业精神。雷锋说:“在工作上,要向积极性最高的同志看齐;在生活上,要向水平最低的同志看齐。”勤俭节约、艰苦奋斗是雷锋精神在生活作风上的本质体现。

2. 雷锋“向善”的人生境界影响着我们心怀大爱

雷锋心中有爱。他爱党,爱国,爱人民,心里永远装着别人,全心全意无私奉献。在其短暂的生命中,他始终用快乐与感恩诠释着对“善”的追求与执着,雷锋的这种“向善”无时无刻不在影响着我们。在理想信念上“向善”,我们要像雷锋那样发扬匹夫有责的爱国精神。雷锋从一无所有的孤儿到新社会的主人,始终对党和毛主席心存感激。这种深厚的感激之情成为雷锋人生的重要精神支柱。他由此形成了一心向着党、向着社会主义、向着共产主义的坚定政治信念,这是雷锋精神经久不衰的灵魂所在。在实现中华民族伟大复兴的新阶段,雷锋精神引领着我们积极投身改革开放和现代化建设事业,以“天下兴亡,匹夫有责”为信条,为实现国家富强、民族振兴、人民幸福而拼搏奋斗。在价值取向上“向善”,我们要像雷锋那样发扬大爱无疆的奉献精神。雷锋说:“一滴水只有融进大海才不会干涸,一个人只有把有限的生命投入到无限的为人民服务之中去才能充分体现自身价值。”全心全意为人民服务是雷锋精神的实质,也是雷锋精神能够保持旺盛生命力和持久活力的源泉。雷锋的奉献精神影响着更多的人去做一名志愿者,这种志愿服务就是大爱精神的生动反映,也是新时代学习雷锋活动的延伸和拓展,“奉献、友爱、互助、进步”的志愿者精神是雷锋精神的时代性和先进性的具体体现。在人际关系上“向善”,我们要像雷锋那样发扬助人为乐的精神。雷锋有句名言:“活着就是为了使别人生活得更美好。”雷锋一生中做了数不清的好事,他可以在任何时间、任何地点帮助一切有困难的人。雷锋这种“做好人好事不留名,舍己为人不求回报,互助合作不计报酬”的“傻子”精神,对于全社会形成合作互助的新型人际关系和良好道德风尚起到了良好的示范和引导作用。

(三)一个好人,一种文化,讲述了最朴实动人的中国故事

“感谢你们对一个中国好人如此怀念!”这是2004年4月,德国人彼特在参

观了抚顺市雷锋纪念馆后的留言。“一个中国好人”，这是对雷锋最准确也最简洁的描述，更是外国人了解雷锋、感知雷锋精神后的最直接表达。雷锋精神无国界，在世界范围内，雷锋的事迹也感动了无数来自国外的参观者。他们在了解雷锋的事迹后，有的将雷锋的故事传播到世界，有的则在平时的生活中以身作则地践行着“学习雷锋”的承诺……当美国记者听完讲解员的讲解后，信服地说:“雷锋做的事是真实的，他很平凡，但能经常坚持下来就很伟大。”美国记者临别时还在留言簿上写道:“雷锋精神是人类的财富。”从20世纪到21世纪，从发展中国家到发达国家，从亚洲、非洲、拉丁美洲到欧洲、美洲和大洋洲，都在传播和逐渐接受雷锋精神，不再受地域和社会制度以及宗教信仰的束缚和隔绝。

毋庸置疑，雷锋首先是个好人，诚实善良、扶弱济困，但他远不只是个好人。雷锋精神的价值不仅在于行为，更是思想文化。我们被雷锋精神感动，是源自于他做的那些好事。历史把雷锋精神传承下来并深植于中华民族的文化基因中，是因为雷锋的那些思想、那些信念。许多外国人也为雷锋精神所激励，可以说这是中华优秀儿女和优秀文化对世界文明的贡献。雷锋作为一个自然人，是中国的。不过，当雷锋成为一种文化符号的时候，成为人类共同倡导的一种价值观和良好风尚时，就不仅仅是一个人，而是一种精神载体、一种文化传承。雷锋精神包括“平凡而伟大”“言行一致”“公而忘私”“奋不顾身”“螺丝钉精神”“傻子精神”“钉子精神”等，在道德价值观上表现为“甘做人民勤务员”“助人为乐”“无私奉献”等。这些使雷锋精神的抽象概念变得有血有肉，成为新时代人类共有的价值追求和世界通用语言。在价值多元化的世界中，雷锋精神向人们昭示的是奉献社会、服务人民和助人为乐的崇高道德精神，讲述的是最美的中国故事。

雷锋精神是永恒的，是社会主义核心价值观的生动体现。今天，雷锋精神已经成为全人类努力学习和实践的精神，每一个民族和国家都在寻找和培养更多的“雷锋”，因为我们整个人类文明的发展都将因为有更多这样的人而变得更加美好。雷锋精神是不受时空限定的，无论现代科技怎样发达，无论人们的生存方式怎样改变，雷锋对世界和他人真诚的爱心永远是人间渴求的那种温暖，像阳光一样成为人类永恒的需要。

第二章 02

凝聚信念能量　热爱伟大祖国

一个伟大梦想的实现，没有一种伟大的精神是不行的。梦想恢宏，前路迢迢。必须有雄厚的精神储备、坚实的精神力量。有了精神的助推，才能前行不怠，才能迎难而上。有了精神的滋养，才能一代又一代地涌现担大任、干实事的优秀分子；有了精神的凝聚，才能无数人勠力同心，势不可挡地大踏步前进。

信念的能量是中华民族生生不息、薪火相传的灵魂。理想因其远大而为理想，信念因其执着而为信念。青少年的理想信念关乎国家的未来。青少年具有信念的能量，一个国家、一个民族就有了无坚不摧的前进动力。在雷锋的心里装着国家、装着人民，爱国主义的旗帜始终飘扬在心头。近代以来，我国青年不懈追求的美好梦想，始终与振兴中华的历史进程紧密相连。中国共产党人许党许国、矢志不渝的爱国精神和革命风范，是当代青年坚定信仰的精神力量。

当前，和平与发展是时代主流，为广大青年成长成才提供了较好的环境。面对新时代，青年要有更加强烈的家国情怀、更加忠诚的政治品格、更加远大的理想抱负，树立对马克思主义的坚定信仰、对中国特色社会主义的坚定信念、对中华民族伟大复兴中国梦的坚定信心。青少年只要有了崇高的理想和坚定的信念，就有了战胜一切艰难险阻的勇气和力量，就能无坚不摧、无往不胜，并在追求人生信念的过程中，凸显自身生命的价值和意义。华夏儿女所追求的理想和信念，是中华民族自尊自信、自立自强的灵魂，数千年来薪火相传，并不断发扬光大。

今天，在开启第二个百年奋斗目标、实现中华民族伟大复兴中国梦的道路上，我们应该更好地珍惜和继承历史遗留的这笔宝贵的精神遗产，对党忠诚，做信仰坚定、爱党爱国的青少年；爱岗敬业，做脚踏实地、精益求精的青少年。以个人梦助推中国梦，让理想信念在创业奋斗中升华，让青春在创新创造中闪光。

一、对党忠诚，做信仰坚定爱党爱国的青少年

【雷锋大讲堂】

（一）忠诚是一种品德，更是一种追求

忠诚是一个人的品质。所谓忠诚，从词义上说，“忠”就是崇敬和恪守；“诚”，就是言而有信、言行一致。忠诚，就是始终如一地恪守信仰、职责和情操，绝不背叛自己的誓言。忠诚是一种认真负责的人生态度，是一种守信敬业的政治品质。忠诚贯穿于为人处世的方方面面，是最被看重的品德之一。

古往今来，忠诚从来都是立身之本，是从草野到庙堂、从童蒙到翁妪都应该谨守的道德价值观。“忠诚之心，人之大德。”中华民族传统“忠、孝、节、义”四字美德，“忠”居其首，做人为官不可或缺。“忠诚敦厚，人之根基也。”忠诚是不分年龄、不论古今的，是为官做人都应崇尚的美德。诸葛亮有言，鞠躬尽瘁，死而后已。“人无忠信，不可立于世”，忠诚是做人的底线，它不同于阿谀奉承，它从不寻求丰厚的回报，更没有其他企图。战争时期，冲锋在前，为了胜利不惜牺牲生命，是忠诚；和平年代，敢想敢干、敢抓敢管，为了真理、为了事业义无反顾、无怨无悔，是忠诚。忠诚的人具有无私的奉献精神，忠诚的人总是主动追求卓越，尽最大努力把工作做得尽善尽美。忠诚这一道德规范和价值取向，能让自己赢得组织和团队的信任，为自己创造好形象、好名声。

忠诚自古以来就是政治或行政组织对其成员的根本道德要求。现代行政伦理虽然不像古代那样把“忠”绝对化，忠诚的对象也已经不同，但仍然把忠诚作为行政伦理的基本规范和行政主体重要的品德之一。现在不少国家的政府官员在任职时都必须进行忠诚宣誓，就是明证。

忠诚之所以宝贵，是因为它对于组织之成其为组织、政党之成其为政党，

具有关系存亡续绝的决定性意义。任何一个失去了忠诚的组织、政党，都将陷入崩溃。忠诚之所以宝贵，是因为它常常“吹尽狂沙始到金”，往往需要经历生与死、得与失、荣与辱等重大的考验和锤炼。只有敢于、善于牺牲，只有真正做到危难时刻显身手、风吹雨打不动摇，才能得到人们的认知和肯定。

忠诚之所以宝贵，是因为一旦千百万人的忠诚联合起来，就会创造出惊天地、泣鬼神的业绩。中国共产党这个当初只有几十人的弱小组织，之所以能够创造彻底打破旧世界、建立新中国、成功开辟中国特色社会主义道路的人间奇迹，就是因为有千千万万忠诚的共产党员不怕牺牲、冲锋在前。

忠诚是所有政党、政权都极为珍视的政治品质。中国共产党从来都把忠于马克思主义、忠于祖国、忠于人民等作为自己的神圣义务和永恒品质。“对党忠诚老实”“永不叛党”，始终是《中国共产党章程》中明确规定的党员义务，也是每一个共产党员入党时的庄严承诺。

新时代青少年只有做到对党绝对忠诚，才能实现追求个人价值与意义、追求国家发展与进步、追求人类进步与理想三者的完美结合。因而，这种忠诚具有最崇高、最神圣的内涵。

要把“忠诚作为第一政治品质”。可以说，忠于党、忠于国家、忠于人民，时刻把党、国家和人民放在心中最高位置，是青少年的修德之基、立德之本，是对青少年最基本的要求。

忠诚是一种爱，是一种信任，是一种支持，是一种追随，是一种不离不弃。忠诚是维系感情的基础，任何一种感情如果没有了忠诚的存在，就剩下欺骗、伪善、伤害了。对亲人忠诚，亲人才能善待你，在你需要帮助的时候给你帮助；对朋友忠诚，朋友才能相信你，与你有福同享、有难同当。个人之间需要忠诚，个人对国家对社会也应该忠诚，这样人生才能得到升华，才能让自己活得有意义。清初思想家黄宗羲说过：“忠诚是人生的本色。”忠诚是做人的基本准则，忠诚是做人的品质。做一个忠诚的人，让自己问心无愧；做一个忠诚的人，让他人尊敬你。一个人要想有所作为，聪明、勤奋以及忠诚缺一不可，忠诚是成就大事者必备的品质。一个人尽管聪明又勤奋，但是不忠诚也不行。忠诚是一种情感，是一种来自内心的力量。只有对他人忠诚的人，才能得到他人的追随，才能成为他人的领袖。

航天科技事业创新发展的重要推动者孙家栋，是中国航天科技集团有限公司高级技术顾问，“风云二号”卫星工程总设计师，“北斗二号”卫星工程和中国第二代卫星导航系统重大专项高级顾问，原航空航天工业部副部长，中国科学院院士。他经历了我国航天事业从开创初期到不断发展壮大的奋斗历程，是我国人造卫星技术和深空探测技术的开拓者之一。从事航天工作以来，他主持研制了45颗卫星。他在担任我国北斗导航系统第一代和第二代工程总设计师时，实现了北斗卫星导航系统的组网和应用。作为我国月球探测工程的主要倡导者之一，他担任月球探测一期工程总设计师，树立了我国航天史上新的里程碑。曾荣获“两弹一星”功勋奖章、国家最高科学技术奖、国家科学技术进步奖特等奖等荣誉，并获得“全国优秀共产党员”“改革先锋”称号。

图2-1 “感动中国2016年度人物”孙家栋

从1958年进入国防部第五研究院一分院从事导弹研究开始到今天，孙家栋将自己60多年的人生都奉献给了我国的航天事业。他的人生还与中国航天的多个“第一”紧密联系在一起。孙家栋参加了我国第一颗人造地球卫星、第一颗返回式卫星、第一颗静止轨道试验通信卫星以及卫星导航系统工程、月球探测工程等多项航天工程研制工作。

孙家栋，无论是投笔从戎、出国留学，还是放弃航空专业投身航天事业；无论是从导弹研制转为卫星研制，还是从技术岗位转为行政岗位，都始终坚持国家利益高于一切，看名利淡如水，视事业重如山。“感动中国2016年度人物”颁奖词对孙家栋这样评价：“少年勤学，青年担纲，你是国家的栋梁；导弹卫星，嫦娥北斗，满天星斗璀璨，写下你的传奇；年过古稀未伏枥，犹向苍穹寄深情。”

即使90岁高龄，他仍然在为中国的航天梦呕心沥血、奋斗不息，并且对我国航天事业的未来充满渴望和期待。孙家栋爱航天事业爱得那么炽烈，他说：“国家需要，我就去做！”

忠诚于国家、忠诚于职守，是后天养成的，往往需要经历荣与辱、生与死的考验和锤炼，而只有危难时刻显身手，经受风雨不动摇，才能得到组织的认可与信任。

提起钱三强，人们会想到他为研制中国第一颗原子弹和氢弹作出了卓越贡献。1948年夏，钱三强和夫人放弃国外优裕的生活和工作条件，毅然回国，为祖国的强盛而奋斗。钱三强是党的高级领导干部，在国家经济困难时期，即使有“特供证”，他也不去使用，还经常到职工食堂吃普通饭菜。20世纪70年代，他回到中国科学院工作，每天乘公共汽车上下班。冬天刮风下雪，他就身穿棉大衣，颈间系一条围巾，头上戴一顶能遮耳朵的棉帽子，还是乘公共汽车上下班。那时，机关食堂离办公室足有半站地，但他一直和大家一起走着去就餐，风雨无阻。

钱三强的住房，是20世纪50年代初建的中关村专家楼，之后周围建筑物多了，高了，采光不好，遇到阴雨天气屋里就更暗了。由于暖气管道老化，供热不好，冬季只能穿着棉衣伏案工作。即便如此，他依然无怨无悔。

（二）向雷锋叔叔学忠诚

雷锋对党无限忠诚、对党无比热爱，对祖国无比忠诚、对祖国无比热爱，对人民无限热情、对人民无比热爱。

雷锋精神的内涵十分丰富，爱党、爱国、爱社会主义是其最本质的内容。因此，向雷锋同志学习，首先要学习和弘扬雷锋热爱党、热爱祖国、热爱社会主义的崇高理想和坚定信念。雷锋的一生很平凡，他没有创造惊天动地的英雄伟绩；雷锋的一生又很伟大，他把自己生命的每一分热、每一分光都无私地献给了祖国、人民和党，献给了他为之奋斗的社会主义事业。他以对人民的真诚与火热的赤子之心，自觉地把有限的生命投入到无限的为人民服务之中去，谱写了壮丽而辉煌的人生乐章。

雷锋在他的一生中，始终对党怀着深厚的感情，对党的领导坚信不疑，决心做党的好儿子。加入中国共产党的那天是雷锋短暂一生中最为辉煌的一天。

这一天，他在日记中写道："今天我入了党，使我变得更加坚强，思想和眼界变得更加开阔和远大。我是一个共产党员，人民的勤务员。为了全人类的自由、解放、幸福，哪怕高山、大海、巨川，为了党和人民的事业，就是入火海进刀山，我甘心情愿，头断骨粉，身红心赤，永远不变。"1963年解放军文艺出版社出版的《雷锋日记》收录120多篇日记，从这些日记里随处可见雷锋对党炽热的爱，党就是"温暖的太阳""慈祥的母亲"。这体现了他对党的领导的坚定信仰和对党的深情厚爱，记述了他坚决听党的话、一辈子跟党走的心声。

雷锋对党的爱来源于伟大的实践。没有共产党，就没有新中国；没有新中国，就没有现在的美好生活。雷锋所处的年代，通过新旧两种社会的对比，他知道谁的主义真、谁的主义善、谁的主义美，他知道感恩，对党投入了全身心的热爱和忠诚。这热爱来自一个伟大的、光荣的、正确的中国共产党，这热爱来自一个伟大的中国共产党的领导。这忠诚来自一个伟大的党的理论——毛泽东思想。雷锋读《毛泽东选集》，找到了精神寄托，找到了精神的食粮，找到了榜样的力量。雷锋最崇拜的人就是毛泽东，做梦都想见毛主席。

一代伟人的思想和理论，改变了雷锋。雷锋精神是中华民族精神的重要组成部分，雷锋精神是中华民族精神的一面旗帜，雷锋精神也是中华民族精神的一个道德典范。

雷锋对祖国的爱来源于伟大的社会实践。那时中国掀起了建设社会主义国家的新高潮，建设社会主义需要极大的热情，需要无比的热爱，才能把国家建设好，人民才能过上幸福的生活。雷锋积极投入到国家建设中，忘我地劳动，忘我地工作。为什么他总是那么有热情？因为他生逢其时，做建设国家的主人，珍惜和平的劳动环境，加快建设社会主义伟大的中国其作用是不可估量的。"我愿永远做一颗螺丝钉。"这就是雷锋著名的螺丝钉精神。对雷锋来说，工作没有高低贵贱之分，没有大小之别，都是为党和人民工作。雷锋就像机器上的螺丝钉那样，拧在哪里，就在哪里闪闪发光，永不生锈、永不松动，保证革命大机器的运转。国家建设的步伐，一万年太久，只争朝夕。

雷锋爱新中国，爱那片充满希望的土地。祖国的需要就是一切，一切为了祖国的需要。雷锋的爱国精神，在当下尤为重要，我们能生活在九百六十万平方公里土地上，因为我们有一个伟大的祖国。热爱中国特色社会主义国家，做建设国家的主人，雷锋为我们树立了榜样。不要问祖国为我们做了什么，而要问我们为祖国做了什么。我们都有一个家，名字叫中国。我们都要像雷锋那样，爱我们的国家，让爱国常驻我们的心间。

我为人人，人人为我。哪里有困难，哪里就有雷锋的爱。雷锋得到了党的爱，祖国的爱，人民的爱。最后，雷锋又把这份爱传递给他人，给这个社会增加了一份温情和爱的暖流、爱的接力棒，一直延续至今。

【雷锋故事会】

（一）我把党来比母亲

1949年8月间，湖南望城县解放了。

在苦难中受尽折磨的雷锋，终于和穷乡亲们一起盼到了太阳。安庆乡的群众和全国许多地方的人民一样，欢庆解放。青年男女们踩着锣鼓点子，扭着秧歌。老年人改变了愁苦的面容，笑眯眯地说："出头了，出头了！"

基层政权很快建立起来了。人民坐了天下，所有在旧社会受苦受难的人们，从此得到了人民政府的照顾。

农会主席彭大叔告诉雷锋，"天下是我们的了，那些残害穷人的地主恶霸，以后不敢再欺负人了。"

雷锋睁大了眼睛，仔细听着彭大叔的话，一句一句地记在心里。彭大叔又说："孩子，咱们的救命恩人是共产党，是毛主席，是解放军。要不是共产党领导人民闹革命，你这个苦孩子就完了。"共产党的恩情像太阳照暖了雷锋的心。从此，雷锋像阳光下的小树苗壮地成长。

一天傍晚，雷锋站在桥头放哨，只见远处来了一支队伍。队伍越来越近，雷锋看见战士们穿着整齐的黄色军装，背着发亮的步枪，扛着机枪雄赳赳气昂昂的样子，多么威武啊。一面大红旗在队前飘着，满天彩霞映在上面，就像一团火。雷锋看着看着，一下子明白了：这不就是农会主席彭大叔说的，咱们的救命恩人解放军吗？

雷锋跑着迎上去。解放军叔叔拉住他的小手，雷锋可乐坏了。他听说队伍要在乡里住上几天，就领着队伍进了乡，同乡亲们一起交流，张罗房子张罗饭。

几天以后，队伍要走。他拉住一位解放军连长说："我要当兵，带我去吧。"

“你为什么要当兵?”那位解放军连长问他。

“我要去打敌人报仇!”

“你的仇我们大家替你报。”

“不，我要跟你们一起去报仇!”

“你的年龄还小，现在你的任务是好好学习，等长大了建设好咱们的新中国吧。”

部队要出发了，他还不死心，还叨叨咕咕地要跟部队走。彭大叔对他说:“咱们就要土改翻身，刨去穷根啦!”

雷锋一听这话才不闹了。那位解放军叔叔送给他一支钢笔留作纪念，嘱咐他好好学习。

不几天，轰轰烈烈的土地改革斗争开始了。雷锋和乡亲们一起高喊:

“打倒恶霸地主，讨还血债!”

在斗争大会上，雷锋看看乡亲们，再看看被绑押的地主，千仇万恨涌上心头。在运动中，在党的教育下，他开始懂得了帝国主义、封建主义和官僚资本主义是压在中国人民头上的三座大山。是日本侵略者、国民党反动派逼死了父亲；是资本家害死了哥哥；是旧社会逼得妈妈走投无路，含恨死去。只有彻底打倒这三大敌人，穷人才能翻身得解放。雷锋跑上台去，气得红着脸，流着泪，控诉了恶霸地主对他一家的压迫剥削。他指着曾经砍过他三刀的地主徐二恶婆喊道:“我上山砍柴你都不让，你砍我三刀。你这地主婆，也有今天! 你还敢砍我不? 你还敢欺压穷人不?”

乡亲们翻身了。这是雷锋第一次受到的阶级斗争教育。

雷锋和乡亲们一样，分得了土地，分得了粮食。

1950年夏天，他穿上斗争地主时分得的衣服，背上书包和那些贫苦农民的孩子们一起，迈着轻快的脚步上学去了。——这是他过去连想都不敢想的事，现在变成现实了。

面对这崭新的生活，雷锋想起了许多往事:在旧社会，穷人家的孩子只能眼巴巴地看着地主家的儿孙去上学，那时候的学校是为有钱人家的子弟开的，穷人家的孩子哪能踏进学校的大门。啊! 新中国成立了，只有在共产党、毛主席的领导下，我们这些穷人的孩子才有了挺直腰板上学去的权利，我一定要格外珍惜这来之不易的学习机会!

开学的第一天，老师发给他两本书、一个笔记本。他看到好多小朋友交书费、学费，他也把过春节时彭大叔给他的压岁钱拿出来交给老师。老师和蔼地笑着说：

“你是孤儿，学校不收你的学费，你免费读书。”又亲切地说，“你们能读书，这是共产党的恩情啊！”

“共产党，毛主席，你为我们穷孩子想得多周到。”当他翻开第一页书，看见毛主席那慈祥的面容时，他心里充满了幸福。

他默默地下定决心：一定要好好读书，做党的好孩子。他刚刚学会写字，就在笔记本上工工整整写下了“毛主席万岁”这几个字，这是他发自内心的欢呼啊!

雷锋在学校里非常用功地学习。他每天都按时上学，从不旷课。他每天上学要走十六七里路，早去晚归从不耽误功课。大雪天，他没有胶鞋，就穿着自己打的草鞋，有时甚至赤着脚赶去上学。

老师讲课时，他仰着脸儿一字不漏地认真听。老师布置的作业，他一笔一画规规矩矩地做，从来不马虎。他用的课本，保存得既整齐又清洁。

他劳动也很好，被评为学校劳动的小模范。他的衣服都是自己洗，破了自己缝。放学回家的路上，还要砍一捆柴背回家去。

学校生活给雷锋带来了无限欢乐，他脸上整天堆着笑。不论谁再说他是孤儿，他就说：“往后你们不要再说我是孤儿了，党就是我的亲爹娘啊！”

每天一大早，雷锋来到学校里就打扫教室，把桌椅、黑板擦得干干净净，然后坐下来读书、写字。每一门课他都认真听讲，从不放过任何一个小小的疑问。他的作业，总是写得工工整整，按照老师的布置和要求按时完成。

一天放晚学的时候，已经打过放学铃了，雷锋还有一道算术题没有做出来，仍坐在那里继续写啊，算啊。有个同学招呼他说：“走吧，习题没做完，回去再做吧。”

雷锋说：“就剩这一道题了，我总做不对。”

那个同学过来看了看，说：“这道题我做好了，你拿去看吧。”

说着，同学从书包里拿出作业本递了过去。

雷锋笑笑说：“谢谢你！让我自己再想一想吧。”

他静下心来，反复琢磨课本上的例题，仔细回想老师的讲解，终于把题做出来了。他叫过那个同学说：“我做好了。来，我们来对一对。”

这一对不打紧，两个人的得数却不一样。那个同学说：“不晓得是我错了，还是你错了。”

雷锋说：“我验算了几次，不会错的。可能是你错了。”

“那就把你的给我抄一下吧。”

“不，”雷锋说，“你也别抄，自己再做做看。自己多花些心思，以后做起算术题来就不费劲了。”

那个同学坐下重做了一遍。原来是运算中粗心，所以得数就不对了。这时，两个人都开心地笑了，这才收拾好书包，手拉着手高高兴兴地离开了学校。

由于雷锋学习用功，各门功课的成绩都在90分以上。

（二）争当接班人

1954年，清水塘小学刚建立少先队组织，雷锋就加入了。在隆重的入队宣誓大会上，辅导员给他戴上了红领巾。他兴奋地抚摸着红领巾说：

“我是新中国第一批少先队员，一定要用实际行动把红领巾染得更红!”

他还非常珍爱少先队的红队旗。一天外出过队日，雷锋举着队旗，在途中遇雨了，他急忙脱下自己的衣服包住队旗，满怀深情地说：“咱们的红领巾，咱们的队旗，是革命先烈用鲜血染红的，我们一定要格外爱护它才行。”“时刻准备着”的誓言时刻鼓励着他。雷锋经常对小朋友们说：“咱们是少年先锋队队员，一定要努力学习，长大了好建设咱们的新中国。”雷锋读书非常刻苦，老师讲课时，他用心听讲，绝不在课堂上贪玩打闹。每逢假日上山砍柴或下地种菜时，他口袋里总是装着书本，累了就坐下来边休息边读书，不断汲取着各种知识。

雷锋积极协助学校少先队组织开展工作，热情参加宣传和文体活动。他模范地执行队规和纪律，无论少先队交给他什么任务，他都想尽办法出色地完成，多次受到组织上的表扬和奖励，并被选为中队委员。

1955年上学期，雷锋从清水塘完小转到荷叶坝完小读书。这个完小只有四名队员，正筹备建队。雷锋一来，便成了建队的积极分子。他给同学们讲队章，讲怎样做个少先队员，怎样写入队申请书。他热情地对同学们说：“我们是贫雇农的儿女，我们要做革命的接班人，一定要争取入队啊!”

他自己更是热爱红领巾。乡人民政府发给他的一件白衬衫，他看得很珍贵，夏天这件衣服就成了他佩戴红领巾的“礼服”。放学回家后，总是把它洗得干干净净，把红领巾叠得整整齐齐地放在书包里。

雷锋懂得，大家在学校学习，就是为了将来建设新中国。他除了自己用功学习，还很关心其他同学的进步。

有个姓彭的同学生病了，躺在家里不能上学，雷锋就组织队员们去看她，帮她制订了补课计划，放学后到她家给她补课。班上还有个姓朱的同学，上课时东张西望，手脚不停地活动。老师讲的课，他也装不进脑袋里去，作业马马虎虎，大字写得七扭八歪。雷锋真替他着急。放学后，雷锋常常绕点路，陪他一道回家，给他讲学习的重要性和学习方法。可是，小朱并不当回事。雷锋又想了一种办法，他把小朱作业中写得不好的字，一个一个地描下来。第二天，他拿出这些“字”让小朱认，小朱认了好半天也认不出，皱起眉头说：“这是大老虎，哪像字呀?”

雷锋“扑哧”一声笑了，说：“你拿出作业本来。”

小朱莫名其妙地拿出作业本，雷锋找到他自己写的那些“大老虎”，小朱不由得脸红了。此后，在老师的耐心教导下，小朱写字读书认真多了，还成了班上的好学生。

雷锋的叔伯姑姑雷运兰，年龄很大还没入学，雷锋就劝她，“姑姑，你快上学读书吧，读了书才能长知识，将来好建设咱们的国家呀！”

其实，雷运兰早想读书了，她为难地说：“我爹不让我去。”

雷锋热心地找到姑姑的爹，说：“爷爷，过去女孩子不兴上学，现在是共产党领导的天下，人人都能去学习。又花不了几个钱，快让雷运兰上学吧！”

后来又经过村干部的耐心帮助，过了几天，老人果然叫姑姑去上学了。雷锋高兴地给她订了一个小本子，打好格子，教她写字，写的是“共产党万岁”“今天我们得到了解放”……在学校搞文娱活动时，他还教姑姑唱快板：“地主二流子，出得门来坐轿子，剥削我们穷苦人……”雷运兰在雷锋的帮助下，很快就爱上了学校的生活。

作为一个少先队员，雷锋每次都认真地完成组织交给的任务。有一次，少先队准备排演一出《小渔夫》的哑剧。这出戏是写一个中国姑娘反抗日本鬼子的侮辱，投奔游击队，参加抗日战争的故事。这个角色很难演，好多女同学都不敢担任这个角色。雷锋自告奋勇地说："我来演这个角色。"

他虽然是男扮女装，却认真地体会剧情，表演非常到位。在戏台上的一举一动，充分表现了一个中国姑娘对民族敌人的仇恨。小观众们受到他的感染，愤怒地举起拳头，喊出"打倒日本帝国主义!"

（三）雷锋入党

在团政委韩万金的办公桌上，放着一份雷锋的自述材料，题目是《解放后我有了家，我的母亲就是党》。这份材料的形成过程是这样的：团党委树立雷锋为艰苦奋斗、勤俭节约标兵以后，为使全团同志具体了解雷锋的先进思想和模范事迹，韩政委责成政治处帮助雷锋把他在旧社会的苦难遭遇和解放后的成长经历写成材料印发各连党支部。为此，政治处把雷锋找来听他详细汇报，边听边记录，整理成这份近万字的材料。最后让雷锋过目、修改、定稿，他作了些删节和修改，并把《雷锋同志模范事迹材料》改成《解放后我有了家，我的母亲就是党》这个题目。

韩政委仔细看了这份材料，最使他感动的是，雷锋这样年轻，可他的经历是多么不平常啊！一个在旧社会遭遇家破人亡的孤儿，解放后，在党的关怀培育下，在建设社会主义的征途中，在全国实现农业合作化时，他离开学校自愿回乡当农民，成了拖拉机手，后来到鞍钢当了工人；现在又为保卫祖国当了解放军战士，小小年纪已经在工、农、兵三条战线上忘我奋斗过。他摘下红领巾，加入了共青团，现在又………啊，他还没有入党呢。韩政委想到这里，又拿起雷锋的自述材料翻阅着——"解放后我有了家，我的母亲就是党"，这14个字说明了什么？这份材料不就是雷锋的入党申请书吗？

"没有党，就没有我雷锋……"

"可以说，在我周身的每一个细胞里，都渗透了党的血液……"

"我有向党说不尽的话，感不尽的恩，表不完为党终身奋斗的决心……"

韩政委当即给运输连打了电话，询问雷锋入党的事。运输连高指导员汇报说，雷锋已经向党支部提出了申请，经过研究，支部认为，雷锋出身贫苦，爱憎分明，好学上进，阶级觉悟高，入党动机正确，只是考虑到入伍时间还不长，需要再经过一段时间培养教育，就可以履行入党手续了。韩政委在电话中说，要抓紧办这件事，只要具备了入党条件，不要过分强调入伍时间长短。

一天中午，在家休班的同志都睡午觉了。高指导员根据韩政委的指示和支部的意见，想再找雷锋谈一次话。到四班宿舍一看，雷锋不在。高指导员走出四班宿舍，朝车场望了一眼，发现13号车驾驶室里坐着一个人，因为车窗上反射着很强的阳光，看不清里面是谁。到车前一看，是雷锋正在聚精会神地读书。高指导员轻轻地叫了声“雷锋”，雷锋这才发现指导员来到了车窗前。

“指导员，你没休息呀！”

“说我，你呢？”高指导员笑呵呵地拉开车门也坐进了驾驶室，顺手拿过雷锋在读的《毛泽东选集》第二卷。原来，雷锋在学习《中国共产党在民族战争中的地位》一文。高指导员看到书中已用红铅笔着重画了这样几段话（并在书边上写着“牢记——”）：“共产党员的先锋作用和模范作用是十分重要的。共产党员在八路军和新四军中，应该成为英勇作战的模范，执行命令的模范，遵守纪律的模范，政治工作的模范和内部团结统一的模范。”“共产党员应是实事求是的模范，又是具有远见卓识的模范。”“共产党员又应成为学习的模范，他们每天都是民众的教师，但又每天都是民众的学生。……”

高指导员看到这里深为感动。他把书还给雷锋，仿佛自己面前已经立起了一个共产党员的模范形象。他拉住雷锋的手说：“支部已经讨论了你的入党申请，大家对你提出的希望，怎么也超不过毛主席讲的这些话。我们每个党员都应该这样做。”

图2–2　雷锋抓紧时间学习《毛泽东选集》

雷锋满怀深情地说："指导员，放心吧！我一定好好学习，按党员标准严格要求自己，决不辜负党的培养教育。"按照党组织的要求，雷锋更加发奋地学习和工作，不倦地锻炼和提高自己。是的，在他的成长过程中，他总是像吸吮母亲的奶汁一样，从党组织的亲切教诲里，从毛主席的著作中，吸取着思想养分，使自己的胸怀更加开阔，理想更加远大，立场更加坚定。通过不断学习和实践，他深切地认识到，中国共产党是无产阶级的先锋队，是理论联系实际、密切联系群众、勇于批评和自我批评的马克思主义政党。我们的奋斗目标，是实现共产主义，而雷锋就是把党的这个最高纲领作为自己全部人生的最终目的。他在入党申请书中表示，"坚决听党的话，一辈子跟着党走。""我活着只有一个目的，就是为了实现人类最伟大的理想——共产主义而斗争。"

一次，雷锋出差到沈阳办事。他抽了个空闲时间，怀着崇敬的心情来到北陵烈士陵园，敬谒烈士纪念碑。在庄严肃穆的气氛中，他漫步在青松翠柏下的革命烈士墓旁。当他依次走到黄继光、邱少云、杨连弟、杨根思等英雄的墓前时，心潮澎湃，难以平静。他轻轻地抚摸着石碑，细心地观看着碑文。那些可歌可泣的英雄事迹，唤起了他强烈的共鸣。他在心中默默宣誓：革命先烈们！你们为了伟大的共产主义事业贡献了自己的生命，你们将永远活在我们心中。你们崇高的革命理想和献身精神，将永远鼓舞我们前进。每当我遇到困难的时候，想起你们，就浑身是力量，信心百倍，意志坚强。在我单独外出执行任务中，想起你们，就更加严格要求自己，坚持遵守革命纪律。在得到福利和享受的时候，想起你们，就把享受让给别人，把困难留给自己。我一定继承你们的遗志，做一个像你们那样的无产阶级先锋战士……根据雷锋的一贯表现，支委会会议和支部大会一致通过了雷锋的入党申请。

1960年11月8日，刚刚20岁的年轻战士雷锋，光荣地加入了中国共产党。一天下午，高指导员在沈阳开会时见到雷锋，正式通知他，党委已经批准了他的申请，现在，就是中国共产党党员了。雷锋参军10个月加入中国共产党，这在和平建设时期部队党的建设里，几乎是绝无仅有的；但是对于一个立志为党终身奋斗的革命战士来说，这又是多么大的喜讯，多么庄严的时刻。雷锋紧紧握着指导员的手，眼里闪着激动的泪花，"放心吧，指导员！为了党的事业，我不惜牺牲自己的一切。"这天晚上，他怀着万分激动的心情，提起笔来，向党、向人民立下了这样的誓言："1960年11月8日，是我永远不能忘记的日子。今天，我光荣的加入了伟大的中国共产党，实现了自己最崇高的理想。我激动的心啊！一时一刻都不能平静。伟大的党啊！英明的毛主席！有了您，才有了我的新生命。我在九死一生的水火中挣扎和盼望光明的时刻，您把我拯救出来，给我吃的、穿的，还送我上学读书。我念完了高小，戴上了红领巾，加入了光荣的共青团，参加了祖国的工业建设，又走上了保卫祖国的战斗岗位。在您的不断培养和教育下，我从一个穷孩子，成长为一个有一定知识和觉悟的共产党员。伟大的党啊，您是我慈祥的母亲，我所有的一切都是属于您的，我要永远听您的话，永做您忠实的儿子。今天我入了党，使我变得更加坚强，思想和眼界变得更加开阔和远大。我是一个共产党员，人民的勤务员。为了全人类的自由、解放、幸福，哪怕高山、大海、巨川，为了党和人民的事业，就是入火海进刀山，我甘心情愿，头断骨粉，身红心赤，永远不变。”雷锋的誓言写在日记里，刻在心里，体现在这个新党员的一切行动中。

图2-3　雷锋入党宣誓
（配图选自原创绘画作者朱吉男、美编杜树民的《雷锋画集》）

【雷锋日记摘】

1958年6月7日

……如果你是一滴水，你是否滋润了一寸土地？如果你是一线阳光，你是否照亮了一分黑暗？如果你是一颗粮食，你是否哺育了有用的生命？如果你是一颗最小的螺丝钉，你是否永远坚守在你生活的岗位上？如果你要告诉我们什么思想，你是否在日夜宣扬那最美丽的理想？你既然活着，你又是否为未来的人类的生活付出你的劳动，使世界一天天变得更美丽？我想问你，为未来带来了什么？在生活的仓库里，我们不应该只是个无穷尽的支付者。

1959年10月×日

昨天我听到一位从北京开积极分子代表大会回来的同志作报告。他说，毛主席在北京接见了他们，毛主席的身体很健康，对我们青年一代无比的关怀和爱护……当时我的心高兴得要蹦出来。我想，有一天我能和他一样，见到我日夜想念的毛主席该有多好，多幸福啊！可巧，我在昨天晚上做梦就梦见了毛主席。他老人家像慈父般的抚摸着我的头，微笑地对我说："好好学习，永远忠于党，忠于人民！"我高兴得说不出话来了，只是流着感激的热泪。早上醒来，我真像见到了毛主席一样，浑身是劲总觉得这股劲用也用不完。

我决心听党的话，听毛主席的话，永远忠于党，忠于毛主席，好好地学习，顽强地工作，为党和人民的事业贡献自己的一切，做一个毫无利己之心的人，我一定争取实现自己最美好的愿望，真正见到我们最伟大的领袖毛主席。

1959年11月2日

向市劳动模范张秀云学习。首先学习她高度的主人翁责任感，对党对社会主义建设事业的赤胆忠心；学习张秀云同志积极主动、帮助别人、大公无私、舍己为人的共产主义思想和团结群众的优良作风；学习她坚持向群众学习、不断充实自己、谦逊好学的精神。

1959年12月4日

昨天，当我听到车间总支李书记关于1959年征兵的报告后，我激动得一时一刻都没有平静。深夜了，我怎么也睡不着觉，便从床上爬起来，跑到了车间办公室，叫醒了已熟睡的李书记。我问他，"我能不能入伍呀？"李书记笑着回答说："能呀！像你这样身强力壮的小伙子，参加人民解放军是顶呱呱的哩！"他从头到脚仔细地看了我一下说："唉呀，小雷怎么没穿棉衣呀！下这么大的雪，不冷吗？”这时我才觉得穿一身衬衣有点寒冷。李书记把棉衣披在我的身上。回到了宿舍，我还是不想睡觉，坐在条桌旁写我的入伍申请书和决心书。

今天一清早，我就到车间报了名。现在，我的愿望就要实现了，我怎么能够不高兴呢？只要组织上批准我入伍，我一定要把自己最可爱的青春献给我们的祖国，做一个真正的共产主义革命战士……

1959年12月8日

一个革命者，当他一进入革命行列的时候，就首先要确立坚定不移的革命人生观。……树立这样的人生观，就必须培养自己的思想道德品质，处处为党的利益、为人民的利益着想，具有大公无私、舍己为人的风格。……要能够为党的利益、为集体的利益不惜牺牲自己的利益。否则就是个人主义者，是资产阶级的人生观。

1960年1月8日

这天是我永远不能忘记的日子，这天是我最大的荣幸和光荣的日子。我走上了新的战斗岗位，穿上了黄军装，光荣地参加了中国人民解放军。我好几年来的愿望在今天已实现了，真感到万分的高兴和喜悦。这是我一生最大的幸福。

在党的正确领导下，在革命的大家庭里，我一定要好好地锻炼自己，在入伍的这一天，我提出如下保证：

一、听党的话，服从命令听指挥。党指向哪里，我就冲向哪里。

二、加强政治学习，多看报纸和政治书籍，按时参加部队各种会议和学习，积极宣传党的政策，密切靠近组织，及时向组织反映各种情况，不断提高自己的政治思想觉悟。

三、尊敬领导，团结同志，互帮互爱互学习。

四、严格遵守部队一切纪律，做到虚心向老战士学习，刻苦钻研，加强军事学习，随时准备打击敌人。

五、克服一切困难，发扬先辈优良的革命传统。我要坚决做到头可断、血可流，在敌人面前决不屈服、投降。我一定要向董存瑞、黄继光、安业民等英雄学习。

六、我要努力学习政治、军事、文化，我要好好地锻炼身体。我一定要在部队争取立功当英雄，我一定要做一个毛泽东时代的好战士，我要把我可爱的青春献给祖国最壮丽的事业。

以上六条是我努力的方向和我的奋斗目标。今天我太高兴太激动，千言万语一下要写完是办不到的，因此写到这里告一段落。

我渴望已久的参加中国人民解放军的理想实现了，怎么叫我不高兴呢！我恨不得把我的心掏出来献给党才好。晚上我怎么也睡不着，我的心就像大海的浪涛一样，好久不能平静。

我，一个在旧社会受苦受罪的穷苦孤儿，居然成为一个国防军战士，得到党和首长的信任，受到战友们的热爱，我真不知说什么好！……

在这个革命的大家庭里，首长胜过父母，战友亲过兄弟。这一切只有在党的领导下的人民军队里才能得到。……

我一定不辜负党对我的教育和期望，我决心保持和发扬我们弓长岭矿全体职工的光荣，军政学习争优秀，全心全意保卫国防，成为一个优秀的国防军战士。

1960年2月×日

可以说在我的周身的每一个细胞里，都渗透了党的血液。

为了忠于党的事业……今后，我一定要更好地听从党的教导，党叫我干什么，我就干什么，决不讲价钱。……

1960年3月10日

在今天的电影里，我看到英勇的革命战士黄继光。他为了党和人民的事业，为了人类的解放而献出了自己最宝贵的生命。……他这种为了党和人民的事业而牺牲了自己的崇高精神是值得我永远学习的。

1960年11月8日

1960年11月8日，是我永远不能忘记的日子。今天，我光荣地加入了伟大的中国共产党，实现了自己最崇高的理想。

我激动的心啊，一时一刻都不能平静。伟大的党啊！英明的毛主席！有了您，才有了我的新生命。我在九死一生的水火中挣扎和盼望光明的时刻，您把我拯救出来，给我吃的、穿的，还送我上学读书。我念完了高小，戴上了红领巾，加入了光荣的共青团，参加了祖国的工业建设，又走上了保卫祖国的战斗岗位。在您的不断培养和教育下，我从一个穷孩子，成长为一个有一定知识和觉悟的共产党员。

伟大的党啊，您是我慈祥的母亲，我所有的一切都是属于您的。我要永远听您的话，永做您忠实的儿子。

今天我入了党，使我变得更加坚强，思想和眼界变得更加开阔和远大。我是一个共产党员，人民的勤务员，为了全人类的自由、解放、幸福，哪怕高山、大海、巨川！为了党和人民的事业，就是入火海进刀山，我甘心情愿，头断骨粉，身红心赤，永远不变。

1960年12月8日

一个革命者，当他一进入革命的行列的时候，首先要确定坚定不移的革命人生观。树立这样的人生观，就必须注意培养自己的思想道德品质，处处为党的利益、为人民的利益着想，具有大公无私、舍己为人的风格，能够为党的利益、为集体的利益不惜牺牲自己的利益，否则就是个人主义者……

1960年12月27日

"……不怕饥饿，不怕寒冷，不怕危险，不怕困难。屈辱，痛苦，一切难于忍受的生活，我都能忍受下去！这些都不能丝毫动摇我的决心，相反的，是更加磨炼我的意志！我能舍弃一切，但是不能舍弃党，舍弃阶级，舍弃革命事业。"

永垂不朽的革命烈士方志敏同志是我永远学习的榜样。我出身在一个很贫穷的农民家庭，在旧社会受尽了折磨和痛苦，在慈祥的母亲中国共产党的不断哺育和教导下，居然成为一个国防军战士、光荣的共产党员，我要时刻准备着为党和阶级的最高利益，牺牲个人的一切，直至生命。

1961年5月4日

党和毛主席救了我的命，是我慈祥的母亲。我为党做了些什么？当我想起党的恩情，恨不得立刻掏出自己的心；当我想起我所经历的一切太平凡了的时候，我就时刻准备着：当党和人民需要我的时候，我愿意献出自己的一切。

1961年7月1日

今天早上起来，我感到格外的高兴，原因不是别的，昨晚我梦见了伟大的领袖毛主席。正好今天又是党建立四十周年的诞生日。今天，我有向党说不尽的话，感不尽的恩，表不完为党终身奋斗的决心。

我，一个孤苦的穷孩子，今天成长为一个解放军战士、光荣的共产党员，并当选为抚顺市人民代表，这一切是我做梦也想不到的。可以肯定地说，没有共产党，就没有我。每当朋友和同学及许多不相识的同志来信称赞我，羡慕我的进步的时候，我就感到很不安。我像一个学走路的孩子，党像母亲一样扶着我，领着我，教会我走路。我每成长一分，前进一步，这里面都渗透着党的亲切关怀和苦心栽培。

……

亲爱的党，我慈祥的母亲，我要永远做您的忠实儿子……为建设社会主义和实现共产主义而献出自己的全部力量，直至生命。

1961年9月22日

毛主席写的《纪念白求恩》这篇文章，我早已读过，并为白求恩的国际主义精神和共产主义精神感动得流出了热泪，对我的教育和启发特别之大。白求恩那种毫不利己、专门利人的精神，鼓舞和鞭策了我的进步，使我所取得的收获不小。

今天副指导员又给我们上了这一课，我又反复地看了数遍，所受教育更为深刻。白求恩同志对待自己本行业务是那样刻苦地钻研，精益求精，为人类的解放事业献出了毕生精力和整个生命。可是我呢，为党、为人民又做了一些什么呢？对照起来，我感到万分惭愧和渺小。拿自己的技术学习来说，还不是那么刻苦钻研的，学得也不够深透。但是我相信，只要再加一把油，勤学苦练，虚心学习，是一定能把汽车开好的……一旦帝国主义发动侵略战争，我们就彻底、干净、全部地把它们歼灭。

通过这篇文章的学习，使我深刻认识到：一个人活着，就应该像白求恩同志那样，把自己的毕生精力和整个生命为人类的解放事业——共产主义全部献出。我要永远站在无产阶级的立场上，永远忠于党、忠于人民、忠于保卫祖国和世界和平的伟大事业，做一个真正的共产主义革命战士。

1961年10月8日

今天我在报纸上看了一篇文章，其中鲁迅的两句诗对我教育很深。我坚决要按照鲁迅的那两句诗去做：

"横眉冷对千夫指，俯首甘为孺子牛。"

对敌人要狠，要像严冬一样残酷无情；对党、对人民要忠诚老实，永远忠于党、忠于人民。

1961年11月26日

我学习了《毛泽东选集》一、二、三、四卷以后，感受最深的是，懂得了怎样做人，为谁活着……

我觉得自己活着，就是为了使别人过得更美好。

我要以黄继光、董存瑞、方志敏等同志为榜样，做一个热爱祖国、热爱人民，永远忠于党、忠于人民革命事业的人。

1962年8月6日

我今天听一位同志对另一位同志说："人活着就是为了吃饭……"我觉得这种说法不对，我们吃饭是为了活着，可活着不是为了吃饭。我活着是为了全心全意为人民服务，是为人类的解放事业——共产主义而斗争。

【拓展报告厅】

钱学森的爱国之心

在他心里，祖国为重，科学最重，名利最轻。五年归国路，十年"两弹"成。开创祖国航天事业，他是先行人。钱学森(1911—2009)，1959年加入中国

图2-4 国家杰出贡献科学家钱学森

共产党，世界著名科学家，中国火箭、导弹、航天事业的奠基人，中国“两弹一星”功勋奖章获得者。中国实现强国之梦，钱学森功不可没。

资深评论家米博华在《钱学森的青少年时代》的序言中写道：“20世纪80年代中期，我曾在一次关于‘科学与艺术’的学术报告会上得瞻钱学森的风采，至今历历在目。由于听众甚多，十分拥挤，只能踮着脚尖眺望。钱学森具有磁石一样的魅力：宽大敞亮的前额，慧光四射的眼神，清新儒雅的语言，仰之如望云霓。尤其是，他对未知世界的不懈探索，对学术创新的理解宽容，以及在和年轻人交流时的谦逊态度，给所有人都留下难以磨灭的印象。”

1911年12月，钱学森出生于上海一个正直、爱国、进步的知识分子家庭。他后来的人生道路受家庭影响很大。幼时的钱学森天资聪颖，悟性极高，记忆力特强，3岁时已能背诵百首唐诗宋词。他在父亲钱均夫爱国思想的熏陶下，决心以科学技术复兴中华为已任。在读书时，他就有好几位地下党员朋友。此外，他还参加过共产党外围组织的活动，并通过各种渠道知道了工农红军和红色根据地的存在。他读过马克思、布哈林等人的书，从而了解了唯物史观和辩证唯物主义。1934年6月，钱学森考取了清华大学公费留学。

1935年9月，钱学森远渡大洋到美国麻省理工学院航空系学习，只用了一年时间，他就戴上了飞机机械工程硕士的方尖帽。1936年，钱学森转学到加利福尼亚理工学院。他是慕名而来：这所学院有一位空气动力学教授，是这一领域的顶尖人物冯·卡门。冯·卡门抬头仔细打量着这位仪表庄重、个子不高的年轻人，提出了几个问题，钱学森稍加思索便做了准确回答。冯·卡门暗自赞许：这个中国人思维敏捷而又富于智慧，于是收下了这位高才生。钱学森先后获航空工程硕士学位和航空数学博士学位，冯·卡门提升钱学森为助手和科学研究伙伴。

从1935年到1955年，钱学森在美国度过了20年，在航空科学上取得了卓越的成就，成为有名的火箭专家，为美国的军事科学作出了贡献。1947年，刚刚36岁的钱学森被美国麻省理工学院聘为终身教授。这是一个很高的荣誉，它预示着钱学森将享有优厚待遇和远大前程。钱学森说：“我在美国前三四年是学习，后十几年是工作。所有这一切都在做准备，为了回到祖国，能为人民做点事——因为我是中国人。”

姓钱非爱钱，大义薄云天。钱学森在美国被誉为“在美国处于领导地位的第一位火箭专家”，金钱、地位、声誉都有了，然而他始终眷恋着生他养他的祖国。1949年，钱学森得知新中国成立了，顿时沉浸在极大的喜悦之中，并下定决心，立誓回到魂牵梦萦的祖国。他对中国留学生说：“祖国已经解放了，国家急需建设人才，我们要赶快把学到的知识用到祖国的建设中去。”

1950年8月，他在洛杉矶被美国司法部移民归化局扣押。美国当局不想让“可抵得上五个师”的钱学森返回祖国，于是无中生有，说他是“中国间谍”，同年9月7日把他逮捕，关在特米诺岛的拘留所14天。即便如此，钱学森仍不改归国初衷。他想：我的根在中国，我能够放下在美国的一切，但不能放下祖国。他被同事以1.5万美元保释后，他的行动处处受到移民局的限制和联邦调查局特务的监视。在被监视的5年当中，钱学森在教书之余，不忘继续研究自己的学术，并在1953年发表了《从地球卫星轨道上起飞》一文，1954年出版《工程控制论》一书，引起了该行业领域的轰动。钱学森没有屈服，向美方提出严正抗议，回国的决心更大了。

钱学森向祖国求救，周恩来想方设法营救他回国。中国政府公开发表声明，谴责美国政府监禁钱学森。1955年，中国最高人民法院依法判决，提前释放11名美国飞行员。1955年8月4日，11名美国飞行员抵达中国香港的当天，美国撤销了禁止中国留学生回国的限制，钱学森终于获准回国。途经马尼拉港时，美联社记者问钱学森，“你是不是共产党员?”钱学森坦率地回答：“我还不够格做一名共产党员，而共产党人是具有人类最崇高理想的人。”

钱学森回国后，任中国科学院力学研究所所长、研究员。他做的第一件事就是调整学科方向，将纯理论研究调整为国家需要的航空发动机方向。1956年，钱学森提出了《建立我国国防航天工业的意见书》，详细地阐述了中国导弹、火箭工程的发展建设规划，受到党中央的高度重视。

同年，毛泽东在中南海接见了钱学森。毛泽东说：“学森同志呀，听说美国人把你当成5个师呢！我看哪，对我们来说，你比5个师的力量大多啦！我现在正在研究你的工程控制论，用来指导我们国家的经济建设呢！”毛泽东告诉钱学森，国家决定根据他的工程控制论，组织各个学科各个部门一起奋力搞导弹，请他这个工程控制论的创始人来牵这个头。中国建立的第一个导弹、卫星试验基地，也请他当负责人。

在国家的扶持下，钱学森主持成立了中国第一个火箭、导弹研究机构——国防部第五研究院，而钱学森是该研究院众多科研学者的领头人。为了让从未接触过导弹的学者尽快地融入导弹、火箭研发之中，钱学森首先给新分配过来的156名大学生和一些专家教授讲述了《导弹概论》，并亲自拟订空气动力学、发动机等相关专业的学习计划。

1958年初，钱学森提出入党申请，之后被党组织批准为中共预备党员。1959年11月12日，钱学森成为中共正式党员，他激动得彻夜难眠。他终于成为共产党人，成为长久以来他心中认为“具有人类最崇高理想的人”。

1960年，苏联撕毁了支援中国的工业建设项目的合同，包括给我们提供原子弹、火箭、导弹样品的合同，撤走了所有援华的科学家，中断了援助。这无疑是釜底抽薪，中国的航天事业面临着夭折的危险。赫鲁晓夫甚至扬言：“有人不愿参加核保护伞，要自己搞。我看不仅得不到原子弹，到时恐怕连裤子都穿不上。”

“疾风知劲草，板荡识诚臣。”苏联撤走专家的第二天，钱学森来到聂荣臻元帅家里，两人深情地对视着，久久没有说话。还是聂荣臻元帅先问：“你觉得我们的事业还能顺利继续下去吗?”“能，当然能！”钱学森坚定地回答。从来不在外国人面前服输的他，脸上充满着自信。因为他已做了全面分析和反复思考，他深信自己的专家队伍有共同的人生经历、共同的爱国热情、共同的强国之愿、共同的强国之尊，这样的队伍是过硬的、可靠的。

钱学森与专家们多次会商，迅速调整、修订了研制计划，大大加快了事业的进程。钱学森和专家们一样，吃粗干粮、睡帐篷，同甘共苦。尽管国外对我国进行技术封锁，但是钱学森的科研队伍能攻克重重难关。在钱学森领导下，以工程控制论作为指导，在1960年11月5日，中国发射了第一枚导弹，准确命中目标。

1964年10月16日，中国自行研制的第一颗原子弹爆炸成功。两年之后的1966年10月27日，中国第一枚携带核弹头的中程导弹打靶试验发射成功。9

分14秒后，核弹头在距发射场894公里之外的罗布泊弹着区靶心上空569米的高度爆炸。原子弹、导弹结合完全成功，使我国的国防力量达到了世界尖端的位置，震惊了全世界。

钱学森强调创新，“科学精神最主要的就是创新”，敢于突破传统观念和思维定式，敢于研究别人没有研究过的科学前沿问题。他28岁就与导师一起建立了“卡门-钱近似公式”，成为世界知名的空气动力学家，后来又开创了工程控制论、物理力学两门新兴学科。在我国航天事业创立和发展过程中，他又提出了一系列有创见的理论思想，如现代工程科学技术理念、系统工程管理理论、总体设计部思想等。技术创新、体制创新和管理创新的有机结合，促使我国航天在较短时间内、用较少的投入实现了跨越式发展。

一个个重大科技成果，一个个重要科学贡献，在钱学森为实现国家富强的奋斗过程中产生。它充分说明这样一个道理：中国的知识分子以及不甘落后的国人，只要把自己的命运和振兴中华的伟大事业结合在一起，他们的人生价值就是无法用具体数字估量的。

中国拥有“两弹”之后，下一个目标便是拥有人造地球卫星，以强有力的火箭把“星”送上太空。1965年1月8日，钱学森正式向国家提交报告，建议早日制定我国人造卫星研制计划并列入国家任务，这引起了党中央和国务院的高度重视。领导研制发射人造卫星的神圣使命又历史地落到了钱学森和他的科研队伍肩上。

要将理论设计变为现实，关键在于精密研制和艰苦试验。在钱学森领导下，经过3年紧张攻关，排除了各种干扰，最终顺利完成各项任务。1970年4月24日，在戈壁大漠的试验场，“长征一号”运载火箭喷射着橘红色烈焰，负载“东方红一号”卫星腾空而起，疾速地飞向太空。“箭星分离!”卫星轨道平面与地球赤道平面夹角68.5°，绕地球一圈114分钟。同日晚上9时50分，收到了卫星发射的《东方红》激越的乐章。中国成为继美国、苏联、法国、日本之后，第五个自行研制并发射卫星成功的国家。“西方游学子，归来敌百师。一星兼两弹，建国谱天书。青衫封将印，科技等大儒。天功开物者，不与圣贤殊。”钱学森的一生坎坷曲折，但他挺直了民族的脊梁，不愧为国人的骄傲。钱学森为中国导弹、航天、火箭等科学技术的发展付出了40多年的努力，有着“中国导弹之父”“火箭大王”“中国航天之父”之美誉。由于他回国效力，中国导弹、原子弹的成功发射至少加快推进了20年。

他是知识的宝藏，是科学的旗帜，是中华民族知识分子的典范。1991年10月，国务院、中央军委授予钱学森“国家杰出贡献科学家”荣誉称号，并颁发一级英雄模范奖章。随后，钱学森又担任中国科学技术协会名誉主席。1999年9月18日，中共中央、国务院、中央军委授予他“两弹一星”功勋奖章。这位“两弹”元勋，用他对党和人民的忠诚、对国家的卓越贡献书写了98岁人生的壮丽篇章。

【雷锋文化吧】

（一）抚顺市雷锋纪念馆简介

抚顺市雷锋纪念馆，位于辽宁省抚顺市望花区雷锋路东段61号，雷锋生前所在部队原驻地附近。它占地面积99900平方米，始建于1964年，1965年8月开馆。1969年、1992年、2002年、2014年先后进行了四次改扩建。新馆于2015年3月2日正式开放。开放后的新馆分为两层：第一层采用高科技动态场景与艺术品插画等手段相结合，翔实、生动地再现雷锋的成长历程和新形势下雷锋精神的五方面内涵；第二层权威地展示全国学雷锋活动的源起和发展脉络以及全国学雷锋活动成果。馆藏丰富，展出雷锋大量生平史料，亮点突出，主要亮点有：组合场景《雷锋与母亲诀别于家中》《爱岗敬业的推土机手》《雷锋

图2-5　抚顺市雷锋纪念馆

在军营中学毛选》《雷锋作报告》、环幕影片《信仰的力量》尾声《升腾的支点》等。雷锋纪念馆按功能划分为6个区：展览区、凭吊区、碑苑区、雕塑区、青少年教育活动区和综合服务区。园区内主要有雷锋事迹陈列馆、雷锋墓、雷锋塑像、雷锋纪念碑和青少年教育活动设施等。60年来，抚顺市雷锋纪念馆共接待国内外观众7000多万人次，并先后在全国70多个城市举办了“雷锋精神永恒”大型展览，产生了重要影响。

2018年9月28日，习近平总书记参观抚顺市雷锋纪念馆，并发表重要讲话。习近平总书记强调，雷锋是时代楷模，雷锋精神是永恒的。实现中华民族伟大复兴，需要更多时代楷模。我们既要学习雷锋精神，也要学习雷锋的做法，把崇高理想信念和道德品质追求转化为具体行动，体现在平凡的工作生活中，作出自己应有的贡献，把雷锋精神代代传承下去。

抚顺市雷锋纪念馆是全国传播雷锋事迹、弘扬雷锋精神的主阵地，是抚顺市乃至辽宁省的重要窗口单位，先后被命名为全国重点烈士纪念建筑物保护单位、全国爱国主义教育示范基地、国家AAAA级旅游景区、全国文明单位、国家国防教育示范基地、全国廉政教育基地、全国民政系统行风建设示范单位、全国重点文物保护单位、全国红色旅游经典景区、全国中小学生研学实践教育基地、全国关心下一代党史国史教育基地、港澳青少年游学基地、全国学雷锋活动示范点等。

抚顺市雷锋纪念馆始终致力于雷锋精神研究、展示和宣传，成为培育社会主义核心价值观、有力提升社会主义思想道德建设水平的重要基地。

抚顺市雷锋纪念馆网站

（二）雷锋系列微视频《你的样子》

2019年3月，北斗新闻辽宁号共推送15集系列微视频《你的样子》，讲述雷锋的事迹。本系列微视频自2002年起开始跟踪采访、积累资料，历时17年，足迹遍布辽宁、湖南多地，以时空交错的方式进行非常讲述。通过对雷锋生前的亲友、工友、战友的大量深入采访，还原一个可爱、可敬、可学的真实雷锋，探寻伟大雷锋精神形成的人文轨迹。

第一集《暗夜》　　第二集《黎明》

【作者如是说】

（一）少年爱党则党更强

“有一种倒下，可以托起生命；有一种抉择，为人民点燃希望；有一种号召，可以振奋人心。”想不起在哪儿看到的这样几句话，不知不觉铭记于心。如果说这是一种信仰，那么这种信仰早已幻化成血液流淌在每位中国共产党党

图2-6　少年强则中国强

员的血脉中，世代相传。

时间总是在不经意间转瞬即逝。不知不觉间，中国共产党已经走过了一百多年的风雨万程。我们不会忘记毛主席的话语“枪杆子里面出政权”，不会忘记二万五千里长征的壮举，不会忘记使党重生的遵义会议……艰难的长征走出了共产党人的奋斗历程，积极乐观的无产阶级革命精神与信仰，更播下了革命的希望的火种；红土地上的遵义会议确立了党的绝对领导地位，使我们的党在思想上从幼稚走向成熟……在经济繁荣发展的今天，我们不会忘记中华人民共和国成立之初国家的百废待兴；不会忘记是党带领广大人民群众发展生产力，摸索社会主义国家经济发展路在何方；不会忘记党带领我们开展轰轰烈烈的人民公社化运动；不会忘记党的十一届三中全会作出改革开放的伟大国策带给中国的巨变；更不会忘记在党的领导下，复兴的中国正迎来强起来的时代……历经沧桑，我们党在风雨中磨砺着自己、考验着自己，同时也接受着人民的祝福。成长是迅速而艰辛的，成长亦是美好而幸福的。我们党带领着勤劳勇敢顽强的中国人民用自己的行动，向世人展示了一个与时俱进的中国，一个和谐安定的中国，一个经济社会全面发展的中国，一个国际地位不容小觑的中国……中华民族再也不是从前外国人眼中的“东亚病夫”，而是在中国共产党领导下腾飞的巨龙。

争取早日加入党组织是雷锋的不懈追求，无论是当农民、当工人还是当战士，他都积极向党组织靠拢。在党组织的关心和培养下，雷锋入伍仅10个月就入了党。这是他多年刻苦学习、勤奋工作、立志为共产主义奋斗终身的必然结果。

他以对人民的真诚与火热的赤子之心，自觉地把有限的生命投入到无限的为人民服务之中去，谱写了壮丽而辉煌的人生乐章。

青少年作为祖国的未来，你们需要并且具备优质的环境，健康快乐学习每一天，成长为一颗有知、有识、有德、有健康体魄的硕果；作为祖国的未来，你们需要并且拥有明确的方向，坚强的领路人，立志在今天、成就在明天，一步一个脚印地走向未来；作为新时代中国特色社会主义建设者和接班人，你们需要知道自己会什么，能够建设什么，能够作出什么贡献。

历史的尘烟掩盖不住先驱者的脚印，星星之火可以燎原。爱党，是一种坚定的信仰，更是一种无穷的力量。青少年朋友们，生命是有限的，只要我们将生命融入祖国建设事业中去，融入为人民服务的工作中去，即使生命如流星般瞬间消逝，也同样会放射出璀璨绚丽的光彩。

（二）我爱我的祖国

捧起脚下一把泥土，我说这是我的祖国；掬起河中一朵浪花，我说这是我的祖国；看着地图上那只傲立的“雄鸡”，我说这是我的祖国。祖国啊祖国，黄河是您的摇篮，青藏高原是您的脊梁，长城是您的动脉，北京是您的心脏。而我们，都是您的孩子。您，是我最亲最爱的母亲。

如果你问我为什么爱中国，我一定会马上说出上百个理由：因为我们有灿烂的五千年文明；因为我们有伟大的“四大发明”；因为我们有古老的长城，巍峨的泰山；因为我们有教育家孔子、军事家孙武、数学家祖冲之；因为我是中国人，我的血管里流着中国人的血，我的兄弟姐妹、我的同学、朋友和我共同生活的这个伟大民族属于中国；跟我朝夕相处的一切，我热爱、学习、研究、崇拜的一切都属于中国……

在中国，我们有一个时代楷模，他叫雷锋。雷锋热爱党、热爱祖国、热爱社会主义的崇高理想和坚定信念，也是雷锋精神最重要的内容。雷锋自觉地把个人的前途命运与国家、民族，与社会主义的前途命运紧紧联系在一起，处处以国家、民族和集体利益为重。他忠于党、热爱社会主义的坚定信念，并非只停留在口头上、日记里，而是体现在坚决听党的话，照党的指示办事，为党的事业努力奋斗的具体行动上。这个理想和信念激励我们全党全社会自觉地把个人的追求同党的事业、国家的命运、民族的前途紧密联系在一起，为祖国的繁荣发展贡献自己的智慧和力量。雷锋说：“我要做一个有利于人民、有利于国家的人。如果说这是‘傻子’，那我是甘心愿意做这样的‘傻子’的。”雷锋的这种“傻子”精神，充分体现了一位伟大的共产主义战士的博大胸怀和为人民服务的执着追求。

这个有雷锋的国度，我们怎么能不爱?!“我爱你，祖国!”这是一句多么普通的话啊！在悠悠五千年的历史长河中，有多少爱国英雄，用他们的一腔腔豪情、一片片忠心、一声声震荡寰宇的呐喊，深情地抒写了这句话。屈原抱石投江，为的是祖国；文天祥慷慨悲歌，为的是祖国；陆游作诗示儿，为的是祖国；谭嗣同面对屠刀面不变色，念念不忘的也是祖国。为了祖国，一代又一代中华英雄儿女献出了热血和生命。这些英雄们心中一定都和我们一样铭刻着一句话:“我爱你，祖国!”

怎能不爱你，我的祖国。您是大树我是绿叶，我愿用青春为您注入养料；您是长江我是小溪，我愿汇入您奔腾的血液；您是太阳我是星星，我愿一刻不停地围绕着您，点缀那灿烂美丽的星空。

“少年富则国富，少年强则国强，……少年雄于地球，则国雄于地球。”我们是新时代的接班人，是时代的骄子！如今，时代已赋予青少年神圣的使命与责任。那就让青少年行动起来，书写祖国灿烂辉煌的新篇章!

二、爱岗敬业，做脚踏实地精益求精的青少年

【雷锋大讲堂】

（一）爱岗敬业是一种可贵品质，更是一种道德修养

爱岗敬业是一个很古老的话题，中国古代思想家就提倡敬业精神。孔子称之为“执事敬”，即做工作要敬慎认真。朱熹解释敬业为“专心致志，以事其业”。随着时代的变迁，人们不断给它赋予新的内涵。美国吉姆·柯林斯的《卓越员工的12项修炼》把“敬业”作为第一项修炼项目，说明了虽然中西方文化差异较大，但对从业人员的要求都是相通的。爱岗敬业精神是推动人类社会进步的重要精神财富，也是社会对从业人员最基本的职业道德要求。爱岗敬业是建功立业的前提和基础，建功立业是爱岗敬业的目标和结果。两者相辅相成，辩证统一。

社会上的每一个岗位都是社会运行整个链条的一部分，是缺一不可的。政府和社会各机构通过一定的方式，将社会职业和劳动者的个人选择相结合，使得人有其岗。不论你对从事的工作是否感兴趣，都要从整个社会需要的角度出

发，培养职业兴趣，甚至热爱这一工作，这是最基本的职业要求。由于社会职业的工作性质不同，因此劳动条件、薪酬制度、社会地位等方面也不尽相同。那些在平凡的岗位上做出不平凡业绩的人，是爱岗的典范，他们应该得到人们更多的尊重和尊敬。

爱岗就是热爱自己的工作岗位，热爱本职工作。爱岗是社会对人们工作态度的一种普遍要求。热爱本职，就是职业工作者以正确的态度对待各种职业劳动，努力培养热爱自己所从事的工作的幸福感、荣誉感。一个人热爱自己的职业，他的身心就会融合在其职业行为中。敬业是指用一种严肃的、极端负责的态度对待自己的工作，勤勤恳恳、兢兢业业，忠于职守、尽职尽责。敬业的基本意思是恪尽职守，大致包括两个内容：一是敬重自己所从事的工作，并引以为自豪；二是深入钻研探讨，力求精益求精。

爱岗与敬业的关系。爱岗和敬业是互为前提、辩证统一的。爱岗与敬业其精神是相通的，是相互联系在一起的。爱岗是敬业的基础，敬业是爱岗的具体体现。不爱岗就很难做到敬业，不敬业也很难说是真正的爱岗。爱岗是情感，敬业是态度。没有从业人员对自己所从事工作的热爱，就不可能自觉做到忠于职守。但是，只有对工作的热爱之情，没有勤奋踏实、忠于职守的实际工作行动，就不可能做出任何成绩来，热爱本职也就成为一句空话。作为从业人员，必须把对本职工作的热爱之情体现在忘我的劳动创造及为取得劳动成果而进行的努力奋斗过程中。要用对本职工作全身心的爱去推动自己在职业活动中做出

图 2-7　爱岗敬业是一种道德修养

优异成绩。

爱岗敬业，简单说就是干一行、爱一行、专一行，具体说是指从业人员在社会生活中，认真履行所承担的义务，尽职尽责、一丝不苟的行为表现和态度，以及在职业生活中兢兢业业、埋头苦干、任劳任怨的强烈事业心和忘我精神。爱岗敬业是从业人员对社会和他人履行职业义务的道德责任的自觉意识和行为实践。在社会生活以及任何一种职业活动中，无论是谁都必然与他人、社会发生并保持着各种联系或关系，并从这些关系中产生诸多义务。凡与自己本职工作有关的义务就是职业义务。为使社会关系有序、正常地存在和发展，就必须自觉地担负起对社会、对他人负有的使命、职责和义务。也就是说，必须自觉地履行应尽的职业道德责任。而爱岗敬业正是职业道德责任的基本要求和具体体现。从业人员要做到爱岗敬业，就要认识到自己所从事职业的社会价值，树立正确的社会职业观。职业是劳动者所从事的不同性质的社会劳动，是劳动者参与社会经济活动的直接体现。就不同职业的社会意义而言，它们都是社会所必需的，都无高低贵贱之分，只是社会分工的不同而已。职业对于个人来说，具有三重意义：维持生活（通过职业劳动取得生活来源）；发展个性（在职业劳动岗位上发挥才能并使自己的体力、智力、知识、技能、兴趣得到正常的发展）；承担社会义务（通过职业劳动为社会为他人服务）。端正对职业三重意义和三者关系的认识十分必要。如果每一个从事一定职业劳动的人都能尽心尽力地做好本职工作，尽到忠于职守的职业道德义务，整个社会的物质文明与精神文明就会顺利、健康地发展。

1. 爱岗敬业是一种负责态度

美国总统肯尼迪在就职演讲时曾说过：“不要问美国为我们做了什么?而要问，我们为自己的国家做了什么?”是的，不要问企业为我们做了什么？而要问，我们为自己的企业做了什么？面对工作任务，是讨价还价能推就推，还是尽职尽责努力完成不讲任何理由？遇到困难和挫折的时候，是等待观望、半途而废，还是自我激励攻坚克难无往而不胜？当我们晋级升迁没有达到期望值的时候，是牢骚满腹怨天尤人，还是自我反省加倍努力厚积而薄发？有句话说得好：只要你依然是某一机构的一部分，就不要诽谤它，不要伤害它——轻视自己所就职的机构就等于轻视你自己。如果看到缺点就大肆抱怨，不顾大局、不讲团结，并在不知不觉中养成了抱怨环境、不思改善的习惯，最大的受害者将是自己。要永远记住，“成功的人一定是对工作高度负责的人！”

2. 爱岗敬业是一种献身精神

任何人都有追求荣誉的天性，都希望最大限度地实现人生价值。而要把这种理想变成现实，靠的是什么？靠的就是在自己平凡岗位上的爱岗敬业。歌德曾经说过：“你要欣赏自己的价值，就得给世界增加价值。”一般来说，条件好、工作轻松、收入高的岗位，做到敬业相对容易。而工作环境比较艰苦，收入也不算高，做到爱岗敬业确实有些困难。但环境艰苦、劳动繁重的工作，也要有人去干。在这样的岗位上兢兢业业、任劳任怨地工作，更需要崇高的敬业奉献精神。

3. 爱岗敬业更是一种境界

有句广告语说得好，“思想有多远，我们就能走多远。”只有把工作当成一种享受、一种追求、一种境界，才是真正的爱岗敬业。有的同志会感到年复一年、日复一日的工作枯燥无味，也有的同志为才华得不到施展而终日抱怨，还有的同志觉得自己的工作太过平凡和普通。其实，平凡孕育伟大，人生价值实现需要甘于平凡的敬业精神。实际上，爱岗敬业不只是在枪林弹雨中的辉煌，不只是在紧急危难时的高扬，它更应该是一种默默的奉献，一种高尚的理想，一种强劲的精神力量。平凡中见伟大，奉献体现理想。追求卓越、精益求精，我们的人生价值才能闪光！

4. 爱岗敬业是为人民服务精神的具体体现

爱岗敬业是社会主义职业道德一切基本规范的基础和核心。在建设创新型国家的伟大实践过程中，提倡爱岗敬业精神具有极强的现实意义和深远的历史意义。如果每个人都能做到爱岗敬业、尽职尽责、忠于职守，每个岗位上的事情都能办得非常出色，那么我们就达到了为人民服务的目的。然而，爱岗敬业精神不是天生的，它需要我们在工作和生活中慢慢培养、锻炼。要想造就爱岗敬业精神，我们就必须牢记四个字——慎、勤、省、淡。慎，是一种工作态度，不是说畏首畏尾、踟蹰不前，而是说要对本职工作抱持一种敬畏之心。

勤，就是要行动，一个不勤奋或不够勤奋的民族，不仅难以发展，而且不可能发达起来。省，就是要善于自我剖析。淡，就是要有一颗高贵的心，淡泊名利。

（二）向雷锋叔叔学爱岗敬业

只有对工作的无比热爱，才会有对工作忘我的全身心的投入。雷锋将对党、对祖国、对社会主义的无限热爱化为勤奋工作的热情和动力。雷锋说："我不求名，不求利，但求做一个有益于人民的劳动者。"在雷锋的心目中，世界上最光荣的事是劳动，世界上最体面的人是劳动者。雷锋一生中把工作当作快乐，当作幸福，满腔热情地投入到每一项工作中去。正如雷锋所说："对待工作要像夏天一样的火热。"

1. 雷锋是一位称职的"交通员"

县委书记张兴玉的通信员参军后，通信员职位空缺。县委派组织干事黄菊芳到各乡考察干部人选，最终选择了在安庆乡当通信员的雷锋。通信员实际上就是交通员，非常辛苦。除了长沙到宁乡的石砂子路经过望城，其他没有像样的路，贯通区乡之间的只有羊肠小道。交通工具除了县公安局的两辆自行车，全靠两条腿。那时，县区乡之间的上传下达、文函往来，主要是靠通信员步行传递。最初雷锋被编到了交通班。那时，在机关工作的大多数人都是干部编制，交通班的人员全是工人编制。班里有位同志对自己的工人编制有思想包袱，情绪低落，十分自卑，想要改行。雷锋开导这位同志说："我们都是为人民服务的，在我们这个社会里人人为我们，我们更应该为人民。革命工作只是分工不同，当官、做工、种田都是为党办事，没有高低贵贱之分！""如果大家都不愿在交通班，每天那么多文件，谁去送呢?"这位同志听了雷锋的一番话，心里非常惭愧，便安心工作下来。当时地委机关下达的重要指示，一般是通过密码电文下发，经过县委机要员翻译后，装入一个公文包然后上锁，由专人送给县委领导批示，再给县级机关负责人传阅，要求做到不误时间、严格保密。有时晚上收到电文，深夜还要传送。雷锋曾多次负责机要文件传送工作，均做到了及时准确、严格保密，从未发生过差错。

2. 雷锋是一位合格的“警卫员”

雷锋经常陪同张兴玉书记一起下乡，为了安全起见，组织上允许他们带枪。张书记带着一只“撸子”(短枪)，雷锋挎着一杆“卡宾枪”，所以雷锋也就成了“警卫员”了。雷锋虽然年纪小、个子小，但是遇到困难从不退缩。1956年深冬的一天晚上，县委开常委会会议，一直开到凌晨1点多钟，“警卫员”雷锋一直在会议室旁的侧房里等到会议结束。第二天，县委领导告诉雷锋，以后别做这样的“傻事”了。雷锋说：“你们都很忙，年纪也比我大，我是细伢子，陪一下累不坏的；再说有我在那里，大家就多一分安全。”1957年4月，中共中央发出《关于整风运动的指示》，决定在全党开展以反对官僚主义、宗派主义和主观主义为内容的整风运动。在整风运动中，广大群众和爱国人士积极响应党的号召，对各级党组织和党员干部提出大量有益的批评和建议。但也有极少数人，对党的领导和社会主义制度进行攻击。雷锋说：“谁要反对共产党，谁要推翻社会主义制度，我就要跟他拼到底。我是穷人家的苦孩子，我的经历就是最好的证明，是共产党救了我，救了中国；是社会主义使中国好了起来，我们决不能再回到旧社会去。随他们闹多久，我的身体熬得住。”这段时间，雷锋身体逐渐消瘦，但热情和精神不减分毫，雷锋的敬业精神、对新社会的真挚感情和衷心拥护令人感动。1957年夏的一天，张书记要去大湖乡的养猪点检查工作。当时有传言说，去大湖乡必经的谷山有老虎出没。为了保证首长的安全，雷锋一夜未睡，凌晨三点就悄悄起床，到谷山附近走了一趟探路，没有发现意外情况后回到机关。同事们知道这件事后，无不称赞雷锋忠于职守、胆大心细的品格。雷锋风趣地说：“这就叫作‘明知山有虎，偏向虎山行’，保护首长的安全，这是我的本职工作。”

3. 雷锋是一位闲不住的公务员

雷锋从小就非常勤快，放学回家、星期天、寒暑假，总是闲不住地去做一些家务事，参加一些劳动：或为寄住的堂叔家砍柴、挖猪草、挑水；或到园里挖土、播种、除草；或下田插秧、割禾、晒谷。虽然体弱年小，但雷锋和其他男劳力一样赤膊上阵。来到机关后，雷锋的主要工作是为县委书记收发文件、送信，打扫办公室卫生、供应茶水等。在县委开会时，雷锋就忙着端茶倒水。

有时开会到深夜，雷锋就在旁边的房子等着，开完会他就整理、打扫会议室，完事后才回去休息。雷锋在望城县委机关的工作本身就很繁杂，但他在完成好本职工作的同时，到处找事做、做好事。雷锋做工作不分分内分外，做什么事都认认真真、从不敷衍。雷锋从不分干部、职工，不分职位高低，也不分远近亲疏，甚至对素不相识的人都能做到有求必应。

4. 雷锋是一个优秀的推土机手

抱着建设祖国的志向，雷锋写了去鞍钢工作的决心书："我来鞍钢学习，我愿把我的青春献给祖国……一定服从组织的调配，到工厂后，一定刻苦学习，克服一切困难，发挥一个共青团员的应有热能……为祖国人民过幸福生活而奋斗到底。"得到组织批准后，雷锋带着一颗火热的心和建设社会主义工业化的雄心大志，来到千里之外的钢都。到了鞍钢以后，厂里根据个人特长进行工种分配，雷锋被分到洗煤车间开推土机。在工作上，雷锋立足岗位，勤奋努力，不怕苦、不怕累。他每天坚持提前上班，从不提前下班、旷工。上班后，雷锋先把车清理干净，给车注油，认真做好开车前的一切准备工作。在工作时雷锋细心观察，认真操作。吊车组和推土机组在一个工区，要时刻注意吊车和推土机之间的工作间距及相互配合，避免出现安全事故。驾驶推土机推煤看似简单，实际上很难。如果推煤推深了，就会把泥推进煤里，若不及时清理出来，就会影响炼焦的质量。雷锋在开推土机时，总是认真观察，发现煤里有泥土，就在吊车抓煤底时主动用手协助指挥：如果煤层浅了，他就将两手上摆，示意吊车师傅轻抓；如果煤层深了，他就用两臂做出钳形，示意司机抓煤抓得深些。然后，雷锋再加紧完成自己的工作。在接班时，雷锋严格遵守交班制度，在确认机器完好、检修工具齐备、油料充足的情况下才交班。雷锋交班的推土机从未发生过故障，也未发生过零件短缺。推土机的日常保养和维修，不需师傅伸手，雷锋早已将图表看完，按照图纸抢着干，直到把维修保养工作做完为止。

5. 雷锋是一个优秀的汽车兵

1960年1月8日，怀着一颗英雄梦，雷锋参加了中国人民解放军，成为这个光荣集体的一员。雷锋曾立志，"我要努力学习政治、军事、文化，我要好好锻炼身体。我一定要在部队争取立功当英雄，我一定要做一个毛泽东时代的好战士，我要把我可爱的青春献给祖国最壮丽的事业。”在新兵营训练结束后，新兵将被下放到老连队，分配的去向既有拿铁锹、十字镐的工程兵，也有技术兵种（卫生队、汽车连等）。在很多新兵看来，汽车兵“坐着走路，躺着干活”，很轻松，还可以学技术，技术学好了就有了“铁饭碗”。很多新兵都希望被分到汽车连学点技术，退伍时还可以找个好工作。但分到汽车连的雷锋没有高兴，反而严肃地问了指导员一个问题：“当汽车兵能上前线吗?”指导员望着雷锋严肃而又稚嫩的脸，笑着说：“你在电影上看过志愿军在朝鲜战场打仗的情形吧？一打起仗来，汽车兵不上前线，谁把炮弹送往前线哪?”雷锋点头笑着说：“只要能上前线，当什么兵都行。”对个雷锋来说，当兵只有一个目的，就是为了保家卫国。正如雷锋在欢迎新兵大会上的发言：“新兵当中有工人，有社员，有学生，来自四面八方。可我们只有一个心眼，学好本领，保卫祖国，当个像样的兵，做毛主席的好战士。”

6. 雷锋是一个优秀的“辅导员”

雷锋从亲身经历中深切地体会到能够学习是多么可贵，能得到老师的帮助是多么重要。他自己在读书期间，曾得到老师们的亲切关怀。在部队驻地，雷

图2-8 校外辅导员雷锋与孩子们在一起

锋担任本溪路小学和建设街小学校的校外辅导员，热心辅导学生。他耐心教导和启发青少年珍惜时间、努力学习、增长本领，做社会主义事业的接班人。在青少年培养上，雷锋总是尽心尽力，从不敷衍塞责，做他们的好辅导员、好朋友，与他们建立亲密无间的友谊。

本溪路小学有个叫刘静的同学，思想上有些波动，学习不够安心，成绩也不好。自从雷锋跟她谈心做工作，加上老师的耐心教育和同学们的帮助，刘静有了很大的转变，不仅加入了少先队，还担任了中队的文艺委员，学习成绩也取得了五分。还有一位叫张玄的小朋友丢了一支钢笔，雷锋把自己的钢笔送给她，并鼓励她好好学习。张玄有了新钢笔非常高兴，学习更加主动努力，后来她把得五分的成绩单拿给雷锋，雷锋看后心里格外高兴。当年雷锋辅导过的学生牢记雷锋的教诲，走上不同的工作岗位，为党和人民的事业作出了贡献，有的在工作和生活中积极传承弘扬雷锋精神，有的像雷锋一样被聘为校外辅导员，将雷锋精神薪火传承。

【雷锋故事会】

（一）一颗小小螺丝钉

1956年雷锋高小毕业时，留在乡政府当了通信员。后来，乡政府推荐他到中共望城县委当了公务员。他处处留心向县委的同志们学习。一次，雷锋跟县委张书记去下乡，一边走一边聊天。走着走着，雷锋觉得脚下被一个什么东西硌了一下。他低头一看，原来是一颗生了锈的螺丝钉，便一脚踢到了路边。张书记问：“你踢的是什么?”雷锋说：“是一颗破螺丝钉。”张书记听了，一声不响，从草丛里捡起那颗螺丝钉，用手帕把螺丝钉擦干净，装进了上衣口袋。雷锋觉得很奇怪：一个县委书记，捡个螺丝钉干什么?过了几天，雷锋跟着张书记到县机械厂开现场会。在机械厂，张书记问厂长：“如果这机床上少了一颗螺丝钉，机床还会转动吗?”厂长说：“那就要出毛病了！”聪明的雷锋这时已经明白县委书记为什么要捡那颗小小的螺丝钉了。只见张书记从口袋里掏出那颗螺丝钉，郑重其事地交给了厂长。

在回来的路上，张书记说：“雷锋，你瞧，一个小小的螺丝钉，机器上少了它可不行！革命也是这样，我们这些人就是大大小小的螺丝钉，缺了谁都不行。就像你这个公务员，别看职务不高，我们的工作缺了你也不行。所以，党把我们放在哪里，就要在哪里起作用。同时，我们国家的底子还薄，处处要艰苦奋斗，一颗螺丝钉也不能浪费，积少成多啊！”

就是这颗小小的螺丝钉，在雷锋心中留下了一个难忘的记忆。在以后的工作和生活中，雷锋渐渐懂得“螺丝钉”的道理，更加踏踏实实、勤勤恳恳做好每一件事。

（二）雷锋成为多面手

来到鞍山，雷锋被分到化工总厂洗煤车间开推土机。为了早日学会技术，雷锋与师傅签订为期一年的“师徒包教包学合同”。到岗后，雷锋虚心向师傅们学习，上班时专心地看师傅怎样操作，听师傅讲解每一部分的名称和功能，一点一滴地全都记在脑子里，记在日记里，一有时间就反复钻研练习。吃饭的时候，雷锋觉得自己还坐在推土机上，不停地摇晃着，拿起筷子，像握住推土机的方向杆一样，随手推动，两只脚像踩在制动器上，自然地踏动着。一到晚上，雷锋在床上翻来覆去睡不着觉，回忆着李师傅的指教，想着开推土机的操作要领，只想早一日学会，早日为祖国贡献力量。雷锋只用四个月就完成考核，取得了安全操作许可证。推土机往往出故障，找维修工人很耽误时间，影响生产。看到这种情况，雷锋就利用业余时间，向维修班工人学习维修技术。雷锋下班比维修班工人要早一个小时，于是他就利用这个时间，跑到维修班观察卸下来的零件，默记它们的形状、位置、作用。他还利用业余时间参加了“内燃机理论学习班”，学习积极认真，被学习班的金师傅称赞为“出勤最好的一个学生”。维修班的工人解生宽曾给雷锋买了《斯大林80拖拉机》《IT-54拖拉机的构造和使用》两本技术书，供他学习技术。雷锋在很短的时间内就基本掌握了推土机的性能和一般故障的排除方法。这样，一旦在工作中发现设备故障，就能及时排除，既节约了维修费用，也能保证生产顺利进行。雷锋的这一行动在车间产生了很大反响，很多同志积极向雷锋学习，成为既能操作又能维修的多面手。

（三）雷锋当业余演员

在新兵文艺晚会上，新战士们“八仙过海，各显神通”，用各种形式表达自己参加人民军队的欢快心情。雷锋朗诵了参军前写的一首盼望台湾与祖国统一的诗，又朗诵了他参军后写的一首新诗，赢得了战友们的热烈掌声。第二天，雷锋和战友们下到新兵连去执行一项新任务，运输连成建制地到抚顺参加一项重要工程建设。早饭后，雷锋被通信员叫到连部，指导员对雷锋说：“雷锋，你要完成一项新的任务。”指导员接着说：“你暂时不要到运输连去了。昨晚开晚会，团俱乐部陈主任听了你的诗朗诵，选上你这个‘演员’啦。刚才团里来了电话，指名叫你去参加团里的战士业余演出队，今天就去报到。”事情非常突然，雷锋原本想着跟随部队执行任务。雷锋问指导员：“参加演出队还能跟部队一块行动吗?”指导员说，演出队随部队行动，但要先留下来排练节目，代表全团指战员为当地的人民群众进行几场慰问演出，然后到抚顺工地为施工部队演出。参加演出队，就意味着在军事训练和驾驶训练上会落后别的战士，雷锋想到参加演出队也是党的工作，“服从革命需要，党叫干啥就干啥”。雷锋坚决服从组织安排。

战士业余演出队里，人少节目多，每个人要承担好几个节目，才能组织一台晚会。团俱乐部组织选编了一些节目，希望大家根据特长自报自选，充分发挥大家的积极性和创造性。雷锋平时热爱文艺，写诗、教歌、说快板，样样都行。报节目时，雷锋非常积极，他报了诗朗诵、快板两个单人节目，还主动报了三四个集体说唱节目。分罢角色，雷锋起早贪黑地背台词、练动作，很快就把台词背得滚瓜烂熟。可是，大家一起合练节目时，发现雷锋的湖南口音很重，与大家的声音很不协调。雷锋就找了一个普通话比较好的同志当老师，一句一句地练习，练了一段时间有了明显进步，但还是不能令人满意。考虑到演出时间越来越近，俱乐部主任打算把雷锋换下来；可看到雷锋那么热情、认真，又怕挫伤他的积极性。雷锋听后，不仅没有提意见，还进行自我批评，说自己单凭热情做工作，没有考虑到自己的口音问题。他说：“换下我来，是为了更好地完成演出任务，做好党的宣传工作。我完全同意换。”没有演出任务了，雷锋的心还在演出队，他首先帮替换他的同志把节目排好，然后为了使大家集中精力排演节目，他把演出队的勤杂工作全部包了下来，当大家的勤务员。为了能让大家在排练之余喝上热水，雷锋就在墙角支个炉子烧热水。演出时，雷锋帮助组织现场秩序，台前台后打扫卫生，收拾道具。有同志生病了，雷锋求医问药，给予细心的照顾。虽然大家没有看到雷锋在台上表演，但每一场演出都有雷锋辛勤的劳动。

（四）雷锋练就一身过硬的本领

雷锋先后学会了开拖拉机和开推土机、理发、开车、修车等技术。因为个子矮、手臂短，一开始他投弹不合格。他就利用休息时间偷偷练习，最后考核达到了优秀。雷锋被分配学习开汽车，但是由于当时已经开学一个多月了，汽车理论课程差不多已经讲完了，眼看就要开始实习了。雷锋就想尽一切办法，赶上被落下的课程。他把汽车构造、各种机件性能和操作方法，同拖拉机、推土机做了比较，找出它们的不同点。车场上有空车，他就拿着笔记本爬到车上，钻到车下，对照着机件一件一件地熟悉它、掌握它。这样，他很快就把汽车原理、构造和汽车特点摸得一清二楚。

新兵排讨论有关汽车原理、构造的时候，雷锋的发言有条有理，同志们都很佩服他，想不到这个晚来了一个多月的新兵还真有两下子。按理说，熟悉汽车的原理、构造后，接着就该上车学驾驶了。但是，由于连里运输任务重，许

图2-9 雷锋与战友们在钻研汽车的内部结构

多教练车都被调到第一线参加工地施工去了，这样一来用于学习的车就很少了。而新兵排二三十人，有的人每天轮流驾驶不了一次车，这可怎么办呢？新战士小韩提醒说："你们看过六班做的那个汽车模型了吗？咱们能不能造个教练车？"王大个子不以为然地说："汽车模型像个玩具似的，能解决你的驾驶问题吗？"小韩冲着大个子说："你再想想嘛！"雷锋想了想，脑子开了窍，明白了小韩的意思："你是说，他们能做汽车模型，我们就不能造个汽车教练台？"

他们按照教材画了一张汽车教练台的设计图，按照图纸找来一些废旧物品，花了两天时间，就造了出来。做好的教练台放在宿舍门口，新兵排的同志都很感兴趣。这个上去练一练，那个上去练一练，都说和坐在教练车上差不多。雷锋抓紧一切时间反复练习，就是晚上躺在床上睡觉，还想着怎么开车，手脚就在被窝里配合着动作起来。经过废寝忘食的学习，雷锋终于赶了上来，还被新兵排的同志推选为技术小组组长。运输连还在全连大会上表扬了雷锋刻苦钻研、勇于创新的精神。

不管是受批评还是受表扬，对雷锋来说都是一种动力。他知道，作为技术学习小组长，不仅自己要努力学习好技术，还要帮助同志们一起进步。当他初步掌握了原地驾驶技术后，紧接着就和大家一起学习行车驾驶了。当他第一次把教练车开到大路上进行短途行驶时，心里既高兴又紧张。三排排长坐在他身边指点着。他双手把稳方向盘，目视前方，暗暗鼓励自己：沉着，前进！前进！此刻，他恨不得立刻奔到热火朝天的工地上去……

一个月后，经过考核，雷锋成了一名合格的汽车兵。5月间，连队决定把他从新兵训练排调到二排四班，交给他一台军用卡车，批准他跟老同志一起上工地，小韩给他当助手。当他亲自为工地运去第一车水泥的时候，宏伟的建筑工程已经打好地基开始砌砖了。

他感慨地对四班同志们说："哎，我来晚了！"

四班的同志都很佩服这位新来的战友。雷锋为什么能后来居上？大家都知道，他是干一行爱一行，钻研技术一丝不苟，精益求精、勇于进取。

他在日记中这样写道："只要人听党的话，车子就会听人的话……事实证明，只要付出了艰苦的劳动，车子就会听使唤。平时不愿下苦功，不肯做艰苦细致的工作，要想车况好，那就像坐着不动想让苹果掉在嘴里来一样，是根本不可能的。"他还写道："从内心往外说，我时刻都想多学点本领，更好地为人民服务。马克思说：‘不学无术在任何时候，对任何人，都无所帮助，也不会带来利益。’今天，我为人民的利益，阶级的利益，革命的利益，多学点本领就更有必要了。所以我要虚心学习，刻苦钻研学到真本领，就是为此目的。”

在短短的四年中，挤出工作、训练和做好事之余的时间，凭着一股挤劲、钻劲，雷锋掌握了科学的世界观和方法论，学会很多技能，练就了一身过硬的本领，工作很出色，多次立功受奖。毛泽东同志读了他的日记后，称赞他懂哲学。1963年2月，董必武同志作诗赞颂他：“有众读毛选，雷锋特认真。不惟明字句，而且得精神。阶级观清楚，劳动念朴纯。螺丝钉不锈，历史色常新。只做平凡事，皆成巨丽珍。普通一战士，生活为人民。”

（五）雷锋对工作极端负责

每次出车之前，雷锋都对车辆认真检查。有一次保养完汽车后，雷锋发现一个豆粒大的火花塞帽不见了，找了半天也没找着。助手急于出车，建议换一个新的，雷锋坚决不同意，说：“任务重也不能这样走，若是火花塞掉进气缸里，马马虎虎把车开出去，就有可能发生事故，给国家造成损失。不找到这个火花塞帽，我们决不能出车。”于是，雷锋和助手就拆开发动机，果然在气缸里找到了火花塞帽，从而避免了可能发生的事故。雷锋这种一丝不苟、严谨认真的工作态度，令人叹服敬佩。雷锋所在班严格贯彻安全措施，遵守交通规则，全班安全行车超26000公里，被评为“出车安全先进班”。运输连还总结推广了雷锋班安全行车的经验。

有一次雷锋因公外出，回到连队时已经过了晚饭时间。雷锋没有先去厨房吃饭，而是先回到班里。当了解到13号车有故障时，雷锋转身就往车场走去。战友们都说，天黑了，又冷，明天再说吧。雷锋说，车子要时刻保持拉得出、打得响的战斗状态才行。到车场后，雷锋发动汽车，怎么也发动不起来，反复几次发动后直冒浓烟。雷锋发现是混合汽太浓，就去检查化油器，发现油平面过高，经检查是三角针漏气。他立刻换上一个新的三角针，车子再次发动后一切正常。雷锋这才擦了擦手准备去吃饭，走了几步又停下来问：“那个旧三角针呢？”说着，就把被助手丢掉的旧三角针找回来放进了随车的节约箱里。雷锋这种对工作极端负责的态度和精神，很快传遍整个连队，从此在连队形成了车有故障不过夜的习惯。

（六）做一颗永不生锈的螺丝钉

1962年2月19日，刘思乐有幸与雷锋在沈阳军区首届团代会上相识。有意思的是，他和雷锋都被选为大会主席团成员，一起坐在主席台上。更有意思的是，他俩还住在同一个房间——沈阳军区第一招待所316房间，而且是床挨着床，晚上躺在床上还一起学习《为人民服务》，交流、探讨人生的价值。一天晚上，雷锋看了刘思乐的发言稿，带着商量的口气说："你那'做一颗不生锈的螺丝钉'的标题，要是加上一个'永'字该多好啊。这样既生动又感人，还鞭策自己。做一个永不生锈的螺丝钉，是无产阶级勇于进取、不断前进精神的形象表达。"刘思乐觉得雷锋说的很有道理，也很深刻。他一个劲点头，同时顺手递过笔去说："请您更改吧。"只见雷锋认认真真地在演讲稿的标题"不生锈"前加进去一个"永"字。于是，刘思乐演讲稿的标题就定为"做一颗永不生锈的螺丝钉"，并成为他终身的奋斗目标。

两个人继续讨论着。刘思乐谈到，开始他把自己的人生目标选择为做一颗不生锈的螺丝钉时，有人说这是"小不点"，不够伟大。他在大街上走路时，有的学生叫他"螺丝钉"。他高兴地说："是的，螺丝钉是我的名字，在中国是独一无二的，是没有人冒名顶替的，很好嘛。大海中的万吨巨轮，天空中飞行的飞机，陆地上飞奔的火车，哪一个不是由千千万万个螺丝钉组成的？它与轰轰隆隆的大机器相比，似乎微不足道，但是没有螺丝钉的连接固定，哪一辆机车也不能飞驰前进。"学生们听了都点头，尊敬地叫他"螺丝钉叔叔"。雷锋听到这里，高兴地说："这是一种政治荣誉，祖国建设正缺少你这种螺丝钉精神呢。说真的，我真羡慕你有一个螺丝钉的名字，让我们携起手来，做一颗永不生锈的螺丝钉吧。"

刘思乐说："你在'不生锈'前加的那个'永'字，真是价值千金啊！你我一样都是旧社会过来的人，没有念过几天书。做一颗永不生锈的螺丝钉在理论和实践的结合上很有探讨价值，我正要向你请教怎样当好螺丝钉呢。"雷锋满怀豪情地说："要做一个品格和螺丝钉一样的人，最重要的是要牢记我党全心全意为人民服务的宗旨和树立毛主席教导的要全心全意为人民服务的思想。把热爱党、热爱人民的一腔热血倾注在自己所担负的工作上，在岗位上创一流，多作贡献。”当刘思乐谈到，有人说：“我爱干什么就干什么，不当螺丝钉，不当砖，不当黄牛把套拴”，雷锋立刻说：“螺丝钉的可贵，就在于它默默奉献。人活一世总要有一个较高的奋斗目标，但不是每一个人的奋斗目标都能实现。在社会主义建设时期，人们选择自己发展道路的时候，总要受到社会发展阶段各种条件的制约和影响。我们部队是一个军事集团，有保卫祖国的特定任务。如果这山望着那山高，都不安心分内工作，部队哪儿还有战斗力？怎么赢得反侵略战争的胜利?”

刘思乐说：“一个人如果不顾客观条件而依旧抱着个人的算盘不放，必然会自怨自艾，毁了自己，把自己比作将军，当不上时有埋没的痛苦。还是把自己比作螺丝钉好，在生活中到处都有自己的位置。”雷锋说：“世界上一切大的和好的东西，全是由小的、不显眼的东西组成的。社会上大量的事是要做那些看来很平凡的工作。热爱平凡岗位的人，同样是最光荣的人，如同工人做工、农民种地，服务行业的补鞋、理发、养猪做饭。如果没有这些平凡而艰巨的劳动，如果没有千百万人民群众的革命实践，就没有伟大的事业。伟大出于平凡，平凡孕育伟大。我们所做的行行业业，都和伟大的共产主义事业相连。依我看，只有热爱自己岗位的人才能把阶级的利益、革命的利益看得高于一切，把为人民服务看作最大的幸福和快乐。无保留地把自己的青春献给人民的人，才佩得上‘螺丝钉’称号。甘当螺丝钉的人，是属于那些为共产主义自觉奋斗的人。”

刘思乐又向雷锋请教怎样才能做到永不生锈，雷锋说：“一个革命者不仅要有为人民服务的思想，还要有为人民服务的本领。党要求我们做又红又专的人，不认真学习专业知识，没有干革命的真本领，当炮手打不中目标，当驾驶员不会排除车辆故障，当炊事员做的饭菜大家都不爱吃，就不能在反侵略战争中发挥作用。”刘思乐说：“在我们的时代，只甘当螺丝钉是不够的，而应该启发人们自强不息的精神，在自己的岗位上创造性地工作。中国缺少的不只是拧在哪里都没有怨言的‘螺丝钉’，应该给‘螺丝钉’加上科学的翅膀，让每个人都在自己的岗位上作出更大的贡献。”雷锋说：“一个革命者要有远大的共产主义理想，既要树立全心全意为人民服务的思想，还要掌握为共产主义奋斗的能力。依我看，‘螺丝钉’精神，就是牢记为人民服务的宗旨，把个人理想置于祖国的需要上，热爱岗位，干一行爱一行专一行。科学技术是为人民服务的本领，螺丝钉与科技相结合，螺丝钉才能最大限度地发挥作用。螺丝钉作用的大小，要看每个人所掌握的科学技术和本领。”

最后，雷锋深情地说：“就是到了共产主义，也少不了服务行业。‘螺丝钉’不仅是我们这一代人的需要，而且应该代代相传，在五色缤纷的世界上有一条螺丝钉之路。”

【雷锋日记摘】

1959年11月14日

今天，我感到特别的高兴，一天紧张工作过后，一点儿也不觉得疲劳，我感到浑身是劲。深夜了，我还坐在车间调度室里，看一本学习毛泽东同志的思想方法和工作方法的书，真使我看得入了迷，越看越使我感到毛主席的英明和伟大。

深夜11点钟了，走出门外，天黑得伸手不见五指。这时突然下起雨来了。陈调度员说，我们建筑焦炉工地上，还散放着7200袋水泥。陈调度员急得一时手足无措。……雨越下越大。这时，我猛然想到了党的教导，要我们爱护国家财产，又想到了我是一个共青团员。想到这些，一种无穷的力量鼓舞着我，急忙跑到工地，用自己的被子，并脱下了衣服，抢着盖在水泥上。后来，我又跑到宿舍，发动了20多个小伙子，组织了一个抢救水泥的突击队。有的忙着找雨布，有的忙着找芦席，盖的盖、抬的抬。经过一场紧张的战斗，避免了国家的财产受到重大的损失。

这时，我才松了一口气。抹掉了头上的汗，带着乐观的心情，昂首阔步回到了宿舍，回忆自己为国家、为党做的一点点工作而高兴。

1959年11月20日

我在鞍钢开推土机时，车间主任给了我一个任务，要我带3个学员。自己的技术不高，又怎能教好学员呢？可是，我想到这是党给我的任务，我一定要坚决完成。在驾驶和学习机器构造原理时，我和他们互相研究。我不懂就去请教其他师傅，而后再告诉他们。他们只用4个月就学会了开推土机。（他们）毕业后，工厂要给我36元带学员的师傅钱，我没要。我学的技术是党培养的，今天告诉别人是应该的。

1961年10月16日

高楼大厦都是一砖一石砌起来的，我们何不做这一砖一石呢！我（之）所以天天都要做这些零碎事，就是为此。

1961年10月18日

有的同志晚上不愿意站岗。白天工作学习忙，比较疲劳，晚上睡得甜蜜蜜的，叫起来站岗，是有一点不是滋味。可是，他们没有想到，站岗是党和人民交给我们的一项光荣而艰巨的任务。每次轮到我站岗的时候，不管是白天或黑夜，烈日或严寒，我总是很愉快地去执行了。这是因为我时刻想到：我们是伟大的中国人民解放军，是祖国的保卫者，是人民最可爱的人。

1962年1月1日

1961年已经胜利度过。回顾入伍两年来，在党和上级的耐心培养教育下，不断地提高了阶级觉悟，懂得了热爱同志和集体，懂得了怎样做人，懂得了党的号召就是我们行动的指南。由于我在实际工作和行动中做出了一点成绩，部队党委授予我“模范共青团员”和“节约标兵”的光荣称号，并给我记二等功1次、三等功2次，这使我内心十分激动。因为我所做的是每个共产党员应尽的义务，而且距离党和上级的要求还差得远，获得一些成绩也是党的教育和同志（们）帮助的结果。

在新的一年中，我决心继续努力，做各项工作中的红旗手，关心同志、关心集体，处处、事事、时时起模范带头作用……

【拓展报告厅】

王继才：爱岗敬业的典范

中共中央总书记、国家主席、中央军委主席习近平对王继才同志先进事迹

图2-10　守岛英雄王继才

作出重要指示强调，王继才同志守岛卫国32年，用无怨无悔的坚守和付出，在平凡的岗位上书写了不平凡的人生华章。我们要大力倡导这种爱国奉献精神，使之成为新时代奋斗者的价值追求。

习近平指出，对王继才同志的家人，有关方面要关心慰问。对像王继才同志那样长期在艰苦岗位甘于奉献的同志，各级组织要积极主动帮助他们解决实际困难，在思想、工作和生活上给予更多关心爱护。

1. 因一句承诺，离乡背井扎根荒岛

因为对老政委的一句承诺，他离乡背井，扎根荒岛。1986年7月，还是小伙子的王继才第一次登岛。整整32年，他默默守护着黄海前哨，未曾退缩一步。

开山岛位置孤绝，环境恶劣，位于我国黄海前哨。距离连云港市20海里，距离燕尾港12海里，面积仅0.013平方公里，仅有两个足球场大。1939年，日军攻占连云港就是以此为跳板，其战略位置十分重要。1985年部队撤编后，设民兵哨所。当时岛上无电无淡水无居民，除了几排空荡荡的营房便只剩下肆虐的海风。灌云县人民武装部曾先后派出10多个民兵守岛，但因条件艰苦，最长的只待了13天，都不愿长期值守。

1986年7月，人武部政委找到王继才。他接受了守岛任务，瞒着家人上了岛。全村最后一个知道他守岛消息的，是他的妻子王仕花。当王仕花来到岛

上，看着胡子拉碴的丈夫时，她的眼泪夺眶而出，“别人不守，咱也不守，回家去吧！”王继才对妻子说：“你回吧，我决定留下！守岛就是守家，国安才能家安。”

没想到，几天后王仕花辞掉了小学教师工作，把两岁的女儿托付给老人，上岛与丈夫一起守岛。这一守就是32年。

2. 誓守国土，寂寞困苦初心不改

30年来寂寞困苦仍初心不改，他，誓守国土。2015年2月11日，军民迎新春茶话会在北京举行，习近平总书记在茶话会开始之前亲切会见全国双拥模范代表。座谈时，王继才就紧挨着坐在习近平总书记身边。

王继才生前曾回忆当天的情形，他激动不已。“习主席非常平易近人，问了我子女的情况、开山岛的情况，告诉我有困难就向组织反映。他还拍着我肩膀说守岛辛苦了，祝我们全家新年快乐！”

王继才当场向习主席承诺：“请主席放心，我一定把开山岛守好！”

这是一个老民兵对习主席的承诺，也是他这一生的写照。他以自己独有的方式践行了生前的这句话。

32年来，他在台风的巨大冲击力中坚守，他在孤独寂寞的黑夜中坚守，他在夏日高温高湿、冬季寒风刺骨的小岛上坚守，上报了许多重要的海防信息，出色完成了战备值勤任务。

3. 风雨相随，家国情温暖一片海

一生守好一座岛，她，风雨相随。32年来，夫妇俩坚守承诺。王继才说：“妻子的陪伴，冲淡了海水的苦涩腥咸。”有人说，他们是孤岛上的夫妻哨，一辈子相守相爱。

海防日志里，升国旗、巡岛、观天象、护航标，这是夫妻俩32年来每天都要重复做的事情，而每天第一件事就是升国旗。天刚蒙蒙亮，他俩就在小操场上举行两个人的升旗仪式。王继才当升旗手，王仕花庄重敬礼。王继才对采访他的记者说：“开山岛虽小，但必须每天升起国旗。”

岛上风大湿度大，太阳照射强烈，国旗很容易褪色破损。守岛32年，夫妻俩自己掏钱买了数百面国旗。

图2-11　王继才守岛升旗32年

夫妻俩就这样每天升旗、巡逻、瞭望，看管航标、测风仪……雨天，也毫不松懈。岛上风大路滑，夫妻俩就用绳子把自己系在一起，若是一人掉下海，另一个人还能及时把对方救起来。日复一日地重复着相同的工作，极目四望，只有茫茫海水。偶尔经过一条渔船，就能让他俩欣喜不已。两条狗，几只鸡，是他们在岛上唯一的陪伴。

当年，妻子王仕花在岛上生子，因台风下不了岛，王继才自己操起剪刀，剪断儿子的脐带，并给儿子取名"志国"，寓意民兵战士的后代要心怀祖国。令王继才夫妇俩欣慰的是，儿子研究生毕业后成了一名现役军官，接过了保家卫国的钢枪。

2018年7月27日21时20分，这位曾受到习主席亲切会见的海防前哨老民兵王继才，不幸病逝在他坚守32年的小岛上。

一朝上岛，一生卫国。以孤岛为家，与海水为邻，和孤独做伴。他用实际行动践行了承诺，把一生奉献给了祖国的海防事业。

【雷锋文化吧】

（一）湖南雷锋纪念馆

湖南雷锋纪念馆位于湖南省长沙市望城区雷锋街道正兴路42号，是全国爱国主义教育示范基地、国家AAAA级旅游景区、全国学雷锋活动示范点。馆区总占地面积104000平方米，主要包括：雷锋生平事迹陈列馆、雷锋故居、长沙国防人防教育馆、长沙好人馆等。

2018年3月1日，新的雷锋生平事迹陈列馆正式对外开放，基本陈列《学习雷锋好榜样》分为“平凡的人生”“伟大的精神”“永远的榜样”三个部分进行展示。陈展面积为3881平方米，共展出文物实物340件、照片299张、雷锋日记诗文61篇。湖南雷锋纪念馆以翔实的内容、丰富的资料，客观真实地展示了雷锋同志平凡而伟大的一生，突出了雷锋同志的成长历程及雷锋精神在雷锋家乡的起源和传承。改扩建后，雷锋塑像广场十分宽敞，雷锋塑像容光焕发，照耀来自世界各地的每一位参观者。雷锋塑像制作于20世纪90年代初，由我国著名雕塑家朱惟精先生设计制作。该雕塑全部由麻石制成，塑造的是身穿军装、头戴军帽的雷锋同志背着枪的英姿。雕塑高5米，基座高3米，目的是纪念1963年3月5日毛泽东“向雷锋同志学习”题词发表。该雕塑自建成后就一直安放在雷锋纪念馆门前的广场上，多年来已成为湖南雷锋纪念馆的标志性雕塑。每一位远道而来的参观者都争相与之合影，“背枪的雷锋”更是成为了人们记忆中的经典形象。

湖南雷锋纪念馆人以“播雷锋精神，做雷锋传人”为己任，广泛开展宣传宣讲、社会实践、主题教育等活动，不仅是青少年进行共产主义教育和革命传统教育的课堂，还成为了党员干部学习雷锋精神、开展党性教育的最佳平台。

图2-12 湖南雷锋纪念馆

1968年开馆以来，共接待国内外游客4400多万人次，发放各类有关雷锋的宣传资料上百万册，发展学雷锋共建单位上百家。该纪念馆先后荣获全国青少年教育基地、国家国防教育示范基地、全国关心下一代党史国史教育基地、全国红色旅游经典景区、湖南省文明标兵单位、湖南省文明风景旅游区、湖南省爱国主义教育基地十大“魅力场馆”等荣誉称号。

湖南雷锋纪念馆公众号

（二）雷锋系列微视频《你的样子》

第三集《道路》　　第四集《远方》

【作者如是说】

（一）敬业从我做起

敬业是中华民族传统品格的最基本体现，是中国精神的行为规范，是实现中国梦的最基本要求。没有一代又一代奉献者的勤奋工作、努力奋斗，就没有目前的发展基础。敬业品质也是对我们每一个人的基本要求，如果工作不敬业，再好的愿望和梦想也是海市蜃楼、难以成真。

爱岗敬业是社会主义职业道德的基础和核心。爱岗是敬业的前提，敬业是爱岗情感的进一步升华，是对职业责任、职业荣誉的深刻理解和认识。在社会价值取向多元化的今天，大力倡导敬业的价值观，引导人们敬爱岗位、恪尽职守、勤奋工作，实现自己的人生理想，实现“两个一百年”奋斗目标，显得尤为重要。

“干一行，爱一行，乐一行，钻一行”，说起来容易做起来难。培育敬业精神必须从个人做起，从点滴做起。个人应当树立正确的人生观和价值观，调整和转变职业态度，培养健康的职业情感，提升职业素养和技能，自觉遵守职业道德，将敬业精神落实到日常工作中去。同样重要的是，必须从社会观念、管理制度和治理机制等方面入手，培育爱岗敬业的社会土壤，促使敬业精神生根发芽。

作为这个社会的一个成员，无论身处祖国何地，从事什么职业，担任什么职务，负责什么工作，都要弘扬雷锋干一行爱一行、专一行精一行的敬业精神，把个人理想同国家的前途、民族的命运有机结合起来，把个人的选择和社会的需要、人民的需要有机结合起来，在现代化建设事业中做一颗永不生锈的螺丝钉。扑下身子真抓实干，深入一线解决问题，做到不解决问题不罢休，不达目的不撒手，真正负起社会责任、履行岗位职责，为中国梦照进现实打下坚实基础。

（二）爱岗敬业是最好的爱国奉献

有一种坚守是爱国，有一种担当是奉献。习近平总书记对王继才同志先进事迹作出重要指示，强调要大力倡导爱国奉献精神，使之成为新时代奋斗者的价值追求。习近平总书记的重要指示不仅是对时代楷模、守岛英雄的充分肯定，也是对青少年把爱国情怀转化为奋斗实践提出了明确要求，为青少年在未来投身祖国建设事业指明了方向。

什么是爱国？不同行业、不同岗位、不同人群，会有不同的回答，不同的表现。有的轰轰烈烈、彪炳史册，有的默默无闻、甘于平凡；但无论做什么、在哪里，不管事业怎样、业绩大小，都要坚守岗位干好本职工作，把爱国情怀转化为履职尽责的工作激情，在平凡中书写新时代的不凡。王继才就是这样一个人，他守岛卫国32年，用无怨无悔的坚守和付出，在平凡的岗位上书写了不平凡的人生华章。

众所周知，爱国奉献不仅是中华民族不竭的精神动力和传统美德，是各族人民共同的精神支柱，是弘扬社会主义核心价值观的重要内容，而且是推动社会前进的巨大力量，是激励人们奋进新时代、开启新征程的光辉旗帜。只有像雷锋那样自觉地把个人的前途命运与祖国的前途命运紧密联系在一起，才能把爱国热情凝聚到新时代中国特色社会主义的伟大事业上来，凝聚到为实现“两个一百年”目标而共同奋斗上来；才能形成热爱祖国、忠于祖国、奉献祖国的良好风尚，汇聚实现中华民族伟大复兴中国梦的磅礴力量。

也许有人认为，爱国是一个“高大上”的命题，离自己有点远，不知从哪里做起、从哪儿入手。其实，爱国就在每个人的身边，就在每个岗位上，与每个人息息相关。王继才30多年如一日，坚持以海岛为家，坚信家就是岛、岛就是国、守岛就是卫国，甘与孤独相伴，在没水没电、植物都难以存活的孤岛上默默坚守，把青春年华全部献给了祖国的海防事业。他在平凡的岗位上安心工作、专注本职、迷恋职守，用忠诚书写了心有大我、至诚报国的价值追求，用坚守诠释了一个普通人的以国为先、以身许国的人生坐标。

事实上，爱国从来不是空洞的、短暂的、泛泛而谈的，而是具体的、永恒的、实实在在的。新时代弘扬爱国奉献精神，就要像雷锋那样坚守自己的职责，始终保持一腔爱国奉献的真挚情怀，立足岗位干好本职工作，在祖国最需要的地方干事创业，在一言一行、点点滴滴中将个人梦想融入中国梦。要在平凡的岗位上精心谋事、潜心干事、专心做事，尽职尽责做好每一项工作，尽善尽美完成每一项任务，做到把爱国之情、报国之志融入祖国改革发展的伟大事业之中，融入到中国特色社会主义事业“五位一体”总体布局和“四个全面”战略布局的伟大奋斗之中。

新时代呼唤爱国精神，弘扬爱国精神激荡新时代。广大青少年要深刻领会习近平总书记的重要指示精神，以英雄为标杆，向英雄学习，爱岗敬业、尽职尽责，把爱国之情化作不懈奋斗的动力，以报国之志书写新时代的华美篇章，为把我国建设成为富强民主文明和谐美丽的社会主义现代化强国作出更大的贡献。

第三章 03

涵养大爱胸怀　锤炼品德修为

大爱是心灵的圣光，大爱是情感的汁液，大爱是人性美的最高升华；因为，在这些无数的大爱中，更有一种大爱的燃烧和流淌，备受人们尊崇和仰望，那就是：爱祖国、爱人民、爱人类和平进步事业。雷锋，就是这样一个富有大爱之人。“我活着，只有一个目的，就是做一个对人民有用的人。”雷锋是一个普通士兵，但他始终坚持我们党全心全意为人民服务的根本宗旨，始终坚持共产党人的崇高价值追求。不管是对自己认识的人还是对陌生人，他都始终保持一颗大爱之心；在所做的一件件或大或小的好事中，他都在不断彰显自己的大爱胸怀。

青少年要有大爱的胸怀，要设身处地为他人着想，要到社会的大课堂中去锻炼、去实践，在千百次实践中去铸造自己良好的道德品质。“国无德不兴，人无德不立。”做人做事第一位的是崇德修身，这是青年成长的基本逻辑。要牢记“从善如登，从恶如崩”的道理，把正确的道德认知、自觉的道德养成、积极的道德实践紧密结合起来，自觉树立和践行社会主义核心价值观，带头倡导良好的社会风气，善于从中华民族传统美德中汲取道德滋养，从雷锋身上感受道德风范，从自身内省中提升道德修为。强化自我修炼、自我约束、自我改造，明大德、守公德、严私德，做到品德润身、公德善心、大德铸魂。长着中国脸，拥有中国心，饱含中国情，富有中国味，始终保持积极的人生态度、良好的道德品质、健康的生活情趣，追求更有高度、更有境界、更有品位的人生。

用雷锋的大爱筑牢青少年初心之基，用雷锋的大爱践行当代青少年为民宗旨之要，用雷锋的大爱强化青少年责任担当之行。诚实守信，做表里如一、言行一致的青少年；感恩反哺，做志愿服务、回报社会的青少年。以实现中华民族伟大复兴为己任，以一生的真情投入、一辈子的顽强奋斗来体现爱国主义情怀，不辜负党的期望、人民的期待、民族的重托，不辜负我们这个伟大的时代。

一、诚实守信，做表里如一、言行一致的青少年

【雷锋大讲堂】

（一）诚实守信是一种品行，更是一种资源

诚实守信是中华民族的传统美德，是文明社会不可缺少的道德规范，是每个青少年应该达到的基本道德水准。言必信、行必果，这是诚信的两个基本方面。诚信首先不能欺骗。《礼记 · 大学》说：“所谓诚其意者，毋自欺也。”诚信，不自欺也不欺人。要做到诚信，还应该做到过而知改。当年，苏东坡讥笑王安石写的菊花诗与事实不符，但是当苏东坡发现是自己错了时就向王安石道歉。苏东坡能够诚实地认识到自己的错误，并能够主动承认，这就是诚实的表现。另外，诚信就是要重诺守信。曾子杀猪教子，尾生守信抱石而亡，这些人都是重诺守信的人，都是值得尊敬的人。古人说：“得黄金百斤，不如得季布一诺”。诚信是一个人无形的力量，无形的财富。做到诚信，别人也能诚实待你。

在诚信这一方面，小孩子似乎比大人做得都要好。尽管如此，还是有不少孩子做得不够好，不够诚实：他们可能为了虚荣而撒谎，告诉同学说自己的爸爸是博士；他们可能为了逃避批评而说花瓶是弟弟打破的；他们还可能为了得到某种东西而撒谎骗人。这样不诚实的孩子，得不到老师的喜爱，也会让同学们瞧不起，而且这种坏行为一旦形成习惯，会对他的一生产生极坏的影响。这样不诚实的孩子如果长大经商，在卖东西时就可能缺斤少两、以次充好，制售假冒伪劣，成为不法商贩；如果研究学术，就有可能抄袭学术论文造假；即使成为一个平凡人，整日撒谎搬弄是非，也会令周围人厌烦。任何一个有远大抱负的孩子都不愿意成为这样的人。

古人云：“诚以修身，信以立世。”为人处世，干事创业，最讲一个“诚”

图 3-1　一言九鼎 诚信天下

字，最重一个“信”字，因此诚信乃做人之本。诚实是一个人的修身之本，一个诚实的、不弄虚作假的人，能够得到别人的尊重和信任。

宋代哲学家、教育家程颐说：“人无忠信，不可立于世。”意思是说，没有忠诚信义的人，不能在社会上立身处世，也难以成事。诚信是一个道德范畴，是修身、齐家、交友甚至治国的基本准则。“人而无信，不知其可也。”诚信是立人之本。“与朋友交，言而有信”，诚信是交友之道。“信，国之宝也。”诚信是治国的根本法宝。诚信是心灵的良药，只有做到真诚无伪，才可使内心无愧。

（二）向雷锋叔叔学诚实守信、言行一致

1959 年 12 月 12 日，雷锋在日记中写道：“每个共产党员和共青团员时时刻刻都要以马克思列宁主义、毛泽东思想作为自己的思想行动的指导，真正做到言行一致。我要永远保持自己历史鲜红的颜色。”

1960 年 1 月 8 日，雷锋在日记中表示，“我在党的正确领导下，在革命的大家庭里，我一定要好好地锻炼自己，在入伍的这一天，我并提出如下保

证：……以上六条是我努力的方向和我的奋斗目标。……我一定不辜负党对我的教育和期望，……军政学习争优秀，全心全意保卫国防，成为一个优秀的国防军战士。”

下面，我们来逐条梳理一下雷锋入伍后，他是如何发扬言行一致的精神，坚持说到做到，将入伍第一天的决心落实和体现到实际行动上的。

“一、听党的话，服从命令听指挥，党指向那里，我就冲向那里。”

雷锋在党的培养和首长的教育下，不断提高自己的政治思想觉悟，坚定共产主义信仰，树立了远大革命理想，这表现在他多次在日记中表示“我要时刻准备着为党和阶级的最高利益，牺牲个人的一切，直至生命”。

新兵训练结束不久，他被分配到团战士业余演出队。虽然因他的湖南口音太重，无法和别人同台演出，但他主动承担起了演出队的所有勤杂工作，为演出、为战友们做些服务性的工作。分到汽车连后，他刻苦学习驾驶技术，虚心向班长和战友请教，很快能独立驾驶汽车执行任务。多次按照首长指示，自己或带队外出执行任务，一丝不苟，以身作则，认真负责，加强管理，每次都圆满完成任务。

“二、加强政治学习，多看报纸和政治书籍，按时参加部队各种会议和学习，积极宣传党的政策，密切靠近组织，及时向组织反映各种情况，不断提高自己的政治思想觉悟。”

雷锋入伍后，他继续发扬在地方刻苦学习的精神，如饥似渴地学习毛主席著作、革命理论和政治书籍（据不完全统计，日记中摘录的23段毛主席语录、读过的4本书、观看的5部影剧，即是佐证），以武装自己的头脑，指导自己的行动，由初期的好好干工作报答党把他从水深火热中解救出来的恩情，逐步升华为为党和人民的事业、为共产主义事业奋斗终身。

“三、尊重领导，团结同志，互帮互爱互学习。”

在日常中，雷锋对首长和领导（包括班长、排长、连长、指导员和沈阳军区工程兵部队吕政委等）的教导都铭记在心，并在日记中多次记载，行动中，按照首长和领导的指示要求去做。注意发扬团结友爱精神，关心爱护帮助同志，将自己的饭送给没带饭的战友吃；对思想有问题的战友谈心引导，给他请卫生员看病，端开水到床前，让他吃药，到澡堂给他搓澡；对违反纪律的同志，勇于不讲情面进行批评等。

“四、严格遵守部队一切纪律，做到虚心向老战士学习，刻苦钻研，加强军事学习，随时准备打击敌人。”

外出执行任务，包括出车、带车和作报告时，雷锋都能及时请示和报告情况。成为新兵伊始，虚心向班长、老战士请教手榴弹投掷方法；下连队后，虚心向班长、老战士请教汽车驾驶技术和经验；利用节假日、晚上时间学习军事和技术知识等。

“五、克服一切困难，发扬先辈优良的革命传统。我要坚决做到头可断、血可流，在敌人面前决不屈服、投降。我一定要向董存瑞、黄继光、安业民等英雄的战士学习。”

发扬革命先烈和先辈不怕流血牺牲、英勇奋战的革命传统和作风，克服自己文化程度低的困难，刻苦学习文化、学习毛主席著作和革命理论；克服自己个子小、臂力弱的不足，平时披星戴月地加油练习手榴弹投掷，星期天牺牲休息时间练习，经过艰苦努力终于取得了优秀成绩。多次看革命先烈、英雄人物和先进模范的书籍、文章，在日记中多次表示要坚决向他们学习，表示“我是一个共产党员，人民的勤务员，为了全人类的自由、解放、幸福，哪怕高山、大海、巨川，为了党和人民的事业，就是入火海进刀山，我甘心情愿，头断骨粉，身红心赤，永远不变”。

“六、我要努力学习政治、军事、文化，我要好好的锻炼身体，我一定要在部队争取立功当英雄，我一定要做一个毛泽东时代的好战士，我要把我可爱的青春献给祖国最壮丽的事业。”

入伍后，雷锋的学习积极性十分高涨，不仅正常时间刻苦学习，而且利用点滴时间，认真刻苦地学习毛主席著作、革命理论和军事、专业技术、文化，入伍半年（1960年夏天）就因带病参加抗洪抢险荣立个人三等功1次；入伍不到一年（1960年10月1日），因表现优异，经沈阳军区工程兵党委批准，荣立个人二等功1次。1960年11月8日，雷锋光荣地加入了中国共产党。1960年11月20日，再次荣立个人三等功1次。1960年11月23日，中央军委工程兵党委授予雷锋“模范共青团员”“学习毛主席著作积极分子”光荣称号。沈阳军区《前进报》《解放军报》《抚顺日报》《辽宁日报》《解放军战士》等报刊先后宣传了雷锋的事迹。

雷锋把自己的决心用一个个实际行动固化成真，真正实现了“我一定要在部队争取立功当英雄，我一定要做一个毛泽东时代的好战士，我要把我可爱的青春献给祖国最壮丽的事业”“我一定不辜负党对我的教育和期望，……军政学习争优秀，全心全意保卫国防，成为一个优秀的国防军战士”“成为一个又红又专的共产主义革命战士”的目标。

当然，雷锋诚实守信、言行一致的精神，不只表现在他入伍之初表示的六条决心上，还表现在“把有限的生命投入到无限的为人民服务中去”上，表现在刻苦学习的“钉子精神”上，表现在艰苦朴素、勤俭节约上，表现在为人民服务的“傻子”精神上，表现在爱岗敬业上，等等。

毛泽东同志在《实践论》中指出：“如果有了正确的理论，只是把它空谈一阵，束之高阁，并不实行，那末，这种理论再好也是没有意义的。”

雷锋日记中的许多话，包括一些经典的富于哲学观点的语言，如螺丝钉精神、钉子精神，以及“把有限的生命投入到无限的为人民服务中去”等，假如他没有在行动中做到，那么也只能是华丽的空话，不会迸射出思维的火花，他也不会成为时代楷模，他的精神也难以成为永恒。

雷锋诚实守信、言行一致的精神，是雷锋留给我们的精神财富之一，在新时代我们应当更好地传承发扬，将决心、誓言、愿景用实际行动，通过奋斗拼搏变为现实。

【雷锋故事会】

（一）雷锋讲诚信，两次走进长话连

1962 年 2 月 19 日至 27 日，雷锋在参加沈阳军区首届共青团代表会议期间，作了《我是怎样从一个苦孩子成长为毛主席的好战士》的报告。那扣人心弦的报告深深地打动了现场每一位与会者。

军区长话连副指导员、团支部书记李书清坐在台下。她的情绪随着雷锋的讲述波澜起伏，动情处热泪盈眶，激动时忘情鼓掌。一出会场，她就给连指导员谷德珍打电话汇报，建议邀请雷锋到连队与团员、青年座谈一下。

雷锋利用午休时间，步行来到不远处的长话连。女兵们早早等在门口，站成两列，等候着雷锋的到来，都想一睹他的风采。“来了！”不知谁喊了一声。

只见挂着中士军衔肩章的雷锋背着个挎包，面带微笑，由朱秀芝、关砚荣一左一右陪着向大家走来。女兵们热情地鼓掌欢迎。雷锋给大家频频敬礼。谷德珍把雷锋引到了一个大宿舍，请雷锋坐下。女兵则搬来马扎围坐在雷锋周围。两个女兵送上水果、瓜子和糖块，这是她们用平时卖报纸、牙膏皮攒的零钱买来的。雷锋一边连连道谢，一边把好吃的东西分给周围的女兵们。女兵们七嘴八舌抢着问这问那，雷锋都不知道该先回答谁了。谷德珍说："雷锋同志下午还要开会，时间非常紧，每个人只能提一个问题。"女兵们挨个向雷锋提问，有的问学习方面的事，有的问做好事的细节。他脸上始终挂着微笑，热情地回答着每一个问题。

时间过得很快，还有几个女兵等着提问。詹淑坤拿来一个笔记本，问雷锋："雷锋同志，你能给我题几个字吗?"这可是个好主意，女兵们纷纷回到班里，每人拿来一个本子排着队让雷锋题写赠言。宿舍里没有桌子，雷锋就趴在靠近窗户的一个床沿上，一本一本写了起来。詹淑坤是上士，雷锋先起身给她敬了个礼，然后写下赠言："努力学习毛主席著作，为社会主义建设添砖增瓦。"给于海琴的赠言是："我觉得，一个革命者就应该把革命放在第一位，为党的事业贡献自己的一切，这才是最幸福的。"给王淑琴的赠言是："请你记住，做革命的螺丝钉，全心全意为人民服务。"给姚桂琴的赠言是："请您记

图3-2 雷锋走进长话连

住，伟大的理想，产生于伟大的毅力。祝您在保卫世界和平和国家利益上，创造出奇迹。”给云素琴的赠言是：“让我们紧紧地携起手，更高地举起毛泽东思想红旗，为人类的解放事业而共同奋斗吧……”

为了不耽误雷锋下午开会，连长刘素珍、指导员谷德珍要来一辆三轮摩托车，在门口等着送雷锋回去。这时雷锋一看手表，“哟！时间来不及了。其他的我带回去写吧。”在女兵们的掌声中，雷锋坐上摩托车后座，将来不及题写赠言的笔记本带到招待所。

尽管雷锋工作很忙，但雷锋一直没有忘记自己的承诺。1962年8月8日，雷锋出差途经沈阳，再次来到长话连。女兵们像见到老朋友一样，感到非常亲切。指导员谷德珍对雷锋说：“我们连队正在学英模、创先进，你来得正好，大伙正要写信请你呢。”连队文书拿出一个装满报纸、杂志及图片的大纸袋，里面有《人民日报》《解放军报》《解放军画报》，还有《前进报》《辽宁日报》《抚顺日报》，十多种报刊几乎囊括了两年来对雷锋的所有图文报道。这些报刊一下子推到雷锋面前，有的报刊他自己都没看过。

班长詹淑坤称赞雷锋说：“你现在名气太大了！如果给你写信，收信人地址无论是写沈阳军区、报社或电台，都能转到你手里。现在我们转接电话，无论你在团里还是到兄弟部队作报告，只需说出你的名字，都可以找到你。你赢得了那么多荣誉，今天要好好给我们讲讲你的成长之路。”

雷锋坦诚地说：“今天来是向你们学习的。实话说，我只想报答党的养育之恩，尽一个战士应尽的责任，认为自己做的事都是应当应分的。”雷锋接着说：“我从不把自己看得有多高明，从不认为自己比别人聪明，从不停止自己前进的步伐。”

云素琴对雷锋说：“我在报纸上看到，有战友伸出大拇指夸你雷锋，你是这个，呱呱叫的！你却说自己永远是人民的小学生。”

朱秀芝接着说：“你在发表的日记中写道：骄傲的人，‘不知道自己能吃几碗干饭，不懂得自己只是沧海之一粟’。你对于任何人的长处，没有丝毫妒忌之心，而是从中汲取营养，得到鼓舞；你用最严格的尺度丈量着一言一行，不让哪怕一点点骄傲自满的灰尘在自己思想上停留。”

关砚荣也说：“我非常欣赏你在日记中写的‘我觉得当一名无名英雄是最光荣的’。雷锋你已成为上至军区首长、下至基层官兵都知晓的模范，可你仍愿做‘一砖一瓦’，甘做‘小小螺丝钉’，只求奉献，不图功名。”

雷锋真诚地说：“你说出了我心里想说的话，我一直认为当一名无名英雄最光荣。今后我还是要多做一些日常的、细小的、平凡的工作，少说漂亮话。”

雷锋讲诚信两次走进长话连的故事，多年来在一茬茬女兵中传诵。他给大家题写的赠言，成为激励女兵们学习和成长的宝贵财富。

（二）捷报频传守承诺，两度回乡探亲人

雷锋是从辽阳当兵入伍的，他对辽阳有着很深的感情，时刻牢记辽阳人民对他的深情厚谊。他在离开辽阳去当兵时，向辽阳人民庄严承诺，“不当上黄继光式的战士，不回辽阳！”

雷锋参军后的第二天，就从一本《解放军画报》上精心地剪下了黄继光的画像，贴在自己崭新的日记本扉页上，并挥笔写道：“我永远向您学习，英雄的战士黄继光！我是党的儿子，人民的勤务员，为了全人类的自由幸福、解放，为了党和人民的事业，就是入火海、上刀山，我甘心情愿！头断骨碎，身红心赤，永远不变！”

雷锋参军不到一年，由于他勤学苦练，努力工作，在平凡的岗位上做出了不平凡的事迹。1960年7月8日荣立三等功1次，9月被授予“艰苦奋斗，节约标兵”称号，9月30日荣立二等功1次，11月8日光荣加入中国共产党，11月23日被沈阳军区工程兵党委授予“模范共青团员”称号，并多次受到团、营、连嘉奖。在此期间，雷锋所在的部队曾两次给辽阳来信，表示祝贺。雷锋所在团政委韩万金以《我军的光荣，家乡人民的光荣》为题，给《辽阳日报》编辑部写文章。雷锋的战友也写了十几篇文章，向家乡人民介绍雷锋的先进事迹。真是喜讯不断，捷报频传。

雷锋诚实守信，入伍后时刻惦记着关心帮助过他的人。他给老政委写信，汇报他在部队的成长情况；给姑嫂城大队的领导和义父、义母写信，了解家乡的生产与变化，问候“父母”和“奶奶”的健康，并先后两次回乡探亲。

1. 看望“父亲”

回忆起老红军、老政委余新元送雷锋当兵的那段经历，可以毫不夸张地说，余新元同志慧眼识英雄，他是送雷锋当兵、使雷锋走向辉煌的关键人物之一。

在辽阳军民欢送新兵入伍那天，余新元和妻子田儒文拎着雷锋的那只装着全部家当的小皮箱，以雷锋亲人的身份出现在欢送新兵的人群中。田儒文请假欢送雷锋，特意按照雷锋的岁数给他煮了20个鸡蛋，还买了生活日用品，像对待自己的亲儿子一样，送他入伍并嘱咐说：“到部队要好好学习，依靠首长和战友，好好锻炼，成为一个合乎标准的人民的好战士；但不要忘记照顾好自己的身体，你的体质不是太好……”她含泪反复叮嘱，雷锋噙泪频频点头。分别时，雷锋给余政委规规矩矩地敬了一个礼，说：“感谢我亲爱的父亲余政委！”又对田儒文说：“谢谢母亲！”

老政委夫妇的深情厚谊，雷锋铭记在心。入伍前雷锋曾送给老政委一张着色的4寸立姿照片，并在照片的背面写上赠言。入伍后，1960年11月初，雷锋借外出报告之机，向部队首长请假，到辽阳市看望了老“父亲”余新元。

图3–3 雷锋寄给余新元政委的照片

雷锋在日记中写道："我到了辽阳市武装部，见到了余政委。他像自己的父亲一样，左手握着我的手，右手抚摸着我的头，微笑地说：'小雷，我昨天在日记本里还看到了你以前给我的那张照片，我还想起了你，真想不到你今天来这里。'他带我到办公室，亲切地问我在部队的情况。我激动地向首长汇报了自己的工作和学习情况。余政委听了说：'好，应当好好干，把自己的力量献给党的事业。'"

2. 探望工友

1960年11月6日，雷锋回乡探亲。经部队首长批准，雷锋回焦化厂看望厂领导和工友同志们。他在日记中写道："昨天我向于助理员请好了假，去辽阳焦化厂看我原来的厂领导和工人。今天早上从沈阳乘火车到了辽阳市……下午七点我乘火车到了安平，七点半就到了我原来的工厂——焦化厂。我走进党总支办公室，熊书记、李书记、吴厂长看见是我回来了，真是高兴。我也非常兴奋，好像见到了自己的亲人一样。他们真是热情的招待，给我倒茶，还给我做了饺子和鱼吃，把我安置在一间很温暖的房子里睡觉；还带我到厂内参观了现代化的机器生产。我见到了许多以前和我在一起工作的

图3-4　余新元全家

图3-5　雷锋生前工友易秀珍

同志，感到高兴万分。他们有的还介绍了生产情况。我看到新建的焦炉都出焦了，想起自己为这焦炉的建筑贡献过一滴汗水，从心眼里感到十分骄傲和自豪。”

雷锋回焦化厂这天，陈日东股长给易秀珍一天假。她陪雷锋参观焦化厂，陪他到了安平，陪他吃饭，还陪他到姑嫂城去看望了那位牧羊老人。雷锋送给

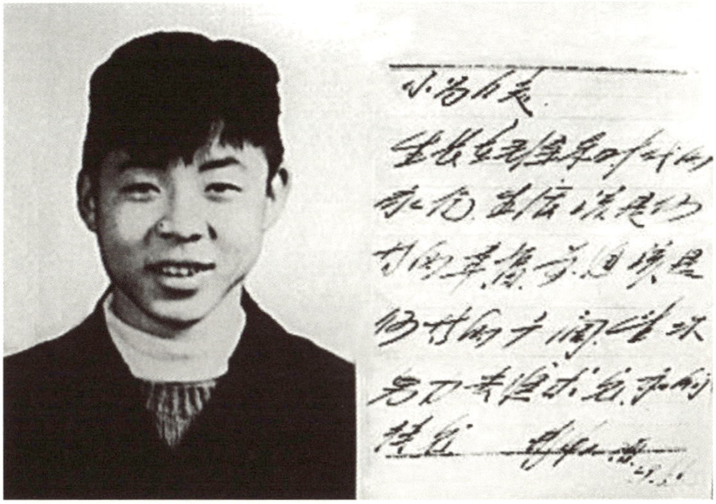

图3-6　雷锋送给易秀珍的照片

义父、义母一些礼品，给义父一套单衣服和一双鞋，给义弟一个笔记本。他们有说有笑玩儿了整整一天。晚上她一直送雷锋到安平火车站。

当年，在易秀珍心目中，雷锋是一个很难得的好男孩儿。他品德高尚，待人亲近，思想先进、积极向上。虽然个头矮一点儿，但长得阳光、英俊。雷锋这次回厂探望，还送给她一张自己在部队拉手风琴的全身照片，照片上写着“青春之歌”。

1962年4月10日，雷锋第二次回乡探亲，看望他的老乡工友易秀珍。同时，雷锋这次回弓长岭，还带着礼品到姑嫂城看望了义父、义母，并送给义弟一张自己穿军装的照片和一顶旧军帽，还在义父家住了一宿。第二天，义父起早送雷锋到安平火车站。

【雷锋日记摘】

1960年11月27日

在今天的授奖大会上，工程兵党委授予我“模范共青团员”的光荣称号……我真感到十分惭愧。我为党做的工作太少了，仅仅尽了一点点本身应尽的义务，党和人民却给了我这么大的荣誉。我是慈祥的母亲——中国共产党把我哺育大的，要是没有党和毛主席，就没有我的一切。今天我所取得的这一点点成绩，应归功于不断培养教育我成长的党和毛主席，应归功于热情帮助我进步的同志们。

1960年11月×日

今天，我生长在幸福的毛泽东时代，处处感到温暖。祖国到处都有我慈祥的母亲——伟大的中国共产党对我无微不至的关怀和教育。我这一点点贡献比起党对我的要求和期望还做得很不够。我决心听党的话，好好学习，忘我地工作，积极参加劳动，奋发图强，勤俭建设社会主义。

熟练手中武器，学好军事技术，时刻准备着，当党需要我，我一定挺身而出，不怕牺牲和一切困难，永远忠于党、忠于人民。继承长辈优良的革命传统，为保卫社会主义建设，为保卫世界和平，我要把自己可爱的青春献给祖国最壮丽的事业，做一个真正的共产主义革命战士……

1960年×月×日

学习《整顿党的作风》

对于马克思主义的理论，要能够精通它、应用它，精通的目的全在于应用。

坚决听毛主席的话，努力学习马克思主义的理论，并做到理论联系实际，改造思想，做好各种工作。

1961年2月21日

……以实际问题为中心，到毛主席著作中找答案，按主席指示办事，学习公式：问题——学习，实践——总结。

一、学习主席著作与改造自己思想相结合，树立全心全意为人民服务的思想和辩证唯物主义世界观。

二、学习主席著作与改进自己的工作相结合。

三、学习主席著作与搞好训练和提高技术相结合，指导自己学习技术。

四、国内外形势和党的方针任务、政策相结合。

1961年3月3日

今天我学习了毛著。主席有一段话，对我的教育最深刻，启发最大。

毛主席说："紧紧地和中国人民站在一起，全心全意地为中国人民服务，就是这个军队的惟一的宗旨。"我是人民的子弟兵，一定要永远牢记党和毛主席的教导，无论什么时候，都要关怀爱护人民群众的利益，为人民群众的利益而战斗不息。

我们的党、政府和全国人民对革命军人的关怀和照顾，是无微不至的。作为一个革命战士的我，是多么的自豪啊！但是我不能骄傲，一定牢牢记住党和人民对我的委托，努力学习，积极工作，勇敢战斗，保持和发扬人民军队的优良传统。……

1961年4月×日

毛主席著作对我来说好比粮食和武器，好比汽车上的方向盘。人不吃饭不行，打仗没有武器不行，开车没有方向盘不行，干革命不学习毛主席著作不行！

1961年5月3日

我看到一位同志做了一件损公利己的事，心里过不去，立即批评和制止了他。爱护国家和人民财产是我的责任，不能不管，今后还应该大胆地管。

牢牢记住，并且要贯穿到自己的生活和实际行动中去——革命的利益高于一切，处处为集体利益而不惜牺牲个人的一切。

1961年10月3日

人总有一死，有的轻如鸿毛，有的却重如泰山。我觉得一个革命者活着就应该把毕生精力和整个生命为人类解放事业——共产主义全部献出。我活着，只有一个目的，就是做一个对人民有用的人。

当祖国和人民处在最危急的关头，我就挺身而出，不怕牺牲。生为人民生，死为人民死。

1961年10月10日

我觉得一个真正的革命者，他是大公无私的，所作所为，都是对人民有益的，他的责任是没有边的……

1961年10月12日

我要牢记这样的话：永远愉快地多给别人，少从别人那里拿取。这种共产主义精神，我要在一切实际行动中贯彻。

今天，我听战友×××说，没有日记本了，手中无钱买。我立即把自己一本新的日记本送给了他。这仅仅是一点小意思。我愿意把自己所有的东西，包括生命献给党和人民……

1962年1月13日

今晚，我看了《洪湖赤卫队》电影，感到浑身是力量。我激动的心情像大海的浪涛一样，总也不能平静。

共产党员——韩英同志那种坚强勇敢、不怕牺牲的精神给了我莫大的鼓舞和无穷的力量。她在敌人监狱里宁死不屈，并歌唱：“为革命，砍头只当风吹帽；为了党，洒尽鲜血心欢畅。”她这崇高的豪言壮语，深深地刻在我的脑海里。我决心永远向韩英学习，为了党，我不怕上刀山入火海；为了党，哪怕粉身碎骨，永不变心。

1962年2月10日

我觉得一个革命者就应该把革命利益放在第一位，为党的事业贡献出自己的一切，这才是最幸福的。

1962年2月12日

我们的同志不论到什么地方，都要和群众的关系搞好，要关心群众，帮助他们解决困难，团结广大人民，团结得越多越好。

我觉得一个共产党员是人民的勤务员，应当把别人的困难当成自己的困难，把同志的愉快看成是自己的幸福。

1962年4月16日

我今天一口气读完了《党的好儿子龙均爵》这本书。这本书太好了，对我的教育极深，对我的启发和帮助很大。我处处要以龙均爵为榜样，永远学习他不畏艰难困苦、敢于斗争的精神；学习他关心爱护同志的高贵品质；学习他大公无私、舍己为人的精神；学习他刻苦学习钻研技术的毅力；学习他爱护国家财产如爱护自己生命的精神；学习他处处把国家的利益和人民的利益放在个人利益之上的思想。坚决学习他，并贯彻于实际行动中，一定要在保卫祖国和建设祖国的事业中，贡献自己的力量。

1962年6月25日

我听有些人说，当兵不合算，挣不到钱，不如在家种二亩自留地，既有花的，又有吃的……

我认为这种人对个人利益和集体利益的关系认识不足。俗话说："大河涨水，小河满；大河无水，小河干。"同样的，只有集体利益富裕了，个人利益才能得到满足。如果没有集体的利益，哪还有什么个人的利益呢？

1962年6月28日

有些人对个人和集体的关系认识不清，因此做工作、办事情、处理问题等，只顾个人，不顾整体。这样，就会给革命造成损失，给集体造成不利。我觉得正确认识个人和集体的关系是很重要的。

我认为个人和集体的关系，正像细胞和人的整个身体的关系一样。当人的身体受到损害的时候，身上的细胞就不可避免也要受到损害。同样的，我们每个人的幸福也依赖于祖国的繁荣。如果损害了祖国的利益，我们每个人就得不到幸福！

【拓展报告厅】

武秀君："诚信人生是我无悔的选择"

"我只是做了我应该做的事情，可是党和国家却给了我很多荣誉，但我知道自己还是那个普普通通的农家女。"全国道德模范、辽宁本溪满族自治县南甸镇滴塔村村民武秀君这样评价自己。

2002年，武秀君的丈夫因车祸去世，留下270多万元的外债、年迈的双亲和两个未成年的孩子。武秀君顶着家庭和债务的双重压力，走上了艰难的代夫还债之路。在丈夫去世不到五年的时间，她将所有的外债还清了。之前她从没想过有生之年会把丈夫所欠下的外债全部还清，没想过自己还能打拼出一番事业，更不曾想到过会得到诸多荣誉及参政议政、回报社会的机会。

还完巨额债务的同时，武秀君收获了各种荣誉，很多外地企业请她出任公司的形象代言人，她都一一婉拒：“我是大山的女儿，是这方水土养育了我。代言我也要为家乡代言，为家乡高擎诚实守信的旗帜是我的梦想。”

图3-7 全国道德模范武秀君

为了尽一份社会责任，武秀君积极参与各类公益活动，先后参加了中央文明办举办的全国“四进社区”文艺展演、第四届中国公民道德论坛、全国道德模范座谈会等活动；参加了本溪市委宣传部、文明办开展的“创建文明城市我参与”等活动。她还尽自己所能帮助一些有困难的孩子，多次为贫寒学子捐款。汶川、玉树地震和舟曲泥石流灾害发生后，她第一时间通过县慈善总会向灾区捐款，累计捐款14万元。

作为一名全国和市级人大代表，武秀君经常深入全县各乡镇、村开展调研，问需于民，为百姓代言，传递文明和谐正能量，已累计向上级人大部门提出议案、建议150余件，其中《农民增产不增收等民生问题》《关于观音阁水库移民生产问题》被评为省、市级优秀建议件，并得到重视和落实。

成为全国道德模范后，武秀君怀着一颗感恩的心尽其所能为家乡作着贡献。滴塔村到畜牧场村民组有一条8公里长的村路，下雨天泥泞不堪，冬天坑坑洼洼到处是冰，给学生上学、群众出行带来很大安全隐患。2008年，镇领导找到她，建议共同为滴塔村修路争取项目资金，她欣然应允，和县、镇领导一道找相关部门协调立项，完备手续，争取到项目资金118万元，当年就施工通车了。看到村民开心地走在路上，看到车辆平稳通过，她露出了欣慰的笑容。南甸镇马城村是观音阁水库移民后的安置重点村，全村700多口人出村办事的必经之路是马城村移民大桥，经过了20多年的风吹雨淋，已经严重损毁，安全隐患突出。武秀君和南甸镇党委政府领导一道，多次调研提建议，申请立项报项目。在县移民局的支持和协调下，于2012年4月投入资金120多万元对该桥实施了拆除新建，于当年11月投入使用。

在本溪满族自治县第十三届四次党代会上，县委、县政府描绘出建设“诚信满乡”的新蓝图，武秀君很快就参与到南甸镇“弘扬道德模范精神，建设诚信文明南甸镇”的活动中。2014年春节前夕，她会同南甸镇市级道德模范王志强、武兴农牧场场长武佩坤对孝老爱亲典型人物刘希华和部分困难群众进行了慰问走访。围绕做大做强农业特色产业、带动广大农户增收致富，她主动参与调研，与武佩坤共同成立了信用联合体党支部，与周边各乡镇广大农户签订了土地承包租赁合同，号召广大签约农户诚信种植、养殖。武秀君还将扶残助残作为自己的另一番事业。为了帮助残疾人就业，更好地实现人生价值，她主动邀请农业技术专家对残疾人进行专业技术培训，截至目前已累计帮扶70多名残疾人。

武秀君曾经这样对她的两个儿子说：“别看你们很小就失去父爱，心灵深处很痛苦，但我可以告诉你们，你们是世界上最幸福也是最富有的人，因为你们的父母给你们留下了一笔今生今世取之不尽、用之不竭的财富，那就是诚实守信。”

【雷锋文化吧】

（一）“雷锋精神在线”网站

“雷锋精神在线”网站是全国高校首家学雷锋网站，创办于2005年10月，由辽宁石油化工大学雷锋学研究中心、辽宁省雷锋研究会主办，网址是：http://www.lfjszx.com/，以打造“宣传阵地、思想领地、研究园地”为宗旨，包含资讯、学习、研究、弘扬、践行等栏目。该网站进行了5次改版升级。在第五次改版中，坚持简捷、时尚、前卫、鲜明的原则，秉承“雷锋在线，再现雷锋”的设计主题，进一步明确网站建设目标——宣传阵地、思想领地、研究园地；彰显四个特色：彰显雷锋学研究中心的工作和研究特色，彰显用雷锋精神

图 3-8 雷锋精神在线网站

铸魂育人的特色，彰显辽宁省雷锋研究会的工作和研究特色，彰显为广大雷锋人知雷锋、学雷锋、做雷锋的服务特色。

截至2021年6月底，雷锋精神在线网站上传文字量1500多万字，点击量650多万次。网站先后被辽宁省高校工委、辽宁省教育厅评为“主题教育示范网站”“大学生思想政治教育红色品牌网站”，荣获“辽宁省大学生思想政治教育创新奖”，实现了雷锋精神“永远在线”。被广大雷锋人誉为“离不开的红色网站”。

雷锋精神在线网站

（二）雷锋系列微视频《你的样子》

第五集《榜样》　　第六集《责任》

【作者如是说】

（一）让诚实守信之火照亮我们的人生

诚实守信，为人之本，是中华民族的传统美德。诚实是指忠诚老实，言行一致，表里如一；守信是指说话、办事讲信用，答应了别人的事，能认真履行诺言，说到做到。守信是诚实的一种表现。

中华民族历来崇尚诚实守信。古往今来，关于诚信的事例不胜枚举。古有孙膑一诺千金，宋濂连夜抄书，曾参诚信教子；今有邓颖超冒雨赴约，海尔集团信守合同采取空运导致损失一大笔钱，等等。他们用自己的行动向世人昭示了一个深刻的哲理，那就是：只有诚信的人才能获得别人的信任和尊重，才能有所作为。

大家一定听说过《狼来了》的故事吧。故事中的小男孩由于两次撒谎骗人，失去了别人对他的信任，最终导致了被狼吃掉的悲剧。听了这个故事，难道我们不应该从中吸取一点儿教训吗？一个不具备诚实素质的人，最终只会落得个害人害己的下场。

俗话说："精诚所至，金石为开。"真诚是打开人们心灵的神奇钥匙。在人际交往中，只有真诚待人，才能与人建立和保持友好的关系；只有诚信，才能赢得别人的信任。所以，我们应该从小树立"言而有信，无信不立"的观念，

图 3–9 诚实守信是一种美德

培养诚实守信的品德。

诚实守信是为人之本。做人首先要做一个诚实守信的人。一个人如果在任何时候都能做到表里如一、待人真诚，说话办事讲信用，就会得到别人的信任和尊重。不诚实、不守信用是对他人的愚弄和欺骗，既损害了他人，也会使自己失去别人的信任。

雷锋的诚实守信像一团火，走到哪里都能给人带去温暖和光明。他以真诚之心真学真信科学理论，热情传播先进思想文化，用真理的力量引领人、激励人、感染人，留下启迪人生、释疑解惑的“金钥匙”。他满怀真情以诚相待，用一颗大爱之心感动相逢相遇的人，朴实的话语饱含着真情实感，灿烂的笑容写满了友善纯真，让素昧平生的人一见如故，让身陷窘境的人如沐春风。他积极向上富有激情，时刻洋溢着青春的魅力，散发着阳光的气息，总使人们深受鼓舞，倍增奋进的动力。

诚信，是春天里的迎春花，给人一种温馨的感觉；诚信，是夏日里的冰激凌，使人凉在嘴上、甜在心里；诚信，是秋日里的田野，令人意识到收获之喜；诚信，是冬天里的一缕阳光，给人温暖。翻开历史的画卷，在历史长河中，我们看见了诚信的力量，推动着人际交往。就是因为有了它，使多少英雄好汉名留史册，永不磨灭。孔子说过：“人而无信，不知其可也。大车无輗，小车无軏，其何以行之哉。”可见孔子对诚信的评价是多么高啊！

青少年朋友们，请记住：诚信无价！让我们从自己做起，从现在做起，从身边的每件小事做起，在家里做一个诚信的好孩子，在学校做一个诚信的好学生，在社会做一个诚信的好公民，让诚信扎根于我们的心灵，让诚信遍布我国的每个角落。坚信，只要人人都讲诚信，祖国的明天将变得更加美好、更加灿烂、更加辉煌！

（二）诚信的力量

所谓诚信，是指诚实守信、表里如一、言行一致。我国古代大教育家、思想家孔子曾经以言警世："人而无信，不知其可也。"明代学者也有这样的表述："身不正，不足以服；言不诚，不足以动。"就是说，行为不正派的人，不足以使人信服；言谈不诚恳的人，不足以使人感动。

三国时期的孙策放太史慈回去收拢兵马投靠他。当时很多大臣都说不放，怕太史慈去而不返，但孙策说太史慈必不负他。几天后，太史慈果然带着部队回来了。还有赵子龙长坂坡杀进杀出，奋力救回少主，这也是诚信的表现。可是，生活在同一个时代的名将吕布，先杀了义父丁原，又杀了干爹董卓，因为失去诚信而留下千古骂名。

一个诚信的人，是一个胸怀坦荡的人，是一个有高尚品德的人。"无诚则无德，无信事难成。"在社会文明高度发展的今天，人与人相处时拥有诚信品质尤为重要。

诚信是一个国家、一个社会、一个民族生存的必备条件。一个国家政权的真正强大，并不完全取决于财政收入，也不完全取决于队伍的力量，而是取决于社会的品质。一个国家、一个社会、一个民族最重要的品质是诚信。诚信的社会品质，是一个民族强大的动力源泉。高尚的品格是一个国家和民族的魅力所在，是一个国家和社会走向强大的理由。

诚信是上天赐给世人的一种考验。有许多人不能通过这场考验，逃匿了；也有许多人通过了这场考验，戴上了桂冠。逃匿的人随着时间的流逝而消逝，没留下什么；通过的人也会消逝，但他们却活在人们的心中，人们会把他抬举得很高很高。

诚信是道德建设的根本，也是非常宝贵的资源。社会之所以成为一个整体，是因为诚信起着重要的作用。在古人眼里，"一诺千金"可以说价值连城。缺少了诚信这种宝贵的资源，人们的能力、智慧、正直、善良之心就难以维护，这个社会、这个人也就缺少了存在的依据和发展的空间。

总有一种力量让我们热泪盈眶，总有一种感动让我们学会坚强，那就是雷锋的诚实守信。诚实守信是中华民族传统美德，它应该与勤劳和智慧一道从小就融入我们的血液，因为它们是中华民族文化基因中最具闪光价值的一部分。一花引来百花开，百花齐放春满园。让我们像雷锋那样，无论身在何处，都要以诚实为本，以守信为要。让我们用中华民族五千年优秀文化积淀来锻造我们民族可贵的诚信品质，去创造更加有品位的美好生活吧！

二、感恩反哺，做志愿服务回报社会的青少年

【雷锋大讲堂】

（一）感恩是一种美德，更是一种责任

感恩，就是对世间所有人和事物给予自己的关爱、帮助表示感激，铭记在心，并通过自己的付出，用实际行动予以报答。俗话说，滴水之恩，当涌泉相报。因为感恩，人们自发地相互帮助、相互关心；因为感恩，人们真正地做到严于律己、宽以待人；因为感恩，人们自觉地节约资源、爱护环境。感恩让世界洁净，感恩让人间温暖，感恩让我们美丽，感恩让雷锋精神大放异彩。

鲁迅说：“感谢命运，感谢人民，感谢思想，感谢一切我要感谢的人。”洛克说：“感恩是精神上的一种宝藏。”尼采说：“感恩即是灵魂上的健康。”卢梭说：“没有感恩就没有真正的美德。”堂恩说：“每一种恩惠都有一枚倒钩，它将钩住吞食那份恩惠的嘴巴，施恩者想把他拖到哪里就得到哪里。”

感恩，是做人的优秀品质，也是一种美好的情感，它能升华一个人的生活境界和美好人生。“谁知盘中餐，粒粒皆辛苦”，懂得感恩，就会体恤农民的劳作，体现关爱的情怀；“吃水不忘挖井人”“前人栽树后人乘凉”，懂得感恩，就会仰慕前人的善行，并以自己的善举惠及后人。

感恩是做人的基本准则。“羊有跪乳之恩，鸦有反哺之义。”“鱼知水恩，乃幸福之源也。”法国思想家卢梭也说过：“没有感恩就没有真正的美德。”养育，感恩父母；学习，感恩老师；致富，感恩社会；受助，感恩善人；遇到困难，感恩援手之人。若人人都存感恩之心，这个社会就是爱的社会、和谐的社会，社会中的人也就高尚了。

别人扶了你一把，也许你很快就忘记；别人踩了你一脚，也许你会永记心中。我们记住了别人的缺点和错误，记住了别人慢待我们的地方，于是便耿耿于怀，越看这个人越满身缺点，越看这个人越不可理喻。而别人恰恰是一面镜子，我们对镜子蹙额瞪眼，它反射回来的也是瞪眼蹙额，于是我们都互相看不顺眼了。原本小的缺点在我们眼中无限放大了，我们看这个人简直是眼中钉、肉中刺，必欲拔出而后快。

当别人对你不敬的时候，你总是记住别人的好处，哪怕别人点点滴滴对你的好处，你都默默记在心中。慢慢地，你心中的怒气就烟消云散了，心胸也自然开阔了。量小失友，度大聚朋。有了宽阔的胸襟、宽宏的度量，才能赢得朋友之间的信任，增进团结，密切友谊。

记住别人的好，可以培养自己谦虚的品质。人无完人，对人宽容就是对己宽容；善待别人，其实就是善待自己!专挑别人缺点、不能容人的人，必然自我感觉良好，看不到自己身上的缺点，从而丧失改进提高的机会；记住别人“滴水之恩”的人，则往往能见贤思齐，虚心学习他人身上的优点，因此自己身上的“好处”也会越来越多，人际吸引力就会越来越强，无形之中就拥有了更多的精神财富。

朋友之间，记住别人的好，就会拥有更多朋友。家庭成员亲属之间，记住别人的好，这个家庭一定会其乐融融。记住别人的好，拥有一颗感恩的心面对生活，远比记住别人的缺点、毛病，怀着一颗怨恨之心痛苦地生活要强上一万倍。既然如此，我们为什么不记住别人的好呢?

有的人得到的还不止是“滴水之恩”，比如父母的养育之恩、师长的谆谆教诲、亲戚朋友的关心、同事的热情帮助、领导的信任等，这些都是我们成长进步的重要因素。但难就难在受到帮助之后，能不能有感激之情，有没有涌泉相报之举。

如果我们记住别人的好，对别人的缺点宽容一些，时间长了，我们会满眼都是别人的好，我们心里记住别人的都是美好的，那么看天是蓝的，看水是绿的，心情是愉快的，世界是美好的。

记住别人的“滴水之恩”，要具有一颗宽容的心和崇高的境界。记住人生历程中曾经帮助过你的人，也记住生活给予你的每一缕善意的微笑，或者每一份源于心底的感动。用一颗感恩的心去对待别人，你将会发现，生活中因有了感恩的心而多了欢笑、快乐、真诚，少了虚伪、欺骗、伤害。

（二）向雷锋叔叔学感恩反哺

回望雷锋的成长轨迹，“感恩”二字是他“把有限的生命投入到无限的为人民服务之中去”的情感动力源泉。因为心存感恩，他仁爱正义，处处扶困济弱、助人为乐；他视责任重于泰山，无论在哪个岗位，都愿做一颗螺丝钉；他虚怀若谷，始终严于律己、宽厚待人。“感恩”让雷锋精神永不褪色，并不断绽放出璀璨的道德光芒。

雷锋，不是伟人，没有轰轰烈烈的丰功伟绩，也非明星，没有绚丽多彩的传奇人生。他只是一名普普通通的士兵，为什么他的名字家喻户晓，他的事迹妇孺皆知，他的精神代代相传呢？因为他全心全意为人民服务，舍己为人，无私奉献。心中有爱才会无私，爱党，爱人民，爱集体，爱新中国，爱新社会。雷锋为什么这么好?许多人都在寻找这个答案。我以为，答案其实很简单，就是四个字——懂得感恩。

雷锋出生在战乱年代，童年在苦难中度过，7岁成了孤儿。新中国成立后，雷锋得以上学学文化，16岁参加工作，18岁当上工人，20岁参军入伍，走进了部队的“熔炉”。经历由苦到甜的生活，雷锋把党看作自己的再生母亲，把人民看作自己的亲人。因为有报答、感恩的思想根基，他才会践行“我要把有限的生命，投入到无限的为人民服务之中去”的远大志向，才会在22年的短暂人生中谱写全心全意为人民服务的壮丽诗篇。

在雷锋的日记和讲话中，在雷锋的行动中，处处体现了雷锋是一个最懂得感恩的人。“无论你是何等的尊贵，或是怎样的卑微，无论你生活在何地何处，或是你有着怎样特别的生活经历，只要你常常怀着一颗感恩的心，就必然会不断地涌动着诸如温暖、自信、坚定、善良等这些美好的感觉。”

雷锋懂得感恩，同时也懂得表达自己的感恩之心。他所写的改变了他命运的小册子，就是他的感恩之心的由衷表达。不仅如此，只要有适当的机会，雷锋就会向人们诉说他的身世和他对新中国及其缔造者的感激之情。特别是被树立为典型之后，出去作报告的时候，雷锋更加热烈地向人们表达这份感激之情。对于这个经历了苦难又懂得感恩的小伙子，人们由同情到喜欢再到信任，进而扶持他、培养他，使他成为了那个时代的“天之骄子”。

与那些受了恩惠，一旦事过境迁就忘诸脑后的人不同，对于帮助过他的人，雷锋总是在心里惦念着，找机会去探望他们，表达自己的感激之情。在雷锋1960年11月6日的日记里，记录了他的一次感恩之旅。此时的雷锋已经是一名解放军战士，离开了原来的工厂。

1. 雷锋感恩党，感恩国家，感恩人民

翻开《雷锋的故事》和《雷锋日记》，我们可以看到，雷锋短暂一生的光辉思想和感人事迹，无处不饱含着对党的感激之情，无处不饱含着爱党、爱国、爱人民的炽热情感。他把党比作“大救星”“温暖的太阳”“慈祥的母亲”。他甚至在梦中梦见了党的领袖毛主席像慈父一样抚摸他的头，鼓励他好好学习。雷锋在日记中写道：

> 党像慈母一样，哺育着我长大成人。是党给了我生命；是党给了我幸福；是党给了我无产阶级的思想；是党给我指出了前进的方向；是党给我开辟了前进的道路；是党给了我前进的力量；是党给了我一切。”

> 今天我入了党，使我变得更加坚强，思想和眼界变得更加开阔和远大。我是一个共产党员，人民的勤务员，为了全人类的自由、解放、幸福，哪怕高山、大海、巨川!为了党和人民的事业，就是入火海进刀山，我心甘情愿，头断骨碎，身红心赤，永远不变。

雷锋就是这样一心向着党。他把党比作自己的母亲，把自己的一切乃至生命都看成是属于党和人民的。无论遇到什么样的艰难困苦，都“坚决听党的话，一辈子跟党走”“为了党，愿洒尽鲜血，永不变心”。

可以说在我的周身的每一个细胞里，都渗透了党的血液。为了忠于党的事业……今后，我一定要更好地听从党的教导，党叫我干什么，我就干什么，决不讲价钱。

亲爱的党，我慈祥的母亲，我要永远做您的忠实儿子……为建设社会主义和实现共产主义而献出自己的全部力量，直至生命。

我决心听党的话，听毛主席的话，永远忠于党、忠于毛主席，好好地学习，顽强地工作，为党和人民的事业贡献自己的一切，做一个毫无利己之心的人。我一定争取实现自己最美好的愿望，真正见到我们最伟大的领袖毛主席。

今天我学习了毛著，主席有一段话，对我的教育最深刻，启发最大。毛主席说："紧紧地和中国人民站在一起，全心全意地为中国人民服务，就是这个军队的唯一的宗旨。"我是人民的子弟兵，一定要永远牢记党和毛主席的教导，无论什么时候，都要关怀爱护人民群众的利益，为人民群众的利益而战斗不息。

日记字里行间充满了对党、对社会主义的无限深情，表明了一个共产党员应有的坚定政治立场和为党的事业努力奋斗的精神。雷锋是这样说的，在实践中也是这样做的。他用实际行动表明，"为建设社会主义和实现共产主义而献出自己的全部力量，直至生命。"

2. 雷锋用实际行动感恩党和国家对他的培养

在雷锋的心目中，是党给了他新的人生，给了他一切。所以，雷锋甘愿为党献出自己的一切，只要是为党工作，雷锋不仅从来不讲代价，而且专门去做党和国家最需要的工作。只要是为党工作、为人民服务，雷锋都是心甘情愿，乐在其中。雷锋抱定一个信念："我活着只有一个目的，就是做一个对人民有用的人。"

雷锋对党的感激和热爱，已经化为了他忠贞不渝的人生信仰和坚定信念。

表现在行动上，则是把一生交给党安排，完全服从党的利益，全心全意地为人民服务。

“人的生命是有限的，可是，为人民服务是无限的，我要把有限的生命，投入到无限的为人民服务之中去。”“我活着是为了全心全意为人民服务，是为人类的解放事业——共产主义而斗争。”

雷锋服务人民回报社会，并非只停留在口头上、日记里，而是体现在具体行动上。雷锋工作初期是在县委机关工作。党号召大办农业，雷锋就主动申请从县委机关下到农业生产第一线，当一名新式农民；党需要加强工业建设，他就离开可爱的家乡，从湖南来到东北当一名好工人；党号召青年应征服役，他又经过多次申请和恳求，参军到部队。土改时期斗争地主，他义正词严血泪控诉；东南沿海形势紧张，他满怀豪情要求到福建前线参加战斗。

平时，雷锋严守党的纪律，忠实执行党的路线、方针、政策，自觉遵守部队的规章制度。他当汽车驾驶员经常单独执行任务，有时长达一两个月，从没有发生违纪现象。党要他干啥就干啥，干啥就一定要干好啥，正像他在日记中讲的：

> 一个革命者……必须培养自己的思想道德品质，处处为党的利益，为人民的利益着想，具有大公无私、舍己为人的风格。要能够为党的利益，为集体的利益不惜牺牲自己的利益。否则就是个人主义者，是资产阶级的人生观。

> 我决心听毛主席的话……事事大公无私，处处从党和人民的利益出发，全心全意为人民服务，决不让有一点肮脏的个人利益低级趣味的东西来玷污自己。向白求恩学习，做一个毫不利己专门利人的人，为共产主义奋斗终生。

雷锋服务人民回报社会，是全心全意、真心真意的，而不是半心半意、三心二意的；是无条件的，而不是有条件的。雷锋服务人民回报社会是坚定不移、始终如一的，而不是忽冷忽热、半途而废的。雷锋不愧是一个“完全”“彻底”为人民服务的共产主义战士。从1961年开始，雷锋经常应邀去外地作报告。他出差机会多了，为人民服务的机会就多了。人们流传着这样一句话：

“雷锋出差一千里，好事做了一火车。”

时代需要雷锋精神，时代呼唤雷锋精神，但时代更需要一颗感恩的心。生活中我们每个人，都或多或少得到过别人的帮助。经常发现这样一种现象：两人彼此关系一直很好，有时就为一件琐碎的小事，或者是一次没按自己的意愿办事就会结怨，从此两人见面就形同陌路。也许我们每个人，都会犯同样的毛病，就是别人对我们有十次好，只要有一次不好，前面的十次好就被我们全部抹杀。

感恩，就要像雷锋那样从点滴做起，从开口说“谢谢”开始。感恩，要从自己做起，从弯身抱拳动作的心态做起。感恩，要从一辈子做起，从一举一动做起。这个世界没有谁欠你的，只有你欠这个世界的。懂得你总是欠这个世界的道理，你才能懂得别人付出给你的价值，你才能懂得感恩和回报。

所以，我们每个人都要像雷锋一样学会感恩。学会感恩了，就等于学会了一门沟通情感的技术；学会感恩了，就等于学会了怎样去理解人生和生命意义的手段。你越是觉得欠这个世界的，你就会越努力地去偿还这个世界，这才是感恩的动力，这才是感恩的真正内涵。

【雷锋故事会】

（一）用实际行动报答党的恩情

1954 年秋天，雷锋在清水塘完全小学光荣地加入了少年儿童先锋队组织。在隆重的入队宣誓大会上，辅导员给他戴上红领巾并告诉他说：“红领巾是五星红旗的一角，是无数革命先烈的鲜血染红的。新中国的少先队员，一定要用自己的实际行动，保持红领巾的鲜艳和美丽。”雷锋把这些话都牢牢地记在了心里。

他每天都佩戴着红领巾去上学，晚上回家要把红领巾叠得整整齐齐后放进书包里，决不让红领巾沾上一点灰尘。

有一次外出过队日，雷锋负责举少先队队旗。可是，中途忽然下起了大雨。雷锋为了避免雨水淋湿队旗，就脱下自己的衣服包住队旗，自己全身都被雨水淋透了，他却毫不在意。他说：“我们戴的红领巾，我们举的红队旗都是革命先烈用鲜血染红的，所以我们应该格外爱护才行。”

1955年上学期间，雷锋转到离家四五里远的荷叶坝完小读书。当时，这所小学只有四五名少先队员，而且正在筹备建立少先队组织。雷锋来到这里后很快就成了建队中的积极分子。他努力动员同学们入队，宣传少先队章程，也用自己的实际行动诠释了作为一名少先队员的意义。

有一次，学校少先队去长沙烈士陵园过队日，当时雷锋的任务是打大鼓。由于雷锋个子小，大鼓又很重，他一连背着大鼓走了十几里，累得满头大汗浑身都湿透了。辅导员发现后，要找别的同学替换他，可是雷锋却说："不累，不累，这是少先队交给我的任务，应该归我完成。就是再苦再累，我心里也觉得甜甜的呢。"他坚持走完了几十里，把这面大鼓背到了烈士陵园。

我们知道，雷锋的童年是在苦难中度过的，是共产党把他从旧社会中解放出来并送他读书的。小小的雷锋时刻记住党的恩情，并用自己的实际行动报答这一恩情。雷锋最终成长为一名坚定的共产主义战士，并成为为人民服务的楷模。

（二）"让我去吧！让我去吧！"

1954年初冬的一个晚上，北风呼呼直叫，天气十分寒冷。从县里下来负责征兵工作的黎国平正与安庆乡领导一起开会，只听见门外有人喊："彭乡长，彭乡长！"随着话音进来一个十三四岁的少年，他就是雷锋。

彭德茂乡长指着雷锋对黎国平说："这是小雷，还在小学读书；可他是我们乡第一个报名参军的。"

黎国平不禁放下笔记本，打量着眼前这位少年：个头矮矮小小，但敦敦实实。圆圆的脸上露着稚气，被风吹得红红的。一双眼睛又明又亮，额头上渗着汗珠。显然，他是急急忙忙赶到这儿来的。

"小雷找过我四次了，要求参军，我说服不了他。你给他讲讲，好不好？"彭德茂被缠得没法，只好把黎国平推出来当"挡箭牌"，然后对雷锋说，"就算我同意也不行。不信，你问问县里来的黎叔叔，他就是负责征兵的。"

雷锋一听黎国平是从县里来的，眼里闪着希望之光，马上向他倾吐道："黎叔叔，我要参军，我要参军！"

黎国平沉思了一会儿，说："小雷，你实在年岁太小。……"

没等黎国平说出第二句，雷锋就插话了。“黎叔叔，我从小就失去了父母，受尽了欺压和剥削。今天，当了国家的主人，幸福生活来之不易。俗话说，有志不在年高。我一定要参军，拿起枪杆子，保家卫国！”说着，雷锋掏出一支墨绿色钢笔，“彭乡长，我为了当兵已等了五年，你帮我给黎叔叔说说。……”

对这支墨绿色钢笔的来历，彭德茂乡长是熟知的。那是1949年8月，人民解放军以排山倒海之势直下湖南，解放了雷锋的家乡。锣鼓喧天，彩旗飘扬。长宁公路上扎起了花团锦簇的彩门，沿街摆上了一个又一个茶水站。雷锋夹在欢迎的人群中，又喊又笑，又是跳。他觉得天变了，地变了，受苦受难的乡亲们也变了！那幽静的山谷，翠绿的田园，那一池池塘水、一片片山林，那一幢幢简朴的茅屋，仿佛都获得了新生。往日紧锁双眉的乡亲们，今天都一个个笑逐颜开。雷锋手捧茶杯，在人群里钻来钻去，不住地招呼解放军叔叔喝茶。

这天傍晚，一支队伍要在当地宿营。雷锋在战士们身边转来转去，一会儿工夫，就和连部的小通信员混熟了。他问这问那，还好摆弄人家的枪。

夜深了，雷锋还不肯离开连部。他悄悄地问连部的通信员：

“你是怎么当的兵？”

“志愿当的呗。”

“我志愿行不行？”

“你？”通信员笑了，“你还没有一支枪高，就想当兵？”

“没有枪高？”雷锋不服气，“比比看吧。”

“不用比，高不了的。”

“别看我小，可我什么也不怕。”雷锋用恳求的语调说，“跟连长说说，把我带着吧！”

“要说你去说吧，我可不去替你碰钉子。”小通信员说。

第二天，队伍要出发了，彭德茂带着乡亲们赶来送行。雷锋又来到连部，拉住连长的手，央求着说：“叔叔，我要当兵，带我走吧。”

“带你走？”连长笑着问他，“你为什么要当兵呀？”

“我，我要报仇，我要报仇啊！”

彭德茂帮他揩去挂在脸上的泪珠，向连长述说着雷锋苦难的身世，“这是苦水里泡出来的一根苗苗啊。”

小通信员不由得也帮雷锋说话了："连长，带上他吧，生活由我来照顾。他会成为一个好战士的！"

连长拉过雷锋的小手，无限深情地说："我们都是穷苦人出身，你的仇就是我们的仇，我们一定替你报！"

"我要跟你们一起去报仇！"

"你的年纪还太小，现在的任务是要好好学习，等长大了再参军也不迟啊。"

"不，我要去，我就要去！"

"好孩子，我们到前方去打仗，消灭反动派，是替受苦受难的人民报仇。"说着，从自己的衣袋里抽出一支钢笔，放在雷锋手里，"你现在的任务是好好学习，将来长大了再参军，保卫和建设我们的新中国！叔叔等着你……"

连长带着队伍出发了。雷锋紧紧握住手中的钢笔，依依不舍地目送亲人解放军踏上征途。

"……黎叔叔，这支钢笔我还珍藏着。你看在那位连长的分儿上，看在彭乡长的分儿上，让我去吧！"

黎国平虽然被雷锋这段经历深深感动，但还是说："当兵有条件，你决心虽大，可要吃大苦的。"

"小个子当兵，打仗才灵活呢！"雷锋机灵地闪动着眼睛，"我是苦水里泡大的，不怕苦，也不怕死。让我去吧！"

这一晚，谁也没有把雷锋说服。

征兵消息像春风一样，吹遍了山乡的每一个角落。每天报名参军的人络绎不绝，有自己跑来的，有妻子送丈夫的，有父母送儿子的。

雷锋天天都跑来软磨硬泡，要求参军。他总是对黎国平说："我吃够了旧社会的苦，现在翻了身。保卫祖国，是每个人的义务。你就同意吧！"

每当黎国平看到他那焦急而又诚恳的眼神，那充满稚气和带着执拗神情的娃娃脸时，真不忍心立即回绝他，只好安慰他说："你还小，听那位连长叔叔的话，先好好读书，过两年一定让你去……"

欢送第一批新兵入伍的那天，安庆乡沉浸在欢乐之中。在锣鼓、鞭炮声里，新兵胸戴大红花，一个个英姿飒爽。黎国平朝四周一望，在新兵队伍的后面，站着一个矮个少年。那不是雷锋吗？

雷锋见黎国平朝他走来，一把拖住，抱着最后一线希望苦苦央求道："让我去吧！让我去吧！"

黎国平久久不能平静，眼睛湿润了。他还能说什么呢。黎国平默默地拍着雷锋的肩膀，和他一起，把这批新兵送到了十里外的望城区委……

这一年，小雷锋参军未成。可是，他仍然三天两头往乡政府跑，总是打听参军的消息。

他执着地坚信，只要心诚，石头也会开出花来。当兵，对于他来说终究只是个时间问题……

（三）雷锋当上了公务员

雷锋走出荷叶坝小学校门，并未回到简家塘。彭乡长见他生活没有着落，暂留他在乡政府当了通信员。

20世纪50年代中期的望城县，除了长沙至宁乡的石砂子公路穿过，再也没有什么像样的路了，贯通区、乡之间的唯有羊肠小道。交通工具除了县公安局等单位有屈指可数的两辆自行车外，就全靠人们的两条腿。那时，县、区、乡之间的上传下达、文函往来，主要依靠县委交通班的五六位通信员步行传递。

1956年下半年交通班因人事变动，组织决定增补一名交通员。物色交通员的任务交给了县委组织部干事黄菊芳。8月上旬，黄菊芳先后到杨桥、桥驿、望岳等地一边了解干部情况，一边物色交通员人选。时值酷暑，热气逼人，几天下来，干部情况倒是了解不少，交通员人选却一直没有中意的。那时才24岁的黄菊芳，有点血气方刚，抱着不完成任务誓不回县城的念头，来到了与望岳相邻的安庆乡。

到了安庆乡政府，乡长彭德茂不在乡上，说是下联组去了。堂屋中3张方桌的两侧坐了8名男女青年正在造秋征花名册。黄菊芳就坐在堂屋里，一边等彭乡长，一边就与他们聊起话来。也许同是年轻人，心心相通，一谈起来就有点一见如故的感觉。大伙一起谈秋征的情况，讲乡间的趣闻。当然黄菊芳没有忘记此行的使命，也不时地问问他们的家庭、工作和生活情况。大约年轻人是知道了黄菊芳的身份，猜到了点来意，说着说着就渐渐地向黄菊芳靠拢过来。

其中紧靠黄菊芳的雷锋格外引起了她的注意。他个子最小，圆圆的脸蛋上，时时挂着一副笑容可掬的样子，举止中透出几分机灵，言谈里不时带有一点幽默。顿时，黄菊芳心头一亮：这不正是一个交通员的好人选吗？

于是，黄菊芳有意识地问起他来。当问到他家里有几口人时，雷锋脸上的笑容一下子消失了，泪水顿时盈满眼眶，无疑是触到了伤心之处。雷锋说："黄姐，我在旧社会生活虽然不足9个春秋，但是家庭苦深似海。我已经写了本小册子，回去拿给你看好吗？"黄菊芳当时也正好想知道他的书读得怎么样，当即应允了。

不久，彭乡长回来了。正当黄菊芳与彭乡长详谈时，打着赤脚的雷锋上气不接下气地拿来小册子。彭乡长向他介绍说："小雷，这位黄姐是县委组织部的，去年还是我们七区的区长。她很关心你，同情你。"雷锋顿时带几分恳切、几分焦虑的心情说："黄姐，请你一定帮忙给我介绍个工作，我不愿一个人待在家中，我要报答毛主席救我出水火的恩情！"说完，递给黄菊芳一个小册子。那是一个用红纸折的共8页的夹页子，长约6寸，宽约3寸多，封面上用毛笔中楷直书"苦难家史，我的理想"。

当晚，黄菊芳读完雷锋的小册子，久久难以入眠，心中既充满喜悦，也夹着一些不安。喜的是发现了雷锋这样一个好苗子，既苦大仇深，又有远大志向。不安的是，雷锋个子矮小，组织上是否同意录用他，她心中没有底。

第二天，黄菊芳一大早就起了床，发现雷锋早已站在了门口。

从他那充满血丝的双眼和倦意未消的脸上看出他昨晚也一定没睡，心情焦虑不安。见黄菊芳出来，雷锋便主动又有点拘谨地说："黄姐，我想找你谈一谈。"也许是职业的敏感，黄菊芳觉得这是一次深入了解他的机会，于是就把他请到了房间。

雷锋开始问道："黄姐，你有多大年纪？"

"24岁。"黄菊芳随口答道。

雷锋似乎有点惊奇地说："啊？比我只大8岁。"

"你问这个做什么？"黄菊芳不解地问。

雷锋小声地说："昨天听彭乡长介绍，你当过区上的领导，现在又在县委组织部工作，我内心敬佩。我喜欢翻身不忘党的恩情、积极进步快的人，不喜欢思想总掉队落后的人。"

“小雷，我昨晚看了你写的家史，写得那么详细。7岁之前的事你怎么会知道?”黄菊芳试探地问雷锋。

显然，又是触到雷锋的伤心处，他低沉地答道：“我确实是不晓得那样多。这几年经常问乡邻长辈，是他们告诉我的。为了永志不忘，我是在早不久写出来的。但是妈妈临终前嘱咐我要为死去的亲人报仇，这个印象我是铭刻在心的。”

黄菊芳问雷锋：“你今年完小毕业，还打算继续读书吗?”

雷锋带有一点不安的神色回答：“想继续升学，多读点书，确实是我的愿望。没有科学文化知识，就不能为国家作出大的贡献。但我不打算再花乡上的钱了，因为乡上的钱也是大家的钱。如果能供所有的孩子读书，我心里还踏实一点；如果只为我一人，那就太自私自利了。我今年已经16岁，想参加革命工作，在工作中利用业余时间，发愤自学，早日成才。”

听着雷锋的这一番话，黄菊芳不时地点头，从内心感到这个小伢子懂道理，成熟早。

雷锋紧接着问道：“黄姐，你读了多少书?”

“完小刚毕业。”黄菊芳告诉他。

雷锋“唉”地叹了一口气，不知是为她感到遗憾，还是为自己感到惋惜。

望着他那一副懂事的样子，黄菊芳称赞他说：“小雷，你比我学习进步多了。这本小册子也写得蛮好，理想也蛮远大。”

最后，雷锋恳切地说：“讲心里话，我一心就是想参加工作，但不晓得够不够条件?有没有机会?这次，一定要请你做个推荐。行吗?”

黄菊芳对雷锋说：“条件也够，机会也有，不过还是要慢慢来。今后碰上了机会，我一定推荐你，等组织上批准了以后，随即就通知你们乡上。”

通过一席交谈，黄菊芳觉得雷锋的字字句句都是朴实无华的，并时时处处流露出他那种对党、对毛主席的深厚感情，表现出远大的志向和初步形成的人生观和价值观。

回县城的路上，黄菊芳细细地品味着与雷锋的交谈，深深为他所感动。但是，她心里也还有点不踏实，不知组织上是否同意录用雷锋。于是她一边走，一边琢磨着怎样向领导汇报。

回到县委机关后，黄菊芳除了向有关领导汇报了下乡的工作情况外，还专门向县委书记张兴玉详细汇报了雷锋的情况，提出了自己的建议。张兴玉说：“只要挑的是好苗子，就可以要。不过小雷个子小，交通班工作又艰巨，他能吃得消吗?”黄菊芳立即建议道：“是否可调整一下，把小陈换到交通班，小雷放在你身边做公务员?”张兴玉点了点头。黄菊芳又随即请示说：“万一试用不适合，就介绍他到县印刷厂当工人。”张兴玉是个没有架子的领导，对部下的建议从来都很重视，当即同意录用雷锋。

几天后，雷锋身着蓝衣青裤，穿了一双力士鞋，挑着一个小木箱和一床破旧被子，怀着激动的心情来到县委组织部报到。多年来，他梦寐以求参加革命工作，报答毛主席恩情的愿望，终于变成了现实。

至此，雷锋那令人羡慕的人生履历翻开了崭新的一页。

（四）“唱支山歌给党听”

一次，雷锋在一份刊物上读到了署名焦萍的诗歌《唱支山歌给党听》：

唱支山歌给党听，
我把党来比母亲；
母亲只能生我身，
党的光辉照我心。

旧社会鞭子抽我身，
母亲只会泪淋淋；
党号召我们闹革命，
夺过鞭子揍敌人！

母亲给我一颗心，
好像浮萍没有根；
亿万红心跟着党，
乘风破浪齐跃进！

读这首诗时，雷锋不知不觉地流下眼泪。诗中每一句话都激荡着雷锋的心灵。受够了旧社会“鞭子”的孤儿，党就是爱他、护他、给他温暖的“母亲”。

雷锋拿起笔，在日记本上抄写起来。但雷锋并没有完全照抄，有着刻骨铭心感悟的他，按照自己的理解，对原诗做了三处精妙的改动：把“母亲只能生我身”改成“母亲只生我的身”，把“党号召我们闹革命”改为“共产党号召我闹革命”，并将最后四句略去了。此后，连队几次组织文娱活动，雷锋都把这首诗用湖南小调唱给大家听。他每次唱的时候都很投入，唱出了对旧社会的切齿痛恨，对共产党发自心底的感激，使战友们受到深深的感染。

上海歌舞剧院曲作家朱践耳看到报上发表的雷锋日记，读到这首诗时，深受触动，一气呵成，把这首诗谱成具有山歌风味的独唱曲。首先以“山歌”的抒情性，表达了革命战士对党的无限热爱。然后以悲怆又铿锵的音乐情绪，将新旧社会做了鲜明对比。最后又回到热情和亲切之中，再次强调“我把党来比母亲”的真挚情感。歌曲的结束句则使这种情感进一步升华。在歌曲发表时，朱践耳加上的标题叫“雷锋的歌”，并附有300字的“唱法说明”，注明歌词摘自“雷锋日记”。一年后，这首歌才正式注明歌词原作者为姚筱舟。

一首小诗，被雷锋摘抄入日记，又被千里之外的上海音乐家朱践耳相中谱曲，藏族农奴出身的才旦卓玛把它唱成经久不衰的经典歌曲。谈起《唱支山歌给党听》发表的经历，姚筱舟感慨地说，这首歌，雷锋既是“推荐人”也是“词作者”，朱践耳是为雷锋日记谱曲的，才旦卓玛是为雷锋而唱的。是他们为这首短短的诗行插上了飞翔的翅膀，唱红了半个多世纪，使它成了共和国的名歌金曲。

（五）赠给父亲的照片

雷锋自幼就失去了父亲，父爱于他显得弥足珍贵。雷锋曾称呼堂叔雷明光为“父亲”，还把自己立功的喜报寄给他。这是一种别样的感恩。

1960年7月末的一天，雷锋的堂叔雷明光收到一封信，信里夹着一张照片。照片上雷锋面带微笑，身着印有“鞍钢技校”的汗衫，两手抱在胸前，一副春风满怀的模样。

雷明光翻过照片，背后清晰地写着：

赠给：父亲留念。

此照片是儿当上了三级运动员，参加军区比赛时照的。请父亲拿回家给祖父母看一看。

雷明光是雷锋的堂叔，为什么雷锋要称他为“父亲”呢？当年，雷锋在读

图3-10 雷锋寄给堂叔雷明光的照片

小学6年间，换了5所学校，不知跑过多少路吃了多少苦。上学之初，寄居在六叔奶奶家。六叔奶奶是位心地善良的老人，可怜雷锋的遭遇，对他呵护有加。不料好景不长，六叔奶奶突然病逝，让小雷锋一下子失去了依靠。

在长沙做工的堂叔雷明光，春节回家过年时见到雷锋生活的窘迫情形，便把雷锋领到了自己家里，交代妻子好好照顾雷锋。每次从长沙回家，雷明光总会买些东西给雷锋。

雷锋在学校刚加入少先队，又参加了学校的腰鼓队。一天回家，正碰上从长沙回来的雷明光。雷明光手里拿着一件包好的白衬衣，招呼着雷锋：“快过来试试这件新衬衣！”雷锋赶紧试衣。衬衣非常合身，再系上红领巾，别提多漂亮了！雷明光的两个儿子在一旁眼巴巴地看着，只有眼馋的份儿。雷锋两眼

一热，一下子扑进雷明光的怀里，从心底里喊了一声“爸爸！”

一年多后，雷锋从小学毕业了。雷明光又特地给雷锋定做了一套蓝布学生制服，让他穿着新衣服参加毕业典礼。还给了雷锋五元钱，让他去县城报考中学。雷锋感激地说：“您让我考学，却让哥哥种地。这新衣服应该给哥哥穿！”“他不是读书的料子。你不只是考中学，还要上大学，雷家就指望你有出息了！”雷明光说得很认真，“简家塘没有几个识字的小学毕业生，你不读书太可惜了！”雷锋心底里似乎有很多话要说，但他只说了一句：“做儿的定记住您的教诲，不会辜负爸爸的期望！”后来，雷锋不愿过多地牵累雷明光，还是选择了回乡务农。

雷锋到望城县委当公务员后，雷明光还专门去看望过他。雷锋北上鞍钢之前，雷明光特意赶来送行，他叮嘱雷锋：“北方天寒，一定要注意照顾好自己。”说着，将自己大半新的棉衣脱下来给了雷锋，还送给他一个新枕头。

虽然在这位堂叔家只住了两年，但对雷明光，懂事的雷锋是感激不尽的。这就是雷锋为什么特意寄这张照片给他，而且深情地称他为父亲的原因。同时他对平日体贴照顾他的九叔祖父母也极为感恩，并请这位父亲将这张照片送给祖父母看一看。

图3-11　雷锋替战友给家里写回信

雷锋入伍后，雷明光是家乡亲人中收到雷锋来信最多的。雷锋入党、立功、当选抚顺市人大代表、出席军区团代会，都给这位父亲写过信，还把荣立二等功、三等功的喜报寄给了父亲，向父亲报喜，并先后两次汇款15元。

1960年11月8日，雷锋加入了中国共产党。第二天，他以喜悦的心情写信向弓长岭矿的熊书记、李书记汇报，同时也给雷明光去了信。雷锋在信中说："父亲入党时间长，儿今天也成了名新党员，这是儿的光荣，也是父亲的骄傲！现在军区的文艺工作者正在把我所做的工作编成剧本和图书，还要给我拍电影。这一切真是我做梦也想不到的啊。没有亲人的关爱，我迈不进新社会的门槛；没有党的培养，我不能成为一名光荣的共产党员。我一定以父亲为榜样，永远戒骄戒躁、谦虚谨慎，永远愉快地多给别人，永远做人民的勤务员。"

1962年6月，雷锋又一次给雷明光写信。他告诉父亲："党组织和领导要把我培养成共产主义接班人，已先后9次安排我外出学习和汇报。这些日子又让我带一个班单独在外执行国防施工任务，在紧张的工作和艰苦的环境中培养战斗作风，锻炼革命意志，提高军事技术，为保卫祖国增强本领。在三个月里，我已安全驾驶4000多公里，圆满完成各项任务。此刻，儿想念父亲，望见信如见人。"

雷锋的一封封书信，带着浓浓的感恩和思念之情。这些书信较之于其他文字更易于了解他的思想情操和人格品行，甚至更可以看到他的内心世界和音容笑貌。

【雷锋日记摘】

1959年10月×日

1958年入厂时候，我只是一个抱着感恩的思想埋头苦干的工人，在生产上只能做到完成自己的任务和达到每天的定额。

后来，在党的教育下，特别是受到党的社会主义建设总路线和全国人民冲天干劲的鼓舞，才使我的思想和眼界变得更加开朗和远大，才使我的干劲越来越高涨。

由于党的教育，我懂得了这个道理：一朵鲜花打扮不出美丽的春天，一个人先进总是单枪匹马，众人先进才能移山填海。

1961年5月14日

今天是星期天，我出了一天公差，帮炊事班做饭。一方面给大家改善生活，做点好吃的；另一方面让炊事员很好地休息一下，以处理一些个人的琐事。

晚饭后，指导员集合全连的同志开了一个会，布置下礼拜的工作，同时还宣布了上级的一个命令，提升我当副班长。……今天首长提升我当副班长，完全是党对我的高度信任和大力的培养。我决心不辜负党和首长对我的期望。从今天起，我要更好地听党和首长的话，并牢记毛主席的教导："我们都是来自五湖四海，为了一个共同的革命目标，走到一起来了。""我们的干部要关心每一个战士，一切革命队伍的人都要互相关心，互相爱护，互相帮助。"坚决按毛主席指示办事，努力学习马克思列宁主义和毛泽东思想，事事以身作则，关心每个同志。以自己的实际行动，去影响和帮助同志，时时严格要求自己，全心全意为党工作，为战友们服务。耐心帮助同志们提高共产主义觉悟，组织大家更好地学习毛主席著作，用毛主席的思想指导一切行动……

1961年8月3日

今天是我永远不能忘记的日子，我光荣地参加了抚顺市第四届人民代表大会第一次会议。像我这样一个给地主放猪出身的穷孩子，能够参加这样的大会，心里有说不出的高兴和感激。

首先我要衷心地感谢党和毛主席把我从虎口中救出来，把我抚育成人，教给我无产阶级的思想；感谢政府对我的亲切关怀和照顾；感激人民对我的爱戴。今天我深刻地认识到，只有在党和毛主席的正确领导下，才有我们穷人的天下，才有穷苦大众当家做主的权利，才有我们今天幸福的新生活。

……

我们的党，是英明的、伟大的、正确的。我要坚决听党的话，一辈子跟着党走，认真贯彻党的方针政策，对党有利的话有益的事，我要多说、多做；对党不利的活，没有益的事，我坚决不说、不做。我要全心全意为人民服务，永生为伟大的共产主义事业而奋斗。

1961年9月11日

人民的困难，就是我的困难。帮助人民克服困难，贡献自己的一点力量，是我应尽的责任。我是主人，是广大劳苦大众当中的一员，我能帮助人民克服一点困难，是最幸福的。

1962年×月×日

学习愚公不怕困难、敢于斗争、敢于胜利的精神。

愚公能挖掉两座大山，我有恒心克服各种困难，学习好毛主席著作和军事技术，把自己锻炼成为一个又红又专的共产主义革命战士，更好地为人民服务，为人类的解放事业——共产主义而贡献自己的一切。

1962年2月19日

今天是我永远不能忘的日子。像我这样一个穷孩子，能光荣地参加这次沈阳部队召开的首届团代会，感到万分的激动。能见到上级首长，直接听到首长的报告和指示，更是感到荣幸。首长特邀我参加这次隆重的团代会，并选我为主席团的成员。能和首长坐在一起，能和来自四面八方的英雄模范见面等等，这一切都是我过去做梦也想不到的。我这次参加团代会，既感到高兴，又感到惭愧。高兴的是，有党和毛主席的好领导，全军共青团工作取得了巨大的成就。惭愧的是，我为党和人民做的工作太少了，比起其他的代表，我差得太远了。但是我决不甘心落后。我想，只要听党和毛主席的话，积极肯干，就能为祖国为人民做出许多好事。我相信自己，别人能做到的事，我一定能做到。我决不辜负党和人民对我的期望，决心从以下几个方面努力：

一、永远听党和毛主席的话，党指向哪里，我就冲向哪里，处处以整体利益为重，全心全意为革命工作，勤勤恳恳、踏踏实实，在平凡细小的工作当中，干出不平凡的业绩。

二、好学。我要认真学习毛主席的著作，刻苦钻研技术和业务……决心做个又红又专的革命战士。

三、我要密切联系群众、相信群众，虚心向群众学习，团结带领群众一同前进，永不自满、永不骄傲，永远谦虚谨慎，紧紧地与群众团结在一起，共同为党的伟大事业而奋斗。

四、我要积极肯干，做到说干就干、干就干好，脚踏实地、实事求是地干，千方百计地干，事事捡（拣）重担子挑，顺利时干得欢，受挫折时也要干得欢，扎扎实实地干，一定要把事情办好。

1962年2月26日

过去，我是孤苦伶丁（仃）的穷光蛋。

现在，我是一个光荣的共产党员，国家的主人。

将来，我永远是党的忠实儿子，人民的勤务员。

1962年7月30日

今天起床后，我们参加了后勤处的生产劳动。到地里后，有的同志没按计划带工具。本来叫带10把镐头、6把锄头，结果只带了2把镐头、5把锄头，影响了生产。

这件事，对我的启发教育很大。我认为不按计划办事，害处很大。今天所见仅仅是生产当中的一件小事，大事又何尝不是如此呢？我感到无论做什么，一定要事先有计划，不能盲目乱干。只有按计划办事，才能圆满完成任务。

1962年8月5日

今天是星期日，本来应该休息。可是因为任务重、工作忙，再加上汽车行驶里程到了二级技术保养期间，我想：完成任务要紧，保养好车辆重要，牺牲个人休息嘛，没有什么。因此，我还是照常工作。上午调整了汽车各部间隙，换了手制动片。下午送工作组首长到我团工作，一路很平安……

【拓展报告厅】

黄大年：用生命诠释“我爱你，中国！”

黄大年，作为国际航空地球物理领域的顶级科学家，面对祖国的需要，他在事业巅峰时期放弃了国外优厚的物质条件，返回中国。他带领400多名科学家创造了多项“中国第一”，为祖国“巡天探地潜海”填补多项技术空白。

图3-12 时代楷模、杰出科学家黄大年

2017年1月8日，年仅58岁的黄大年积劳成疾，因病去世。

1. 越洋求学，他回归故里报效国家

1958年，黄大年出生于广西南宁的一个知识分子家庭。在父母的引导下，他从小就对科学知识有着强烈的渴望。“三钱”事迹、知识分子家国情怀等都是父母经常向他谈到的话题。他看的连环画、玩的游戏也都与科学知识相关。

良好的家庭教育和严格的科学训练，让黄大年掌握了很好的学习能力。黄大年曾回忆说，他小时候和父亲下象棋，父亲会训练他记棋局；读书过半时，父亲会合上书，让他复述刚看的内容……黄大年从中国东北的著名学府长春地质学院毕业后，远赴英国留学，获得博士学位，并成为英国剑桥大学ARkex地球物理公司的研发部主任。

为什么放弃国外优厚待遇回国？与很多人一样，黄大年的学生周文月曾对此不解。“当时我就问他，我说：‘老师，您毅然回国的原因是什么？’他说：‘能够越洋求学，获取他山之石仅是偶然，回归故里报效祖国才是必然，而绝非你所说的毅然。’”

吉林大学原副校长韩晓峰与黄大年有着三十多年的交情。在他看来，黄大年的选择并不难理解。“他说，‘我出去的时候，我就下定决心是要回来的’。

他跟学生讲‘你一定要出去，一定要回来’，其实是有思想上的渊源的。这就是家国情怀，对东北、对吉林大学，这种感情是最重要的。”

2. 回国工作，他不分昼夜积劳成疾

2009年，黄大年刚一回国，就迅速投入到高强度的工作中。吉林大学“地质宫”五楼黄大年办公室里的一块记事板上，密密麻麻地记录了一整年的工作安排：长春、北京、南宁、成都、伦敦……无数地名见证了黄大年匆忙的足迹。而这间办公室的灯，通常都会亮到凌晨两三点钟。

黄大年的秘书王郁涵说，如果哪一天灯没亮，那黄老师一定是出差了。“我以前可能不理解他对科研的态度，很多人都说他是‘疯子’。他真是‘疯子’，他出差很多，是去给国家宏观把控未来发展的科研方向。‘你要把大部分的时间投入到科研，投入科研的原因是什么？不是说你给你自己有多大提升，而是推动国家事业的发展，你不能光考虑自己。’他很多时候都这么跟我说。”

带着从国外学到的最新知识，黄大年的核心工作之一是攻克国家急需的“高精度航空重力测量技术”，尤其是研制“航空重力梯度仪”。这种设备就像一只“透视眼”，可用于油气和矿产资源勘探，也可用于潜艇攻防和穿透侦查。

图3–13　给地球做CT的科学家黄大年

黄大年的科研助手、吉林大学地球探测科学与技术学院教授于平女士介绍说："一方面是关系国计民生，另一方面关系国防安全，所以这项技术是我国迫切急需的技术。目前为止掌握它的国家非常少，而且这项技术国外对华一直是封锁的。'十二五'之前这个在我国可以说是空白，黄老师回国后组织国内十多家单位、几百位科研人员参与到这个项目的研制过程中。我们国家可以说是用五年时间，在仪器装备的数据获取能力和精度上，与国际的差距缩短了20年。其实在理论算法上，我们已经达到国际水平了。"

3. 罹患癌症，他为科研发挥最后的光和热

"振兴中华，乃我辈之责"是黄大年从长春地质学院毕业时在纪念册上写下的留言。正是这份矢志不渝的赤诚报国之志，始终激励着他在科研的道路上"只争朝夕"，哪怕是在自己身体已经发出严重预警的情况下。

黄大年的司机刘国秋回忆说："有一次在他家门口接他的时候，他突然就晕倒了，往前扑。我一看晕了，我一把就把他抱住了。他马上清醒了，说可能是太累了。我说：'黄老师你这样不行啊，你得去医院，不出差了，我拉你去医院。'黄老师说：'刘师傅，绝对不行。明天北京有两个会议特别特别重要，我必须得去。'"

"惜时不惜命"，在身边人的眼中，科研的紧迫感让黄大年不断与时间赛跑；而过度的投入，让他多次胃痉挛和晕倒。体检几乎是"强制进行"的，检查结果，黄大年罹患胆管癌。然而，在病床上，他惦记的仍然是工作。

时任吉林大学党委统战部副部长任波女士说："在他最后手术的前一天下午，我们几位学长买了水果去医院看他，想晚上陪陪他。到医院之后，一看，扑了个空。一打电话，在办公室，我们就追到办公室。大家都劝他，明天就手术了，你应该回去休息，调整调整。他说：'不行，我手头还有好多工作没有忙完。有的工作我整理下，出院之后我知道放在哪里。'就这样，他坚持工作到很晚才回到医院。"最终，黄大年没能像自己和同事们期待的那样出院后再次走进办公室。2017年1月8日，年仅58岁的他安静地闭上了眼睛。2017年5月26日，中共中央宣传部追授黄大年同志"时代楷模"荣誉称号。2017年7月1日，中共中央追授黄大年同志"全国优秀共产党员"荣誉称号。2018年3

图 3–14　家国栋梁黄大年

月 1 日，黄大年当选感动中国 2017 年度人物。2019 年 9 月 25 日，黄大年获“最美奋斗者”个人称号。

在吉林大学组织的多次联欢活动上，黄大年生前都曾演唱过这首他最喜爱的歌。他不仅唱响，更是用生命诠释这首歌的名字《我爱你，中国》。

【雷锋文化吧】

（一）“中华雷锋号”微信公众号

“中华雷锋号”微信公众号由辽宁省雷锋研究会主办，以“弘扬雷锋精神、研究雷锋文化、广播雷锋种子、助推雷锋事业”为宗旨，微信号是chineseleifeng。“中华雷锋号”是第一本以微刊形式传播雷锋精神的网上杂志，是第一个让雷锋精神走进新时代的自媒体平台，是第一个由博士、专家学者、大学生等组成的兼职编辑志愿服务团队。截至2020年5月，已推送1900多期，推送文章13000多篇，其中有1300多篇原创内容，总浏览量近400万次。《光明日报》先后两次进行了报道，“小微刊”成为思想政治教育的“大阵地”。

"中华雷锋号"微信公众号

（二）雷锋系列微视频《你的样子》

第七集《温暖》

第八集《荒原》

【作者如是说】

（一）感恩是生命中精神上的宝藏

"滴水之恩，当涌泉相报"，这是中华民族传统的做人美德。雷锋不仅对党和政府充满感恩，还感恩所有曾施于他恩泽的人，感恩那些曾帮助过他的人，感恩那些给予他鼓励的人。雷锋懂得，是他们让自己体会到人间的真情，是他们给了他学习和工作的机会，是他们激励他于困苦中奋起，在艰难中振作，从脚下踏出远行的路。

单向的爱，常常走不了多远；没有回音的爱，也会让爱悄悄隐去。只有人人感恩，人人知恩图报，爱才会被激活，呈几何倍数增加，才会如涓涓细流汇成大江大海，才会如冬日暖阳温暖更多的人。这正是"我为人人，人人为我"的真情体现。

"感恩的心，感谢有你，伴我一生，让我有勇气做我自己。感恩的心，感谢命运，花开花落我依然会珍惜。"懂得感恩的人，能够忠诚于事业、爱情和友谊，用自己的所有所能来回馈社会，用无怨无悔的贡献来书写人生。

图3-15 感恩的心 伴我一生

如果人生是一方天空，那么感恩之心就是感谢细雨洗涤后挥舞的彩虹；如果人生是一片汪洋，那么感恩之心就是感谢微风拂面后翻起的浪花；如果人生是一曲旋律，那么感恩之心总是其中最动人的和弦。

感恩之心是中华民族的精神底色，我国自古以来就有很多关于感恩的记载：《诗经》中说"投我以木桃，报之以琼瑶"；唐代诗人孟郊在《游子吟》中写道"慈母手中线，游子身上衣。临行密密缝，意恐迟迟归。谁言寸草心，报得三春晖"；《增广贤文》中也有"羊有跪乳之恩，鸦有反哺之义"，又说"涓滴之恩，当以涌泉相报"；明代冯梦龙在《醒世恒言》中写道"大恩未报，刻刻于怀。衔环结草，生死不负"；豫让说"士为知己者死，女为悦己者容"；韩信四处寻找漂母，以千金相赠以报一饭之恩……这些都记录在中华民族的史册上，好像那一抹夕阳，装扮了中华民族的精神天空。

尼采说，"感恩即是灵魂上的健康"。是的，一个没有感恩之心的人，灵魂是不健全的。卢梭说，"没有感恩就没有真正的美德"。是的，没有感恩之心，美德的春天将是荒芜的。感恩是一种美德，感恩更是一则芬芳的誓言：感恩是一种幸福，感恩更是一个永恒的支点。感恩是一种生活态度，也是一种人生智慧。人生幸福的意义不在于索取，也不在于优越的物质条件，而在于常怀感恩之心。只有心怀感恩的人才会懂得珍惜有限的生命、珍惜生活的馈赠，感受周围融融亲情、绵绵爱情和真挚友情的美好，体会来自社会和组织的关爱，默默奉献。感恩的人能始终以一颗善良的心回报父母、回报社会。感恩的心是我们对生活的热爱与希望，是擦拭心灵、提升自我的力量源泉，是道德最坚实的情感支持。

我们只有心存感恩，才能执着无私、善良博爱，我们的精神才能经常得到快乐的慰藉，我们的灵魂才能在健康的环境中得以升华。感恩是精神的宝藏，是滋润生命的沃土，是追求幸福的源泉。

（二）感恩的心，伴我一生

感恩，其实是无处不在的。我站在这里的理由是什么？就是感恩。感谢老师、同学的支持，感谢学校给予的机会，感谢母亲的培养，感谢我自己的付出。因为感谢着这些，我今天便站在这里了。

感谢父母，他们给予你生命，抚养你成人；感谢老师，他们教给你知识，引领你做“大写的人”；感谢朋友，他们让你感受到世界的温暖；感谢对手，他们令你不断进取、努力。

感谢太阳，它让你获得温暖；感谢江河，它让你拥有清水；感谢大地，它让你有生存空间。

感恩是乐观。感谢困难、感谢挫折，是一种乐观；感谢对手、感谢敌人，是一种乐观；对于我们不甚喜欢的一些人和事物，尽量想到它的正面，想到它

图 3–16　感恩

对我们的益处，从而去感谢它，也是一种乐观。所以，感恩，是一种乐观的心态。

感恩是礼貌。有人帮助了我们，我们随口说声“谢谢”，可能会给对方心里带来一股暖流。有人为我们付出了许多，我们感谢他，他可能会帮我们更多。怀着感恩的心，是有礼貌，是知恩图报。因此，感恩，是一种有礼貌的品质。

感恩是画笔。学会感恩，生活将变得无比精彩。感恩描绘着生活，将生活中大块的写意，挥洒得酣畅淋漓；将生活中清淡的山水，点缀得清秀飘逸；将生活中细致的工笔，描绘得细腻精美。因此，感恩，是一种多样的艺术。

生活告诉我们，要时时怀有一颗感恩的心，只有怀有一颗感恩的心，人才会变得更加善良。听说过一个人向树道歉的故事吗？听说过所有正在行驶的汽车为一只狗让路的故事吗？这些真实的故事，感动于对生命的关爱，对生命的尊重。当我们每天享受着清洁的校园环境时，我们要感谢那些做保洁的阿姨，懂得感谢，就会以平等的眼光看待每一个生命，重新看待我们身边的每一个人，尊重每一份平凡普通的劳动，也更加尊重自己。

所以，我要感谢你，我生命中往来的路人，让我懂得平平淡淡才不牵累于心灵；感谢有你，来来去去，我都会珍惜。感谢你，我生命中所有的师长，让我懂得知识的宝贵；感谢有你，岁岁年年，我都会铭记。感谢你，我生命中至亲至密的朋友，快乐有你分享，悲伤有你倾听；感谢有你，忙忙碌碌，我都不会忘记。感谢你，我至真至爱的亲人，岁月途中，静静地看护着我，挡风遮雨，让我在被爱的幸福中也学会了如何去爱他人；感谢有你，日日夜夜，我都留在心里。感谢日升日落，感谢快乐或伤痛，感谢天空大地，感谢天上所有的星星，感谢生活，感谢得到或失去的一切，让草长莺飞的季节里拈起生命的美丽！

我的朋友们，让我们怀着感恩的心面向世界吧，让我们怀着感恩的心对待我们的生活吧。只要我们对生活充满感恩之心，充满希望与热情，我们的社会就会少一些指责与推诿、多一些宽容与理解，就会少一些争吵与冷漠、多一些和谐与温暖，就会少一些欺瞒与涣散、多一些真诚与团结，我们的精神家园将永远年轻……

第四章 04

彰显忘我精神　担当时代责任

忘我，从来就是中华民族的优秀品质，体现的是一种公仆情怀和责任担当。担当是一种精神、一种态度、一种习惯、一种要求、一种能力，更是一种素质。担当，是敢于担当、乐于担当、勤于担当、善于担当，是一种高尚的品质，是一种崇高的境界，是一种催人奋进的力量，是一种不辱使命的气概。

“如果你是一滴水，你是否滋润了一寸土地？如果你是一线阳光，你是否照亮了一分黑暗？如果你是一颗粮食，你是否哺育了有用的生命？如果你是一颗最小的螺丝钉，你是否永远坚守着你生活的岗位？”这是雷锋忘我精神的生动写照。奋进新时代，迫切需要像雷锋那样发扬忘我精神，担当时代责任。“有多大担当才能干多大事业，尽多大责任才会有多大成就。”时代呼唤担当，民族振兴是青少年的责任。今天的中国早已摆脱了100年前积贫积弱的面貌，有着前所未有的影响力和话语权。

今天，“强国一代”的中国青年，正处在中华民族发展的最好时期，既面临着难得的建功立业的人生际遇，也面临着“天将降大任于斯人”的时代使命。随着中国改革的深入，无论是到2035年基本实现社会主义现代化，还是到本世纪中叶建成社会主义现代化强国，青少年群体都将是发展的重要见证者和任务的主要承担者。

中国特色社会主义进入新时代，把个人梦融入中国梦是爱国主义精神的新内涵。新时代青少年要珍惜这个时代，担负时代使命，在担当中历练，在尽责中成长。向雷锋叔叔学习，无私奉献，做服务人民助人为乐的青少年；艰苦奋斗，做朴实无华勤俭节约的青少年。把自己的“小我”融入祖国的“大我”、人民的“大我”之中，与时代同步伐、与人民共命运，做新时代的“追梦人”“圆梦人”，以青春之我、奋斗之我，建设永远青春的国家、永远向上的民族，不断谱写无愧于前辈、无愧于时代的青春之歌！

一、无私奉献，做服务人民助人为乐的青少年

【雷锋大讲堂】

（一）奉献是一种义务，更是一种责任

人的本质是一切社会关系的总和。人生活于各种社会关系之中，需要通过为他人服务体现自身的价值。社会越是现代化，对人的这种要求就越强烈。人类最高的需求是自我实现，而所谓自我实现就是对大众的奉献，实现人生的社会价值。奉献是崇高的精神境界，是美好的人生追求，是成就理想和事业的前提和动力。奉献精神作为意识形态，是社会经济基础的反映。时代不同，奉献的形态各异。

中华民族是一个崇尚奉献的民族。在几千年的历史长河中，中国人民守望

图4-1　奉献是一种无私的爱

相助、勇于付出，留下了许多关于奉献的经典传说故事。我国古代神话传说很多与奉献有关。女娲补天，讲的是女娲面对人类灾难，挺身而出、补天救世的传说；大禹治水，讲的是大禹三过家门而不入，舍小家为大家，用数年时间在华夏大地治理洪水的经历；愚公移山，讲的是愚公决心带领子子孙孙挖山开路、最后感天动地的故事。这些传说故事，都饱含牺牲小我、成就大我的奉献精神，几千年来人人皆知，深深扎根在中国人的心底。历史上的英雄故事很多与奉献有关。杨家将满门忠烈，前赴后继、喋血沙场；林则徐抵御外侮，苟利国家生死以，岂因祸福避趋之……这些感人的故事不胜枚举，塑造了一个个英雄人物，撑起了一代又一代民族脊梁。文学中的经典名句很多与奉献有关。李商隐的“春蚕到死丝方尽，蜡炬成灰泪始干”，范仲淹的“先天下之忧而忧，后天下之乐而乐”，文天祥的“人生自古谁无死，留取丹心照汗青”，陶行知的“捧着一颗心来，不带半根草去”……这些经典名句，从不同侧面表达了人们对奉献的赞美。

奉献是中华民族的传统美德，也是全人类共同的价值追求。泰戈尔有一句名言：“我们必须奉献于生命，才能获得生命。”在全世界，许多人用奉献来衡量生命的价值。法拉第希望自己“像蜡烛为人照明那样，有一分热，发一分光”。诺贝尔为科学奉献一生，1896年逝世前决定设立诺贝尔奖，“发给确实对人类有不可磨灭的贡献的人”。居里夫人受世人崇敬，不仅因为她的科学发现，而且因为她的奉献精神，她长期工作在强辐射的环境中，最终患白血病而逝世。正是这些伟大奉献，推动了人类社会的不断进步。

希望在于青年。青少年更应该率先拥有“人生有限，奉献无涯”的思想境界，把奉献当作人生的幸福，将来真正成为社会发展的中流砥柱，以实际行动助力实现中华民族伟大复兴中国梦。

坚定理想信念是青少年奉献的精神支撑。理想信念是人们对于自身及国家和民族未来发展所持有的坚定不移的态度，是人们的世界观、人生观和价值观的集中反映。青少年理想信念坚定与否，直接关系到自己的人生追求目标能否最终实现。科学而崇高的理想信念，是引领社会发展的旗帜，更是引领青少年成长成才的指路明灯。随着我国社会经济的迅猛发展，复杂的国际国内环境之下，给青少年带来了更多的挑战，需要青少年加强学习和思考。习近平总书记在中共中央党校建校80周年庆祝大会上讲话时指出：“好学才能上进。中国共产党人依靠学习走到今天，也必然要依靠学习走向未来。我们的干部要上进，我们的党要上进，我们的国家要上进，我们的民族要上进，就必须大兴学习之风，坚持学习、学习、再学习，坚持实践、实践、再实践。”青少年理想信念的培育和坚定，关键是靠不断学习马克思列宁主义、毛泽东思想等重要理论成果，在广泛学习前人的经验成果基础上，不断思索、不断内省形成自我激励的合力。

服务群众是青少年奉献的宗旨所在。毛泽东同志说过：“我们共产党人好比种子，人民好比土地。我们到了一个地方，就要同那里的人民结合起来，在人民中间生根、开花。”[①]群众是青少年最好的老师。群众路线是中国共产党长期革命、建设、改革经验的总结，是历史唯物主义的具体体现。青少年作为党和人民事业的接班人，必须牢固树立群众观点，自觉增强“拜群众为师”的意识，始终同群众打成一片，把自己成长进步的根深深扎在人民群众之中。

从毛泽东同志的“全心全意为人民服务”，到邓小平同志打动世界的经典自白“我是中国人民的儿子”，到江泽民同志的“代表中国最广大人民的根本利益”，到胡锦涛同志的“权为民所用、情为民所系、利为民所谋”，再到习近平总书记的“我们的党是全心全意为人民服务的党”等，中国共产党始终将“为人民服务”作为立党之本、执政之基。中国共产党人的初心是在党旗下庄严许下的铮铮誓言，是融入血脉的全心全意为人民服务的根本宗旨。从党的一大到党的十九大，历经90多年的奋斗征程，中国共产党这颗对人民的赤子之心从未改变。在革命、建设和改革等不同历史时期，一批又一批共产党员恪守初心，牢记为党和人民奉献一切的价值追求，共同构筑了我们党不断取得胜利的坚实依靠与力量源泉。

“一切向前走，都不能忘记走过的路；走得再远、走到再光辉的未来，也不能忘记走过的过去，不能忘记为什么出发。”从南湖红船到江西端金，从延安窑洞到北京天安门……中国共产党带领中国人民将曾经积贫积弱的中国建设成为当今世界第二大经济体，使中华民族昂首屹立于世界民族之林，成功“秘诀”就在于一代又一代中国共产党人不忘初心、牢记使命，始终把人民放在心

---

① 这是根据毛泽东写于1945年的《关于重庆谈判》中的一段话改编成的革命歌曲《我们共产党人好比种子》的歌词。

中最高位置。唯物史观告诉我们，人民群众是历史的主体，是历史的创造者，是社会变革的决定力量。中国共产党人坚信人民群众是真正的英雄，是推动历史前进最伟大的力量，其他任何力量都不能与之相比。在实现中华民族伟大复兴中国梦的进程中，党是领导力量，人民是依靠力量。中国共产党100多年来能取得伟大成就，关键在于永远把人民群众作为我们党无往而不胜的力量源泉。

“得天下有道，得其民，斯得天下矣。得其民有道，得其心，斯得民矣。”历史总是给人以鲜明的昭示：一个政党，一个政权，其前途命运取决于人心向背。穿越革命岁月的浩荡洪流，历经建设年代的火热浪潮，中国共产党始终以争取民族独立和人民解放、实现国家富强和人民幸福为己任，带领人民开展气壮山河的伟大斗争。坚持植根人民，坚持群众路线，树立群众观点，保持党同人民群众的血肉联系，我们党和军队由小变大、由弱变强，在极其艰苦的条件下夺取了革命的胜利。解放战争期间，在气势恢宏的淮海战役前线和广大后方，各解放区人民掀起了一场轰轰烈烈的支前运动，其规模之巨大，任务之浩繁，动员人力物力之众多，为古今中外战争史上所罕见。为此，陈毅同志曾动情地说：“淮海战役的胜利，是人民群众用小车推出来的。”历史和实践反复证明，我们党的根基在人民、血脉在人民、力量在人民。

回顾历史，我们不难发现，民心向背历来是一个政权兴衰成败的风向标。郭沫若在《甲申三百年祭》中就科学地总结了明末李自成率领的农民起义军进京后脱离百姓、失去民心并最终从胜利走向失败的历史教训，给中国共产党人以深刻警醒。从中国共产党诞生之日起，中国共产党人就怀着一颗为人民求解放、谋幸福的赤子之心，抛头颅、洒热血，带领全国各族人民艰苦奋斗，凝聚起了无坚不摧的力量。“最后一碗米送去做军粮，最后一尺布送去做军装，最后老棉袄盖在担架上，最后亲骨肉送他上战场……”从这首歌颂老区群众无私支援革命的民谣中，我们可以看出：与人民风雨同舟、生死与共，始终保持血肉联系，是党战胜一切困难和风险的根本保证。

（二）向雷锋叔叔学无私奉献

雷锋精神的实质，就是全心全意为人民服务，这是雷锋精神的底色。雷锋说："人民的困难，就是我的困难。帮助人民克服困难，贡献自己的一点力量，是我应尽的责任。我是主人，是广大劳苦大众当中的一员，我能帮助人民克服一点困难，是最幸福的。"雷锋为了人民的事业无私奉献，把帮助别人当作人生最大的快乐和幸福。这种服务人民、助人为乐的奉献精神，是为人民服务人生观的重要体现，是雷锋精神的一个典型的标识。

60年来，"雷锋"二字在我国已成为人们心目中热心公益、乐于助人、扶贫济困、见义勇为、善待他人、奉献社会的代名词，成为"无私奉献者"的象征。雷锋在日记中这样写道："如果你是一滴水，你是否滋润了一寸土地？如果你是一线阳光，你是否照亮了一分黑暗？如果你是一颗粮食，你是否哺育了有用的生命？如果你是一颗最小的螺丝钉，你是否永远守在你生活的岗位上……在生活的仓库里，我们不应该只是个无穷尽的支付者。"雷锋成功的奥秘，就在于他正确解决了"为谁活着，怎样做人"这个人生观的根本问题，懂得"一个人活着，就应该像白求恩同志那样，把自己的毕生精力和整个生命为人类的解放事业——共产主义全部献出"，把"生为人民生，死为人民死"作为自己的信条。他把毫不利己专门利人看作是人生最大的快乐和幸福,无论在任何岗位，他总是把火一样的热情倾注其中，对待同志像春天般温暖，总是把方便让给别人，把辛苦留给自己；无论走到哪里，他总是将春天般的温暖带向哪里，他把有限的生命投入到无限的为人民服务之中去，每当人民群众遇到困难，他总是伸出援手、倾力相助；他走到哪里，好事就做到哪里，用真情和行动履行着一个公民的神圣责任，践行着一名共产党员的庄严承诺。雷锋在为他人做好事、为社会作贡献所体现出社会价值的同时，也收获了乐趣、满足和幸福，从而体现了个人价值。群众称颂"雷锋出差一千里，好事做了一火车"。毛泽东同志说过："一个人做点好事并不难，难的是一辈子做好事，不做坏事，一贯地有益于广大群众，一贯地有益于青年，一贯地有益于革命，艰苦奋斗几十年如一日，这才是难得的啊！"[①]可见，做好事不难，难的是坚持一辈子讲奉献、做好事。事实上，这种"一辈子"的奉献精神，或叫"一辈子"的服务精神，正是雷锋精神最重要最本质所在。

---

① 《吴玉章同志六十寿辰祝词》（1940年1月15日），1940年1月24日发表在《新中华报》。

【雷锋故事会】

（一）雷锋从小就乐于助人

雷锋才10多岁的时候，就利用自己的课余时间，帮助双目失明的陈老爹砍柴、打水。上学路上的石桥被大水淹没，低年级的同学年龄小，不敢涉水。雷锋就毫不犹豫地跳到水中，把他们一个个背过河去。他看见一位老大娘家里没有蚊帐，就把自己的蚊帐送给了老大娘；知道她家人口多，吃饭有困难，他又宁肯自己饿肚子，把自己的饭端到了老大娘的家里……小小年纪就已经做了不计其数的好事，乡亲们都夸他是个热心肠的好孩子。

到鞍钢工作之后，雷锋发现和他一起来的同伴不安心做配煤工作，晚上休息时，他给大家读了小说《钢铁是怎样炼成的》中主人公保尔·柯察金的一段话："人最宝贵的东西是生命……一个人的生活应该是这样度过的：当他回首往事的时候，他不因虚度年华而悔恨，也不因碌碌无为而羞耻。这样，在他临死的时候他就能够说：'我把自己的整个生命和全部精力，都献给了世界最壮丽的事业——为人类解放而斗争。'"他告诉同伴，应该好好读读这本书，要像书中的主人公保尔那样，勤学苦练，把自己炼成一块好"钢"。在雷锋的帮助下，他的同伴终于爱上了自己的工作。

1959年冬季的一天，辽阳弓长岭地区下了一场大雪，一位老大娘跌倒在焦化厂附近的路上。雷锋发现后，赶紧跑过去扶起老大娘，问："大娘到哪儿去?"老大娘说："去松泉寺女儿家。"雷锋立刻背起老大娘，一步一滑地把老大娘送到松泉寺女儿家。当老大娘的女儿安顿好老人，想感谢送妈妈的人时，却发现人已经没影了。

在新建的焦化厂工地上班时，工地附近有一个农业生产队，雷锋有空的时候，经常过去帮忙。有一天，他在路上遇到放羊的吕大爷，见吕大爷衣着单薄，就把自己的棉衣送给了他。吕大爷逢人就说："还是新社会的人情好啊!"

（二）雷锋为县里捐款买拖拉机

20世纪50年代的一天，望城山间小道上，几位行人背着背包，插着雨伞，挽着裤腿匆匆而行。县委书记张兴玉走在前面，身后跟着机要秘书冯乐群和雷锋。没有大队人马，没有前呼后拥，更没有“皇冠”“桑塔纳”，为了重整河山，许多人民公仆就是这样一步一步走到群众之中。当县委书记在一家贫苦农民的小茅屋里，看到这家9口人穷得揭不开锅，便从衣袋里掏出30多元钱，冯乐群拿出近20元钱，雷锋也学着他们的样子倾囊掏出了仅有的10多元钱。三个人一共拿出70多元钱，帮助买了1头架子猪和3头小猪崽。张兴玉用那双同样粗糙的手握紧老农的手，“老乡，咬咬牙，好好把日子操持操持，会好的！”雷锋瞪大眼睛望着这动人的一幕，看到了共产党人的精神风采，看到人间至善至美的真情。

种子入心会发芽。而这颗播入心灵的爱的种子，蓬勃在了雷锋以后的生命历程之中。

不久，望城县委研究决定将围起来的团山湖开垦成一个国营农场，让荒芜沉睡的湖洲地变成米粮仓。地区分配了一台拖拉机指标，并批准建立拖拉机站。但由于百废待兴，经济困难，财政拮据，为了购买拖拉机和建拖拉机站，团县委发出了捐款的号召。雷锋把工作一年多来的全部积蓄20元钱，一分不留地拿了出来。

20元钱，在今天似乎不值一谈，可那时雷锋每个月的工资也只有十几元钱。吃饭、穿衣、购日常用品，各种生活费都得靠这十几元来支付。平时他每餐总是吃几分钱的菜，穿在里面的衣服补丁打补丁。在捐款时，他的钱是用一块布包着的，里面有分币，有角票。他积攒这些钱，本来是想买床棉絮的，当时他盖的棉被是刚解放时发给他的救济被，这时已变得硬邦邦的了，盖在身上就像一床棕垫。但当人民的事业需要的时候他却慷慨解囊，分文不留捐献了出来。这次捐款活动中，雷锋是全县青少年中捐献最多的一个，受到团县委的表扬。1958年3月22日，团县委发给他一张纪念证，证书上写着：

“雷正兴（雷锋原名）同志，为建立望城青少年拖拉机站，积极地开展了增产节约、勤俭办一切事业，热情的（地）捐款人民币贰拾元正（整）。特发此证，以资纪念。”

（三）对待同志像春天般温暖

雷锋入伍以后，1961年8月担任运输连二排四班班长。他尊重、爱护同志们，全力以赴，用一年时间把全班凝结成一个团结友爱的战斗集体。

汽车连经常会接到临时任务，有的战士出车走得急，换下的脏衣服、臭袜子来不及洗，只要雷锋在，总会抽空给洗干净、叠整齐，放到床头上。为了让出车的和值夜班的战友们回到宿舍有个整洁的环境，平日里，雷锋总是打扫卫生、整理内务，打好热水，把宿舍收拾得干干净净。

一次，连里车辆紧急集合，战士韩玉臣在搬电瓶发动车时，不小心洒了一些电瓶水，并洒到了裤子上。电瓶水腐蚀性很大。结果，他的棉裤被烧蚀了一个大洞，夜间出车回来没注意，躺下就睡了。这一切恰巧被雷锋看见了，他怕韩玉臣出早操时因棉裤漏风挨冻，最后他拆下自己棉帽子的衬里当补丁布，把战友的棉裤缝好了。

图4-2　雷锋给战友缝棉裤

副班长周述明家境贫寒，父亲又得了重病。他每个月的津贴都如数寄回家。这回父亲病了，实在没有钱可以寄。周述明不想给组织上添麻烦，心情抑郁，整天沉默寡言。细心的雷锋发现了他的变化，问他几次，他都不吭声。雷锋一看正面不行，就千方百计从侧面打听到了实情。又想方设法从他老乡那里弄到了周述明的家庭详细地址，以周述明的名义，给他家写了封信，寄去了10元钱。没过多久，周述明收到家里的回信，信上说钱已妥收无误，父亲的病也有很大起色，让他不要再挂念，安心在部队工作。周述明有些摸不着头脑，听别的战友讲完事情的来龙去脉后，他拉着雷锋的手，感动得一句话也说不出来，从此他更加拼命地工作。

还有一名战士，刚调到雷锋的班里第三天就生病了。一大清早，雷锋就请卫生员来给他看病，还给他打开水，喂他吃药，给他洗脸，亲自做病号饭喂他吃。雷锋怕他冷，把自己的大衣给他盖上。到澡堂洗澡的时候，给他擦澡。在生活上给他无微不至的关怀。小战士激动地对雷锋说："班长，你对我太关心了。人心都是肉长的，我再不好好干，就说不过去了。"

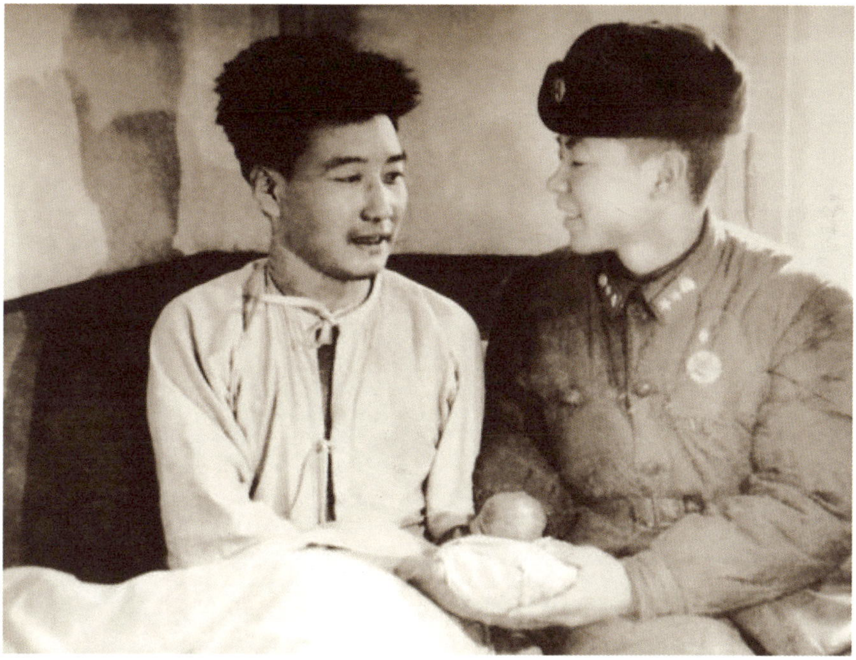

图4-3　雷锋把中秋节发给自己的月饼、苹果送给抚顺西部职工医院的住院病人

深秋的一天，连里派雷锋带着二十几个同志上山打草，准备过冬菜窖。吃过早饭后出发，晚饭回来吃，午饭每人带一盒白米饭在山上吃。当时正是困难

时期，连里的伙食按人头定餐定量，实行分餐制。吃早饭的时候，战友王延堂吃了一个三两的馒头和一碗粥还是没觉得饱，就干脆把作为午餐的大米饭也一口气吃了。

大家到了山上一看，山上的荒草长得又高又密，干活的兴致立马变得很高涨，用镰刀割，一搂一大抱。干了一上午，收获挺大，战士们也都饿坏了，都坐在山坡上吃午饭。王延堂没有午饭吃了，就一个人坐在一旁，拿根草棍玩儿。雷锋打开自己的饭盒，拿到王延堂面前，递给他。

“我……我吃过了。”王延堂连忙一边躲闪一边说。

“瞧你打的那一大堆草，不吃午饭怎么行呢，下午还要继续干呢。”雷锋说道。

“我一个人吃两份饭怎么行呢！况且这还是班长带的饭。我吃了，你不就挨饿了吗?”

雷锋看着自己的战友挨饿，心里也不好受。怕他不接受，就编了个“谎话”：“今天我有点儿胃疼，实在吃不下了，你帮帮忙吧。”

“这……”

“别这呀那的了。”说着，雷锋把饭盒硬塞给王延堂，转身走了。

图4-4　雷锋把午饭让给了没带饭的战友王延堂

由于没吃午饭，下午干活的时候，雷锋累得直冒虚汗；但是他勒紧裤腰带，仍然坚持着干，一点儿也不比别人差。下午完成任务回来，雷锋在当天的日记中写道：

“我虽饿点儿，但让他吃饱了，这是我最大的快乐。我要牢牢记住这段名言：对待同志要像春天般的温暖……”

当时，群众中流传着这样一句话：“雷锋出差一千里，好事做了一火车。”

一次，雷锋因公外出后，在沈阳火车站乘车回抚顺。早晨5点钟，快到上车的时间，雷锋背着背包刚走近天桥，看见一位白发苍苍的老太太背着一个大包袱蹒跚前进，吃力得只能走几步歇一歇。雷锋急忙赶上前去，帮助老人背起包袱，扶着她上了火车。

上了车，老太太累得满头是汗，喘了半天说了一句话：“好孩子，太谢谢你啦，不然我都快赶不上火车了！”车上人很挤，雷锋给老人找了个座位，自己就站在老人的身旁。

火车开动了，雷锋得知老人还没吃早饭，便拿出在车站买的两个面包，送给老太太一个。老人说她从山东来，到抚顺去找儿子，但又不知儿子的住处。她掏出一封信给雷锋看，上面写的地址是“抚顺市××信箱第四宿舍”。这个地方雷锋也不知道，但为了使老人安心，他说：“大娘，你别着急，有地址就好办，下了车我帮你去找。”

老人家感动地说：“你这个当兵的，真好！我见到儿子叫他写信给你们首长……”

到抚顺后，雷锋把自己的背包存放在车站，背上老人的包，领着老人四处打听，走走停停地快9点钟了，才终于找到了地方。老人见到了儿子，高兴得热泪盈眶，“儿呀，要不是这位军人同志帮娘找，今天可难见到你啊！”临走时，母子两人对雷锋千感谢万感谢的，送出很远。

还有一次，雷锋乘火车去外地出差。上车后，雷锋就没闲着。他主动帮助列车员擦地板，给旅客倒水，收拾小茶桌，给老年人找座位，帮妇女抱孩子，忙了一路。

到沈阳车站转车时，雷锋发现检票口处吵吵嚷嚷的，还围了一大群人。他赶紧过去。原来是一位大嫂与验票员发生了冲突，那位大嫂没有票却硬要上车。

图4–5 雷锋送大娘回家

“你没有票，怎么能上车呢?”雷锋悄悄地对这名妇女说。

这位大嫂急得满头是汗。“解放军同志，我本来买了车票，可是不知道啥时候车票和钱全都不见了。车马上就要开了，不让上车可咋办哪?”

雷锋说：“你别急，跟我来，不要耽误别的旅客乘车。”

雷锋把大嫂领到了售票处，掏出钱来买了一张火车票，硬塞到她的手中：“车快开了，快上车吧.”

大嫂感激地说：“太谢谢你了！同志，你是哪个单位的，叫什么名字？我好把钱寄给你！”

雷锋却转身跑了，一边挥手一边说：“我叫解放军，就住在中国。”

【雷锋日记摘】

1960年3月×日

我学习了毛主席著作以后，懂得了不少道理，脑子里一豁亮，越干越有劲，总觉得这股劲儿永远也使不败。

我为群众尽了一点自己应尽的义务，党却给了我极大的荣誉。去年被评为先进生产者，并出席了鞍山市青年建设积极分子大会。这完全是由于党的培养，是由于毛主席思想给了我无穷的力量，是由于广大群众支持的结果。我要永远地记住：

“一滴水只有放进大海里才能永远不干，一个人只有当他把自己和集体事业融合一起的时候才能有力量。”

“力量从团结来，智慧从劳动来。

行动从思想来，荣誉从集体来。”

我要永远戒骄戒躁，不断前进。

1960年8月20日

望花区成立了一个人民公社，我把平时节约下来的一百元钱，支援了他们。辽阳市遭受了洪水的灾害，我把省吃俭用积存的一百元钱寄给了辽阳灾区人民。有些人说我是“傻子”，是不对的。我要做一个有利于人民、有利于国家的人。如果说这是“傻子”，那我是甘心愿意做这样的“傻子”的。革命需要这样的“傻子”，建设也需要这样的“傻子”。我就是长着一个心眼，我一心向着党，向着社会主义，向着共产主义。

1960年10月21日

今天吃过早饭，连首长给了我们一个任务，上山割草拉回来盖菜窖。……到了12点，排副吹起了集合的哨子。大家拿着自己从连里带来的一盒饭，到达了集合地点。排副说：你们吃中饭吧。

我发现×××同志坐在一旁看着大家吃饭。我走到他跟前，问他为啥不吃饭。他回答说：“我今天早上吃了两盒饭，没有带饭来。”于是我拿出了自己带的一盒饭给他吃。我虽然饿一点，但让他吃饱了，这是我最大的快乐。我要牢牢记住这段名言：

“对待同志要像春天般的温暖，

对待工作要像夏天一样的火热，

对待个人主义要像秋风扫落叶一样，

对待敌人要像严冬一样残酷无情。”

1961年4月16日

热情，像熊熊的火焰，是一切的原动力！

有了伟大的热情，才有伟大的行动！

今天是星期日。有的同志叫我上街看电影……在这风和日丽的春天里，正是农忙的季节，公社的社员们都在紧张而又忙碌地耕地、播种。我是一个农家的孩子，现在虽然成了一名祖国的保卫者，可是我有责任支援农业，改变农村的面貌，为农业早日机械化、电气化贡献一点力量。

想到这些，我哪里有心看电影呢？拿着铁锹跑到了抚顺李石寨人民公社万众生产大队，和社员们一起翻地。他们的革命干劲深深地教育和鼓舞了我，他们建设新农村的革命热情是万分高涨的。我真正懂得了群众的力量能移山填海，只有群众的力量是无穷无尽的，一个人的力量总是沧海一粟。我决心永远和群众牢牢地站在一起，为人类最美好幸福的生活而斗争。

1961年4月27日

今天上午，我在旅顺海军××舰上，向海军首长和战友汇报了自己的一切工作、学习和生活在两个不同的社会里的两种不同的命运的情况。当我讲到在旧社会那种悲惨遭遇时，舰长和海军战友都掉下了眼泪，我更是悲痛万分。我是无产阶级革命战士，只有化悲痛为一切前进力量，将革命进行到底，为人类的解放而斗争。

下午一点钟，我乘火车离旅顺回沈阳。在列车上看到一位有病的老大爷，我把座位让给了他老人家，并问他是什么病。他半天才说了一句："痨病十多年啦！"我问他在旅行当中有什么困难。他说："我到丹东还差一元钱买车票，我还没吃午饭呢！"毛主席教导我们说："我们的同志不论到什么地方，都要和群众的关系搞好，要关心群众，帮助他们解决困难。"于是，我帮助他解决了旅途中的困难。

1961年10月20日

人的生命是有限的，可是，为人民服务是无限的。我要把有限的生命，投入到无限的为人民服务之中去……

1961年×月×日

学习《纪念白求恩》

一个人能力有大小，但只要有这点精神，就是一个高尚的人，一个纯粹的人，一个有道德的人，一个脱离了低级趣味的人，一个有益于人民的人。

我决心听毛主席的话……事事大公无私，处处从党和人民的利益出发，全心全意为人民服务，决不让有一点肮脏的个人利益低级趣味的东西来玷污自己。向白求恩学习，做一个毫不利己、专门利人的人，为共产主义奋斗终身。

一个人，只要大公无私，处处从党和人民的利益出发，兢兢业业为党工作，老老实实为人民服务，就是一个有益于人民的人。

一个人只要他不存私心，时时刻刻考虑人民的利益，全心全意地去为人民服务，他就能成为一个道德高尚的人。

加强工作责任心。对同志对人民要忠诚，要热情，要关心，要互相帮助。

一个革命战士必须具有把一切献身于无产阶级革命事业的崇高理想。

不但要有好的思想，而且还要有高超的技术，才能更好地为人民服务。

文章的结尾告诉了我们要做一个什么样的人。

我活着就要做一个对人民有用的人。

1962年4月×日

奉军区首长指示，我要去长春机要学校做报告。今天中午12点乘25次快车从沈阳出发。火车上的人很多，我让座给一位老太太坐下，并给她老倒一杯开水。因她老人家没吃午饭，我又拿出自己没舍得吃的面包送给她吃。这位老太太很受感动，紧握着我的手说："好心呀！好心人！"当时我也很激动，不知说啥好。

我除了照顾这位老太太，还帮助服务员扫车厢、擦车厢，给旅客们倒开水，帮炊事员卖饭……很多人都要我休息一会儿。我想：为人民服务嘛，少休息点又算得了什么呢？我还听到很多旅客同志议论说："这位解放军同志真勤快，什么都干，累得满头大汗也不休息。"我觉得自己累一点算不了什么，只要大家多得些方便，就是我最大的快乐。

【拓展报告厅】

郭明义：雷锋精神优秀传承者

2018年12月18日上午，庆祝改革开放40周年大会在人民大会堂举行。100名“改革先锋”称号获得者在大会上受到表彰。郭明义获得了“雷锋精神优秀传承者”的荣誉称号。

会议期间，郭明义被委以重任，帮助搀扶87岁的诺贝尔奖获得者屠呦呦。“这可是我们国家的科学人才，我能有机会搀扶她，这是何等的荣耀！我一点儿也不敢懈怠，只要她起身，我就立马去搀扶……”主席台上，温馨的镜头定格在郭明义搀扶着屠呦呦一同接受国家领导人为其颁授的“改革先锋”荣誉证书和奖章。

郭明义与雷锋颇有几分相似的经历。当过兵，进过工厂，甚至连介绍他们入伍的都是同一位老政委。同为汽车兵，郭明义一边勤学苦练，一边攒下津贴为灾区捐款，在改革开放初期就被评为“全师学雷锋标兵”。

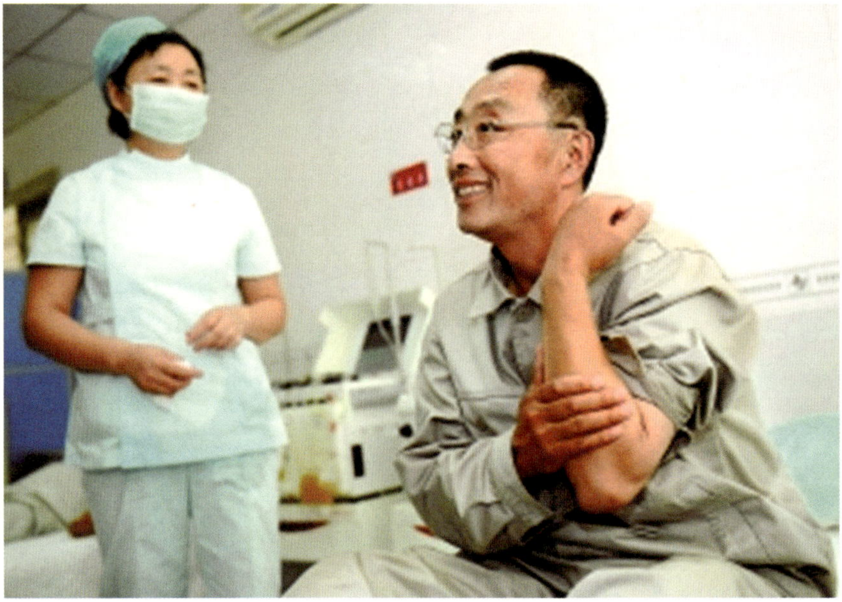

图4-6　郭明义献血

走上工作岗位，郭明义仍是“干一行、爱一行、钻一行”。当上鞍钢矿山的大型卡车司机后，他第二年就创造了单车产量的纪录；接到安装进口电动轮的重点工程，他苦学英语，一年就成为外方专家的合格翻译；担任露天矿采场公路管理员后，他只要没有出差任务，都会风雨无阻每天提前2小时上班，步行距离超过5次长征路。

郭明义四十多年如一日学雷锋做好事，时时处处发挥共产党员的先锋模范作用，被人民群众誉为“爱心使者”“雷锋传人”，荣获“全国优秀共产党员”“全国助人为乐道德模范”称号和全国五一劳动奖章。从2009年发起成立郭明义爱心团队，全国各地已建立1000余支分队，180多万名志愿者加入其中，在全社会广泛掀起“跟着郭明义学雷锋”的热潮，用实际行动证明，在改革开放和市场经济条件下，雷锋精神依然具有强大的生命力、示范力和感召力。

入党30年来，他时时处处发挥先锋模范作用，在先后任职的7个工作岗位上，都取得了突出业绩。自1996年开始担任齐大山铁矿生产技术室采场公路管理员以来，他每天都提前2个小时上班，16年来累计献工15000多小时，相当于多完成了5年的工作量。他主修的高标准采场公路，为企业降耗增效3000多万元。

不管时代风云怎样变幻，不管价值追求怎样多元，他始终以雷锋为榜样，把扶危济困、播撒爱心当成毕生天职，积极参与社会公益事业，被人民群众亲

图4–7 郭明义在工作岗位上

切地誉为“爱心使者”“雷锋传人”。他先后捐款20万元，资助了300多名贫困孩子；无偿献血6万多毫升，相当于自身全部血量的10倍；第一批加入鞍山市造血干细胞捐献和遗体（器官）捐献志愿者行列。无论是身边工友、同事，还是社会上素不相识的群众遇到困难，他都毫不犹豫伸手相帮，有什么送什么。而自己的家却几乎一贫如洗。一家三口至今还住在鞍山市郊，一个80年代中期所建的、不到40平方米的单室里，水泥地、白灰墙，没有任何装修。最值钱的电视机，还是团市委听说他捐献了3台电视机后，专门送给他的。

为了发动更多的人参加社会公益活动，他发起成立了下设希望工程爱心联队、无偿献血志愿者应急服务大队、造血干细胞捐献志愿者俱乐部、遗体（器官）捐献志愿者俱乐部、红十字志愿者急救队、红十字志愿者服务队和慈善义工大队等7个郭明义爱心团队。自2009年发起成立郭明义爱心团队，全国各地已建立1000余支分队，180多万名志愿者加入其中，累计捐款200多万元，在新疆、重庆援建希望小学各1所，资助困难学生2900多名。无偿献血130多万毫升。捐献造血干细胞血液样本5000多例，其中1人成功完成了捐献。800多人成为遗体（器官）捐献志愿者。

拥有许多光环的郭明义仍然扎根基层。参加完庆祝改革开放40周年大

图4-8　郭明义在工作岗位上

会，他连夜乘坐火车回到鞍山，将沉甸甸的“改革先锋”荣誉证书和奖章摆放在郭明义工作室。工作室一角，一个绿色旅行袋吸引了记者的目光——袋里装着4把折叠凳。“郭师傅每次坐火车都会带这个袋子，原来里面有10把折叠凳，现在就剩4把了。他看到没座位的乘客就会拿出折叠凳来，一路上都在方便别人、助人为乐，不愧为‘当代雷锋’郭明义。”工作室一位工作人员如是说。正如“改革先锋”人物事迹中写道：郭明义四十多年如一日学雷锋做好事，时时处处发挥共产党员的先锋模范作用，被人民群众誉为“爱心使者”“雷锋传人”。

“不信春风唤不回”，郭明义以亲身实践证明了在改革开放和市场经济条件下，雷锋精神依然具有强大生命力、示范力和感召力。正如他本人常说的，心怀善念相互搀扶、相互激励，人人都可以做雷锋！

【雷锋文化吧】

（一）雷锋学院

雷锋学院坐落于辽宁省抚顺市经济开发区，是中共中央组织部备案、中共辽宁省委批准的干部党性教育基地。雷锋学院占地面积185.2亩，建筑面积4.5

图4-9 雷锋学院外景

万平方米。各种教室、会议室、多功能厅、餐厅、宿舍、小剧场、健身场所、书吧、超市等功能齐全，每日可接待500～700人的学习培训。

雷锋学院定位为全国党性教育基地、社会主义核心价值观教育实践基地、学雷锋研学实践教育基地，拥有由全国重大典型、知名专家、雷锋故事亲历者、省委党校和部分高校教师组成的强大师资力量，以及覆盖辽宁省的30余个现场教学实践基地。同时，雷锋学院与国内同类院校开展教学合作，共享教学资源。雷锋学院以学习宣传习近平新时代中国特色社会主义思想为主线，构建了以雷锋文化为主体，辅助以革命文化、历史文化、工业文化、典型文化、廉政文化等内容为一体的课程体系，采取专题教学、现场教学、访谈教学、典型教学、情景教学、体验教学、影视教学等多种教学形式。雷锋学院以短期教育培训为主，提供教学菜单，根据受训单位需要，配置教学课程。其中，结合“不忘初心、牢记使命”主题教育活动，设计了1～7天不等的教学组合。

在雷锋学院，学员通过入情入理入境的学习，领略雷锋文化的魅力；在互动、体验中聆听雷锋故事、革命故事、历史故事、奋斗故事，借以武装头脑、净化心灵、升华精神。

雷锋学院网站

（二）雷锋系列微视频《你的样子》

第九集《挚爱》

第十集《深情》

【作者如是说】

（一）我助人，我快乐！

乐于助人、无私奉献是中华民族的传统美德，它体现出崇高的价值取向和人生追求。雷锋在他短暂的一生中总是将别人的快乐当作自己的快乐，把别人的满足当作自己最大的满足，他“对待同志像春天般的温暖”“把有限的生命投入到无限的为人民服务之中去”，甘愿做利国利民的“傻子”。雷锋是做好人好事的典型，是助人为乐精神的象征。

助人为乐是中华民族的传统美德，深深地植根于中华民族精神的土壤，沉淀在我们民族的血液之中。我国的传统文化是以儒家文化为中心，融合了诸子百家的思想而形成的，在其形成过程中又受到了来自佛教文化的影响。传统文化向来重视“仁者爱人”的价值取向，强调“厚德载物”的思维方式和“推己及人”的行为方式，人们以“君子贵人成己，先人后己”“病人之病，忧人之忧”“扶危济困”“路见不平，拔刀相助”“人家帮我，永志不忘；我帮人家，莫记心上”来凸显自己的精神境界和道德修为。自古以来，我国就不乏救人、

图4-10　雷锋教乔安山学文化

施衣、施粥、施茶、施医、施药的善举，在共同的生活中逐渐形成了相互关心、相互帮助，一人有难、众人相帮的助人为乐的精神。助人为乐成为传统文化中基本的道德品质，成为普通人平凡而朴素的义务感和道德操守。

难忘2008年汶川大地震，很多青年体现出了助人为乐的优秀品质。九岁半的林浩在自救后，把一名已昏迷的同学背出了废墟，又毅然重返废墟，再一次背出被废墟掩埋的同学。15岁的雷楚年在地震发生时不是往外逃生，而是冲进教室救出7名同学。13岁的小女孩儿何翠青本已走出宿舍，当她意识到发生了地震时，不是迅速逃生，而是跑进宿舍，将十多名还在午休的同学从床铺上摇醒逃生，自己却被压在了废墟下。50个小时之后，她凭着巨大的求生欲望和惊人的毅力，在救援人员的帮助下获救。好多青年在灾难来临的生死瞬间表现出的沉着镇定、助人为乐、乐观向上的高尚品质，感动了我们大家。

“少年智则国智，少年强则国强。”我们要向他们学习，学习他们的乐观豁达、积极向上、助人为乐的精神。也许我们不会有他们那样的经历，但是我们可以从身边的小事做起，从我做起。比如在拥挤的公共汽车上给老人让座，帮别人捡一下掉到地上的笔。青少年朋友们在他人遇到困难的时候伸出自己的援助之手，一方有难八方支援，相互帮助相互爱护，使受伤害的人少一分痛苦、多一分自信。

让我们行动起来吧，助人为乐从我做起。相信，只要人人都献出一点爱，世界一定会变成美好的人间。

（二）无私奉献是幸福的源泉

无私奉献的精神是我国传统文化的闪光点。自古以来，人们就热情地赞扬无私奉献的品质。唐代诗人罗隐用“采得百花成蜜后，为谁辛苦为谁甜”来赞颂蜜蜂无私奉献的精神，人们经常用“春蚕到死丝方尽，蜡炬成灰泪始干”的诗句来讴歌教师无私奉献的行为，鲁迅说“横眉冷对千夫指，俯首甘为孺子牛”。无私奉献是公认的最可赞扬的品质，它培养了人们心中的浩然正气，涤荡了私心杂念的尘垢，书写着一页页动人的篇章。无私奉献的人在社会上能够得到别人的尊重，在道德的天平上是最具重量的砝码，在人类历史的长河中是最美丽的浪花，在“人不为己，天诛地灭”的道德黑夜中也闪耀着最灿烂的光辉。

回顾我们党走过的一百多年历程，我们今天之所以能取得这样伟大的成就，正是因为一代代、一批批优秀共产党员为了人民的利益、国家的富强，励精图治、不怕牺牲，艰苦创业、无私奉献。

“为什么我的眼里常含泪水？因为我对这土地爱得深沉……”在这片充满爱的土地上，留下了多少共产党人的血和泪。正是因为他们的奉献，才让这土地变得更加坚强。“面对山河破碎，国将不国的现实”，多少爱国志士或大声疾呼以期“上下一心，开创中华”，或表示“一息尚存，犹思报国”。忘不了革命烈士夏明翰面对敌人的屠刀，用热血谱写了一曲英雄之歌；忘不了敌暗堡机枪喷吐的火舌，人民的好儿子董存瑞毅然拉燃了导火索；忘不了敌人铡刀的底座已被鲜血染红，党的女儿刘胡兰“生的伟大，死的光荣”。无数共产党员，用血肉之躯把我们多难的祖国拖出了地狱，送上了幸福的大道。无数革命先烈用拳拳赤子之心，抹去祖国母亲凄苦的眼泪，换来她幸福的笑容。“任脚下响着沉重的铁镣，任你把皮鞭举得高高。……毒刑拷打算得了什么？死亡也无法叫我开口！对着死亡我放声大笑，魔鬼的宫殿在笑声中动摇。”凛然的正气，不屈的意志，永远是指引我们前进的灯塔。1949年10月1日那个伟大的时刻，毛泽东主席在天安门城楼向全世界庄严宣告：“中华人民共和国中央人民政府今天成立了”——从此，中国有了新的前进方向。中国人民从站起来到富起来再到现在的强起来，这一切成就凝聚着无数中华儿女的辛勤汗水和不懈努力，更带给祖国母亲无比的骄傲和自豪。

雷锋从前辈们手中接过并高擎起为人民服务的火炬，把助人为乐融入自己的血液中，并时时这样激励自己：是“一滴水”，就要“滋润一寸土地”；是“一线阳光”，就要“照亮一分黑暗”；是“一颗粮食”，就要“哺育有用的生命”；是“一颗最小的螺丝钉”，就要“永远坚守在你生活的岗位上”，“为未来的人类的生活付出你的劳动，使世界一天天变得更美丽”。

雷锋服务人民、助人为乐是同社会主义建设的伟大实践联系在一起的崇高精神，它不但适用于社会主义计划经济时期，也适用于社会主义市场经济时期，是贯穿建设中国特色社会主义事业和实现中华民族伟大复兴中国梦的长远历史时期的一种精神动力。在当今社会，我们遵守社会公德，传承民族美德，弘扬革命传统，绝不可忽视孕育着这种美德和传统的服务人民、助人为乐的品德。危难面前，是视而不见，还是见义勇为？是幸灾乐祸，还是挺身而出？是落井下石，还是救危赴难？这是个道德选择的问题，也是衡量我们道德水平的问题。我们选择什么？雷锋短暂而伟大的一生，给我们提供了鲜明答案，树立了一面鲜红旗帜。他“毫不利己，专门利人”的行动，他在“无限的为人民服务”中寻求幸福的情操，给我们做出了最好的回答。他不愧为新时代最懂得“为谁活着，怎样做人”的杰出代表。

雷锋告诫自己，“我要牢记这样的话，永远愉快地多给别人，少从别人那里拿取。”“给”就是奉献，“拿”意味索取。显然，“拿”比“给”要轻松得多，但是“给”比“拿”有意义得多。个人的一点点付出，如果能解他人一时之困，甚至改变别人的一生，还有什么比这更令人愉悦的呢？给予的底蕴是高尚的情操，给予的收获是美丽的人生。今天的人们，你是否从雷锋的善举中体会到，实现自己向社会向人民的奉献，是人生的一种莫大快乐！这种快乐能促使人们把心中的热能全部释放出来，不但用熊熊的生命之火给人间增添温暖，用璀璨的生命之光照亮人们前行的道路，而且会使自己的思想境界不断升华，让生命永远充满活力。

“白云奉献给草场，江河奉献给海洋，我拿什么奉献给你，我的朋友。白鸽奉献给蓝天，星光奉献给长夜，我拿什么奉献给你……”爱心奉献和乐于助人的行动如同奥运会的火种，一棒接一棒地传递下去，火种所到之处播撒下阳光，温暖着他人，它是我们人类最高的行为境界。它的单位无法用度量去衡量，它的价值无法用金钱来衡量，其分量可以用无价之宝来概括，这是人间至高无上的精神财富。爱心奉献和乐于助人不一定是惊天动地的大事，很多是那些十分普通的小事，做点好事并不难，难的是一辈子都能做到爱心奉献和乐于助人。青少年朋友们要摈弃私心杂念，不能处处为个人利益着想，遇事要多替别人考虑，主动伸手帮助那些需要帮助的人。在帮助别人的同时，自己也收获快乐。我们还要脚踏实地，哪怕是简单的小事，也要踏踏实实去做。人生是一场苦旅，让我们用爱的大伞撑起，装着我们共同的感动，盛着我们共同的欢笑。捧一缕阳光，让温暖的助人之爱撒满世界的每一寸土地，用心温暖彼此，点亮人生。

二、艰苦奋斗，做朴实无华勤俭节约的青少年

【雷锋大讲堂】

（一）艰苦奋斗是一种意识，更是一种能力

艰苦奋斗是中华民族的传统美德，是我们党战胜任何艰难险阻的传家宝，是取得革命、建设和改革巨大胜利的宝贵精神财富，是一种高尚的道德情操。

五千多年文明史上，中华民族在艰苦的自然条件和严酷的社会环境中，锻炼和培育了吃苦耐劳、勤俭持家、艰苦奋斗的精神，中国人民历来视勤劳为安身立命、齐家治国之本，在物质生活上强调知足常乐，在精神生活上强调淡泊明志。正是有了艰苦奋斗精神，中国人民才创造了千秋灿烂的中华文明，艰苦奋斗成为中华民族引以为自豪的民族精神。

中国共产党人继承和发展了中华民族艰苦奋斗的优良传统，使之升华为党的优良作风。中国共产党在磨难中应运而生，在浴血奋战中艰难发展，靠着艰苦奋斗精神取得了革命、建设和改革开放的不断胜利，在实践中培育和形成了井冈山精神、长征精神、延安精神、红旗渠精神、“两弹一星”精神等富有时代内涵的崇高精神。毛泽东、周恩来、朱德等老一辈无产阶级革命家在革命和建设的实践中自觉践行艰苦奋斗作风，为全党树立了光辉典范。

新中国成立后，毛泽东同志深刻地指出：“根本的是我们要提倡艰苦奋斗，艰苦奋斗是我们的政治本色。”[①]因为经历了艰难曲折的抗争、探索、奋斗，我们党格外珍惜来之不易的历史经验，把艰苦奋斗提高到政治本色和精神支柱的高度。提倡艰苦奋斗，绝不仅仅是为了重温历史，而是针对当前形势和环境、任务和挑战提出的要求。

---

① 毛泽东在党的八届二中全会上的讲话. 1956-11-15.

可以说，“艰苦奋斗”在任何时期都有其历史意义。“宝剑锋从磨砺出，梅花香自苦寒来”。人们的美好理想都不可能唾手可得，都离不开艰苦卓绝的努力奋斗。一分耕耘一分收获，我们的国家，我们的民族从积贫积弱一步一步走到今天的繁荣发展，靠的就是一代又一代人的顽强拼搏，靠的就是中华民族自强不息的奋斗精神。

当前，我们既面临着重要的发展机遇，也面临着前所未有的困难和挑战。梦在前方，路在脚下，自强者胜，自胜者强。实现我们的发展目标，需要广大青少年锲而不舍、苦干实干的努力奋斗。就像习近平总书记所说的“青年一代必将大有可为，也必将大有作为”，这是长江后浪推前浪的历史规律，也是“一代更比一代强”的青春责任。

因此，在当下大跨越大发展的新时代，当代青少年更要弘扬艰苦奋斗、开拓创新的精神，肩负起时代赋予的历史使命，以中华民族伟大复兴为己任，志存高远，脚踏实地，锐意进取，创新创业。当人的内心期望与目标融合一处的时候，就会自觉地生发出一种强大的精神力量，使自己富有强烈的责任感和使命感去坚持不懈地完成任何一项艰巨的任务。我们要做的就是立下愚公移山志，咬定青山不放松。在激情奋斗中绽放青春的光芒，到基层和人民中去建功立业，真正为社会主义现代化建设贡献自己的一份力量，为中华民族复兴大业添砖加瓦，在实现中国梦的伟大实践中书写别样的精彩人生。我国仍处于并将长期处于社会主义初级阶段的基本国情没有变，仍然是世界上最大的发展中国家的国际地位没有变。我国人均资源少，经济基础比较薄弱，改革发展稳定的任务很重，要全面建成小康社会、实现中华民族伟大复兴中国梦，仍然任重道远，还需要一代又一代人的努力奋斗。

艰苦奋斗，就其本质意义来讲，是一种迎难而上、坚韧不拔、克勤克俭、顽强拼搏、不怕牺牲、不达目的誓不罢休的精神风貌。这种精神任何时候也不会过时，但艰苦奋斗的内涵是随着历史发展而不断变化的，在不同历史时期和不同现实条件下艰苦奋斗有着不同的内容和表现形式。

在新时代提倡艰苦奋斗、勤俭节约，不是叫人们重复过去的穷日子，而是要把传统和现实结合起来，坚持艰苦奋斗的思想境界和精神追求。具体讲，艰苦奋斗体现在以下几个方面。

思想上，要敢于牺牲、乐于奉献。青少年应毫无保留地把自己的力量、知识和才能倾注到工作中，把远大理想和最终实现全体人民共同富裕的远大目标结合起来，把个人价值的实现和全面建成小康社会的大业紧密联系起来，为了党和国家的利益、为了人民群众的利益保持艰苦奋斗精神长期不动摇。

观念上，要解放思想、敢为人先。艰苦奋斗的核心是奋斗，包含着开拓、创新。只有解放思想、实事求是，才能摆脱陈旧的传统观念和思维定式的束缚，创立适合实际的思想方法；也只有积极探索、敢为天下先，才能创造新业绩，艰苦奋斗精神也才能转化为创业的物质力量。

工作上，要不怕艰苦、勇于拼搏。无论条件如何艰苦或恶劣，也无论前进路上有多少困难和险阻，决不退却，勇往直前。

精神上，要意志坚定、毅力顽强。从事任何一项伟大的事业，都难免遇到这样或者那样的挫折。如果没有坚定的信念，没有矢志不渝、百折不挠的精神，就会使事业半途而废。只有把“干劲”同“韧劲”有机地结合起来，才能永远立于不败之地。

生活上，要艰苦朴素、克勤克俭。只有保持艰苦朴素、克勤克俭的情操和美德，才能抵制腐朽没落思想和生活方式的侵蚀，不失艰苦奋斗之志。习近平总书记指出：“抓改进工作作风，各项工作都很重要，但最根本的是要坚持和

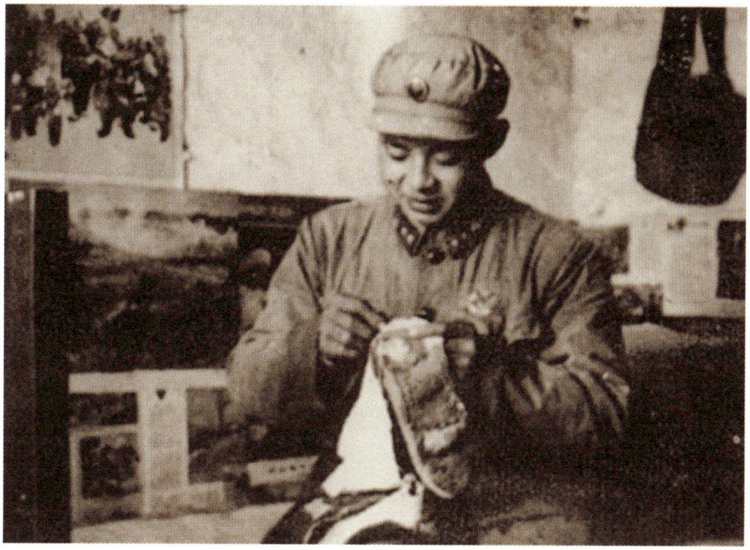

图4-11 雷锋在缝补自己的袜子

发扬艰苦奋斗精神"，"艰难困苦，玉汝于成。"[①]艰苦奋斗任何时候都不过时。即使有一天，国家的综合国力和人民生活水平赶上或超过了发达国家，我们也没有忘本的理由。在新时代，我们必须牢固树立艰苦奋斗信念，大力弘扬艰苦奋斗精神，头脑中始终绷紧艰苦奋斗这根弦。

发扬艰苦奋斗的优良作风，必须坚决反对贪图安逸、追求享乐的不良风气。人们对那种养尊处优、过着奢侈生活的人十分反感。为此，青少年要自觉抵制讲排场、比阔气、铺张浪费等享乐主义和奢靡之风；大力弘扬中华民族勤俭节约的优秀传统，大力宣传节约光荣、浪费可耻的思想观念，努力使厉行节约、反对浪费在全社会蔚然成风。同时，要不断校正自己的世界观、人生观、价值观，自觉做到自重、自省、自警、自励，在全社会弘扬勤俭节约、艰苦奋斗的优良作风。

（二）向雷锋叔叔学勤俭节约、艰苦奋斗

雷锋的一生，是艰苦奋斗、勤俭节约的一生。雷锋出身贫苦，在旧社会，他的哥哥因受伤而病死，他的弟弟因饥饿而死，他自己也濒临死亡的边缘。他深知生活的艰辛。因此，他工作和生活中的一言一行都体现出中华民族自强不息、勤俭节约的传统美德。他在苦难环境中磨练意志，在艰苦条件下砥砺品行，始终保持昂扬向上、乐观进取的良好精神状态。雷锋处处为党和人民分忧，时刻想着国家的困难、人民的困难，在生活上"向水平最低的同志看齐"，对待工作"像夏天一样的火热""向积极性最高的同志看齐"。他勤俭节约、生活朴素，坚决反对贪图享受、铺张浪费，把点点滴滴节省下来的钱用于支援国家建设，用于帮助解决他人的困难。

我们知道，以往许多人的勤俭是被动的，是"不得不"；而雷锋的艰苦朴素、勤俭节约不同，他纯粹是自觉自愿，因而做得更完全彻底。无论是在哪里，不管在什么困难环境里，雷锋对于工作总是勇挑重担、精益求精。他在生活上对自己要求很严，袜子总是补了又补、补丁盖住了原来的模样；衣服又旧又破，补了之后还穿在身上；他的牙刷用了七八个月，毛掉了还舍不得扔，牙

① 习近平总书记在中纪委十八届二次全会上的重要讲话.

膏是从别人扔掉的牙膏皮中挤出来的。部队发夏装，每人两套单军装、两套衬衣、两双鞋子，他只领一套。经常把部队发的衣服、皮鞋、毛巾、袜子，用不完的都存起来，用以支援灾区。他的“节约箱”里，装着平时捡来的破铜烂铁、玻璃瓶、螺丝帽、边角料，也装着平时在水沟里、垃圾堆里捡起的半箱牙膏皮。

【雷锋故事会】

（一）“抠”得要命的雷锋

雷锋始终保持着劳动人民的本色，生活十分简朴，从来舍不得随便花一分钱。

他在日记中要求自己，“要记住：在工作上，要向积极性最高的同志看齐；在生活上，要向水平最低的同志看齐。”参军后，他每月的津贴费，除了留下一角钱交团费，两角钱买肥皂，再用些钱买书，不断充实他的“小图书馆”（战友们这样称呼他装书的挎包），其余的钱全部存入储蓄所。他穿的袜子，补了又补，不知补了多少次了，最后已经补得完全改样了，还舍不得丢。他的搪瓷脸盆和漱口缸儿已经用了多年，上面的瓷掉了许多，他也舍不得换个新的。他有一件夹衣，是从湖南家乡带来的，已经很破旧了，但他洗了又洗，补了又补，还穿在身上。

天快暖了，连队发放夏装，每人两套单军装，两套衬衣，两双鞋。当司务长把这些东西发给雷锋的时候，他说：“我只领一套军装、一件衬衣、一双鞋就行了。”

“为什么只要一套?”司务长奇怪地问道。

“有一套就够穿的了。”雷锋说，“我现在穿的这套带补丁的衣服，也比我小时候穿的不知要好上多少倍呢。剩下的一套给国家节约啦!”

有一次，他去参加沈阳部队工程兵召开的运动会，大热的天，做完了规定项目，真是又热又渴。他掏出钱来想去买瓶汽水，可巧，这时供水站送来了开水。他又把钱收起来，转身走了。一个战友问他，“雷锋，怎么又不买啦?”

“喝点开水不是一样解渴嘛。”雷锋笑笑说。

"雷锋啊，你就一个人，攒那么多钱干啥?"

"怎么能说我就一个人，我们祖国大家庭有六亿多人口呢。为了改变祖国一穷二白的面貌，毛主席号召咱们艰苦奋斗，咱们做得还远远不够啊!"

"咱们国家那么大，困难再多，还能缺你那几个钱?"

"积少成多呀，同志!"雷锋说，"你算算，每人一天节约一角钱，全国一天节约多少钱? 咱们当了国家的主人，不算这笔账还行!"

他的这些话使同志们很受启发，都自觉地学习他。大家都注意从节约一粒米、一分钱、一滴油、一度电做起，继承和发扬我军艰苦奋斗的光荣传统。

雷锋是个勤俭节约的战士，凡事都讲节约，浪费了一丁点儿东西都觉得心疼。他钉了一个木箱子，螺丝帽啊，铁丝条啊，牙膏皮啊，破手套啊……里面真是什么都有，他把它叫作"聚宝箱"。要是车上缺了个螺丝，坏了个零件，他都先到"聚宝箱"里找，能代用的就代用。要是擦车布实在烂得不能用了，他就从"聚宝箱"里找出破手套，洗干净了做擦车布。

到部队以后，雷锋没有买过牙刷、牙膏、香皂和手巾等生活用品，一直用着在入伍时工厂送给他的一套牙具和一块香皂。就拿雷锋那把牙刷来说，用了七八个月，毛都掉了一半了，他依然舍不得丢掉。只有过年过节到哪里学习、开会，雷锋才带上块香皂用，其他时间他就用肥皂。他用的洗脸盆、漱口杯，上面的搪瓷几乎全掉光了，他也舍不得换新的。有一次，班上一个战友买回一把新牙刷，就把那个旧的丢掉了。雷锋看到那个旧的比他的还好，就从地上捡

图4-12 雷锋生前使用过的节约箱

了起来，经过消毒，自己接着使用。当时那位战友还说雷锋是个小气鬼，问他：“你连买牙刷的钱都没有啦?”雷锋认真地对他讲：“这个牙刷很好哇，还可以继续使用，为了节约嘛!”

雷锋还到处捡牙膏皮子，因为牙膏皮子里面还有剩下的牙膏，把它挤出来装在一个瓶子里自己使用，所以他从来都没有买过牙膏。他一共捡了80多个牙膏皮子，卖了两元多钱，并把这些钱交给了指导员。

他的袜子补了又补，不知补了多少次，穿了多少年，已经补得变了模样，还舍不得丢掉。他有一件衣服，是从湖南家乡带来的，已经很破旧了，他洗了又洗，补了又补，还穿在身上。连队每次吃完饭，他都把撒在桌子上、掉在地上的饭粒捡起来，捧在手上，送到营房后边的猪食缸里。

有一次，连里的战友们在积肥时，雷锋看见一双破皮鞋，也把它捡起来。有的同志嘲笑道：“雷锋真是个小气鬼，人家说得真不错啊！破皮鞋那么脏，你要它干啥?”雷锋觉得这皮子是国家的工业原料，积攒起来，可以支援国家的工业建设，我们节约必须从小处着手、从大处着想。俗话说：“滴水成河，粒米积成箩。”于是，他把破皮鞋捡起来后洗干净，又卖了一元多钱，把钱又交给了指导员。看到雷锋这样，后来就有人说：“雷锋是傻子，是小气鬼!”

有一年八一建军节，部队安排雷锋和他们团的老政委参加军区的一个军民

图4-13 雷锋在清扫汽车上撒落的水泥

联欢会。一大早，天就下起了大雨。从雷锋所在连队到团部距离15公里多，满是泥泞的乡间土路上，公共汽车停开了。雷锋不愿意为自己一个人开动连里的汽车，他提前三个多小时起床，披了件雨衣，把裤脚卷到膝盖，赤着脚步行十几公里，提前赶到团部。一位领导见他那身崭新的军装被雨淋得紧贴在身，心疼地问他："你为什么不开车来呢?"他憨笑着说："就我一个人，用车太浪费。我又年轻，走一走就行。"

建筑工地上，尘土飞扬。雷锋驾驶着汽车给工地运水泥。下班时，他发现车子上撒落了一些水泥。这本来是司空见惯的事，而且和驾驶员关系不大。可是，雷锋却觉得这是国家的财产，一点一滴也不能浪费。于是，他不顾劳累，每天到各个车上打扫水泥。不到两个月，他就积累了1700多斤……

（二）雷锋三次百元捐款的故事

雷锋对自己"抠"得要命，可是也有特别大方的时候，只不过都是为了别人。

那是1960年5月的一个星期天，雷锋上街办事，看到成千上万的人正在热烈庆祝和平人民公社成立。他想，一个新成立的人民公社定会有很多困难，作

图4-14 雷锋为和平公社成立捐款

为一名人民子弟兵，应以实际行动去支援。雷锋很快出现在和平储蓄所的营业柜台前。他每个月来存一次钱，储蓄所工作人员都认识他。业务员王玉珍一见他来了，热情地招呼说："又来存钱啦?""不是存，是取。"雷锋说："我是来取钱的。""取? 取多少?""取200元。"

雷锋入伍后每月津贴费仅为6元钱，存折上的这笔钱主要是他在地方工作那几年攒下的"家底"。一次取出这么多钱，又是熟人，业务员一边办理付款手续一边顺口问道："家里有事等钱用吧?"王玉珍显然不知道雷锋是孤儿。"家? 对，是给家里用。"雷锋答道。说话间，雷锋又出现在抚顺市望花区和平人民公社办公室里。

他走到一张办公桌前，解开军装上衣靠近领章的纽扣，从衬衣的口袋里掏出那200元钱，双手捧着说："这是我对新成立的和平人民公社的一点心意，请收下吧。"10元一张，厚厚的一沓人民币，带着一名士兵的体温，捧在一名士兵的手上。办公桌后面的一位工作人员慌忙站起来，显得有些不知所措。

"这钱是我的捐献，实在不多。"雷锋解释说。原来是这样！对方顿时激动起来。但是，公社成立是否可以接受捐款，既没有文件规定，也没有上级指示可依。而且，一个士兵能有多少钱，一捐就是200元呀！

"解放军同志，你关心人民公社的心意我们收下，这钱我们不能收。你还是留着自己用，或者寄回家吧。"一听工作人员提到"家"，雷锋心里一阵酸楚，沉默片刻后说："我没有自己的家，现在部队驻在望花区，望花区就是我的家，人民就是我的父母。这钱是人民给我的，我把它还给人民……"话说到这个分儿上，还能怎么着呢? 公社的同志答应收下一半，让雷锋留下一半。再就是，捐款人必须签字立据，留下真实姓名和地址，否则决不能收。雷锋看看没得商量，只好照办。

不久，弓长岭一位工友来信说，辽阳发大水，太子河泛滥成灾，交通阻断，许多村子和庄稼被淹，焦化厂也停工待料。这封信对雷锋震动不小，加上广播和报纸传来的消息，雷锋愈来愈真切地感受到灾情的严重。很快，他把一张绿色汇款单附加一封信寄给了辽阳市委。雷锋在信里写道："我是从辽阳参军入伍的，辽阳是我的第二故乡。辽阳遭受水灾，作为一名人民解放军战士，我要挺身而出，以实际行动来支援灾区人民。希望辽阳市委收下这100元捐款。”同时，雷锋还寄来一张拉手风琴的4寸黑白照片，照片上写着“青春之歌”四个字，照片背后写着：

“赠给：辽阳市委留念。7343部队15分队雷锋，60.8.28。”

图4-15　雷锋得知辽阳地区遭到百年不遇的洪灾，立即把剩下的100元捐献给灾区人民，并写了一封慰问信寄给辽阳市委

1961年9月上旬，雷锋接到河南省巩县驻驾庄公社干沟民办小学一位老师的来信。信中说，因近两年遭到严重自然灾害，民办学校遇到一些困难。干沟小学师生从报纸上读到雷锋事迹，感知到雷锋那颗博大的爱心。虽然他们知道雷锋每月津贴只有6元钱，而且已经把钱倾囊捐给了灾区，但还是抱着试试看的心理向雷锋伸出了求援之手。雷锋向指导员高士祥报告了此事。

高士祥看完来信，颇感为难，他对雷锋说：“时下有困难的地方很多，不是一个干沟小学，我知道你已经没有什么存款，这点钱救不了多少难。”雷锋沉思良久，说：“我想卖掉自己的衣服和皮鞋，可以凑点钱。”高士祥没有同意雷锋的这种打算，原因是把衣服和皮鞋拿到自由市场去卖，有违部队的纪律。雷锋心里感到很不安，似乎看到了孩子们食不果腹又渴求知识的眼神。高士祥想了想说，可以请部分官兵为干沟小学捐点款。雷锋说，信是写给他的，不能麻烦其他人，再说眼下不少战士家中都有困难。

那些天，雷锋睡不着觉，吃不下饭，左思右想，后来还是将自己积攒的津贴费100元寄给了干沟小学。钱寄出去后，他在日记中写道：“我为人民尽力了，心里也快活了。”1962年初，雷锋又一次致信干沟小学，询问学校办学情况，还需要什么帮助。所有这些，都成了干沟小学师生温暖至深的记忆。

【雷锋日记摘】

1959年11月×日

我们在建设焦化厂当中，住不好、吃不好和工作环境不好等，这些困难都是暂时的、局部的、可以克服的。只要我们有叫高山低头、河水让路的气概，是没有战胜不了的困难的。

1961年3月16日

世界上最光荣的事——劳动。

世界上最体面的人——劳动者。

1961年3月×日

什么是时代的美？战士那褪了色的、补了补丁的黄军装是最美的，工人那一身油渍斑斑的蓝工装是最美的，农民那一双粗壮的、满是厚茧的手是最美的。劳动人民那被烈日晒得黝黑的脸是最美的，粗犷雄壮的劳动号子是最美的声音，为社会主义建设孜孜不倦地工作的人的灵魂是最美的。这一切构成了我们时代的美。如果谁认为这并不美，那他就不懂得我们的时代。

1961年4月28日

现在，我们国家处于困难时期。我们是国家的主人，应该处处为国家着想，事事要精打细算，不能今朝有酒今朝醉、明日愁来明日忧。我们要奋发图强、自力更生，克服当前存在的暂时困难，坚决反对大吃大喝，力戒浪费。……

同志，你是否意识到您的一切生活在幸福之中？可能意识不到，也可能意识到了。当您能吃一顿饱饭，穿上一套衣服，能当家作主，自由地生活，你有如何感觉呢？有一种说不出的幸福感。这是党和毛主席给您带来的，是革命前辈流血牺牲给您带来的。

1962年4月4日

有人说：人生在世，吃好、穿好、玩好是最幸福的。

我觉得人生在世，只有勤劳，发奋图强，用自己的双手创造财富，为人类的解放事业——共产主义贡献自己的一切，这才是最幸福的。

【拓展报告厅】

“草鞋书记”杨善洲：筑起绿色丰碑

图4-16 “最美奋斗者”杨善洲

“只要生命不结束，服务人民不停止。”这是杨善洲生前说过的一句话，也是他一生的写照。杨善洲退休后回到家乡云南施甸植树造林，奉献到生命的最后一天，在曾经山秃水枯的大亮山筑起一片绿洲。

杨善洲1951年参加工作，1952年11月加入中国共产党，先后任云南省施甸县委书记、保山地委书记等职。他始终保持着淳朴的农民本色：一辈子爱和群众一起劳动，下乡时常把锄头带在身边，还喜欢戴草帽、穿草鞋，被当地群众亲切地称为“草鞋书记”。

面色黝黑、双手长满老茧的他常说："和农民在一起了解到的情况最真实。"

1985年，云南省昌宁县金华乡遭受严重水灾，时任保山地委书记杨善洲立即主持开会，提议暂停在建的地委办公大楼，把资金用来救灾。有些同志有意见，杨善洲反问："如果眼看着人民群众受苦，我们却悠闲地坐在富丽堂皇的大楼里，你不觉得有愧吗?"

在职期间，杨善洲坚定不移地贯彻执行党的路线方针政策，带领干部群众发展粮食生产、推广科学种田、开展多种经营、兴修水利设施，为改变贫穷落后面貌、让老百姓过上好日子不懈奋斗，把深山大沟建成了全国闻名的"滇西粮仓"。

1988年，61岁的杨善洲从保山地委书记的岗位上退休后，主动放弃进省城昆明安享晚年的机会，卷起铺盖扎进大亮山，带领群众历尽艰辛义务植树造林。

"大亮山、大亮山，半年雨水半年霜……"在极度恶劣的环境中，最初用树枝搭的窝棚，不到半年就被风吹烂了。杨善洲就领着林工一边造林，一边建房。山里风大、雨多、潮湿，他在油毛毡房一住就是9年多。吃饭、办公的桌

图4-17 感动中国2011年度人物杨善洲

椅、床铺，也因陋就简。

很长一段时间里，杨善洲和林工们带上工具，到处寻找树苗。每年的端阳花市是保山的传统节日，他就带头到花市街上捡果核。实在捡不完，就发动林工一起去捡。没有肥料，大家提着粪箕到村寨路上捡牛马猪粪作底肥……

22载辛勤耕耘，杨善洲带着干部群众，植树造林5.6万亩，让大亮山披上绿装。他还带领大家修建林区公路18公里，架设输电线路4公里多，让大亮山附近的群众过上通路通电的生活。

2009年4月，杨善洲将价值超过3亿元的大亮山林场经营管理权无偿交给国家。他对群众满怀深情，经常拿自己的工资接济困难群众，为他们买粮食、购种子、送衣被；而对自己和家人却始终严格要求，从没用手中的权力为亲属办过一件私事。

不忘初心，奉献一生。2010年10月10日，杨善洲因病逝世。他的模范事迹和崇高精神，为党员干部特别是领导干部为政、干事、做人树立了一面光辉的旗帜。

杨善洲在退休之后，获得“全国绿化十大标兵”“全国绿化奖章”“全国老有所为先进个人”等众多荣誉，被誉为“活着的孔繁森”；成为2011年全国道德模范候选人，感动中国2011年度人物。2018年12月18日，党中央、国务院授予杨善洲同志改革先锋称号，颁授改革先锋奖章。杨善洲获评为不忘初心、奉献一生的退休干部楷模。2019年9月25日，杨善洲获得“最美奋斗者”荣誉称号。

【雷锋文化吧】

（一）辽宁省雷锋研究会

辽宁省雷锋研究会是依托抚顺市雷锋资源优势，由辽宁石油化工大学首倡的有法人资格的省级学术性社会团体。研究会以辽宁省社会科学界联合会为业务主管单位，由辽宁省民政厅负责业务指导和监督管理，行政挂靠辽宁石油化工大学。研究会成立于2008年10月，由辽宁石油化工大学雷锋学研究中心负责日常工作。

辽宁省雷锋研究会作为一个学术性社会团体，现有专兼职理事148人，由从事思想政治工作的党政机关和企事业单位领导干部、雷锋生前战友、多年潜心从事雷锋学研究的国内知名专家学者，以及高校、科研单位学历层次高、科研能力强的高层次人才组成。辽宁省雷锋研究会自成立以来，以“融通历史现实、推动理论创新、促进精神传承、服务社会发展”为宗旨，按照“高水平、有特色、善创新”要求，主动担当“学术创新、精神传承、资政服务”三大使命，把研究会建设成辽宁雷锋研究的学术高地，雷锋精神育人铸魂的实践阵地，服务于辽宁发展的思想园地，服务于党的建设的特色智库。

近年来，在全体理事、会员的共同努力下，辽宁省雷锋研究会取得了可喜的成果。先后出版了《学雷锋运动的历史思考》《雷锋的足迹》《学雷锋活动回顾——跨世纪的思考》《雷锋传》《雷锋精神教程》《雷锋精神概论》《雷锋精神探索与实践》《雷锋精神与先进文化》《雷锋精神与社会主义核心价值体系》《雷锋精神与公民道德建设》《学雷锋活动常态化》《雷锋精神与志愿者服务》《责任——与企业员工谈雷锋精神》《论雷锋精神与社会主义核心价值观》《雷锋精神与中国梦》《雷锋校园种子工程》《中华雷锋号》《锋芒淬砺》《锋采卓砾》《新时代雷锋精神探研》等著作；承担并完成了多项省部级学术课题；创办了“中华雷锋号”微信公众平台和《雷锋文化研究》刊物，在全国雷锋人中有较大的影响力；先后以“雷锋精神与和谐社会建设”“雷锋精神与城市文化建设”“雷锋精神与先进文化”“雷锋精神与中国梦”“雷锋精神与社会主义核心价值观”“雷锋精神与辽宁精神”“雷锋精神与‘两学一做’”“雷锋精神与立德树人”“弘扬雷锋精神，培育时代新人”“雷锋精神与初心使命”为主题成功举办十届雷锋精神论坛，受到了国内外舆论的广泛关注和好评。雷锋精神论坛现已成为国内较有影响力的品牌论坛。

辽宁省雷锋研究会的使命是以习近平新时代中国特色社会主义思想作为行动指南，以党的二十大精神为指引，充分运用与发挥辽宁是雷锋文化资源大省的优势，让雷锋精神走进新时代，培育和践行社会主义核心价值观，把党的二十大精神落实到雷锋研究会的各方面和全过程，不忘初心、牢记使命，努力开创雷锋研究工作的新局面，用扎实的工作、创新的研究成果为加快推进辽宁全面振兴、全方位振兴和高质量发展，夺取新时代中国特色社会主义伟大胜利、实现中华民族伟大复兴中国梦贡献力量。

（二）雷锋系列微视频《你的样子》

第十一集《执着》　　第十二集《出发》

【作者如是说】

（一）勤俭节约从我做起

记得刚踏入小学的大门时，老师就教我们背诵一首诗："锄禾日当午，汗滴禾下土。谁知盘中餐，粒粒皆辛苦。"

千百年来，勤俭节约一直是中华民族的传统美德。一个没有"勤俭节约"

图4-18　雷锋拾粪（绘画：雷锋辅导过的学生刘静）

精神的国家，是难以繁荣昌盛的；一个没有勤俭节约精神的社会，是难以长治久安的；一个没有勤俭节约精神的民族，是难以自立自强的。有的同学会问："勤俭节约我能做什么?"答案很简单：从我做起，从身边的小事做起。

雷锋精神包含的艰苦奋斗、勤俭节约的内容，正是今天我们在建设新时代中国特色社会主义伟大事业中仍然需要的精神。我们提倡艰苦奋斗、勤俭节约，并不是说有大楼不住却去住草棚，有米饭不吃却去吃野菜，而是要像雷锋那样正确对待学习、工作和生活，要珍惜今天的幸福生活，从小养成艰苦奋斗、勤俭节约的美德。不浪费任何财物，不去花不该花的钱，不和别人比吃穿，勤奋学习，努力为人民创造财富、多作贡献。

回想我们在学习和生活中，是否注意到节约每一滴水、每一度电、每一张纸……而事实上，往往是我们在不经意中造成了很多浪费。许多纸张只写了几个字就扔进了废纸篓；阳光明媚的日子，教室里还亮着灯；吃完饭的桌上，到处是撒落的米粒；洗完手，卫生间水龙头一直滴滴答答地流水，有时甚至还听到哗哗的流水声……其实稍加注意，我们可以做得更好，但往往忽视了这些细节。在物质生活日渐富裕的今天，"勤俭"这个曾经被普遍推崇的品格，正在被越来越多的人遗忘。有的人认为节俭丢面子、失风度，把铺张浪费当成了显示身份地位的象征。盲目攀比、摆阔、炫富……这些现象与勤俭节约的传统美德背道而驰。为什么会出现这样的现象？关键是我们的脑海中没有节约的意识，更没有养成一种良好的节约习惯，并形成一种观念。我们需要在全社会改变那种所谓的虚荣心理，重新认识老祖宗留下的传统美德。

勤俭节约不是一时的，而是永恒的话题。让我们积极行动，从身边不经意的小事做起，一人一小步，将会带动社会发展的一大步！让我们用实际行动，为建设节约型社会、节约型校园、节约型家庭而努力吧。

（二）养成勤俭节约的好习惯

"历览前贤国与家，成由勤俭败由奢"，"勤俭持家久，诗书济世长"。这些都是我们耳熟能详的佳句，证明了勤俭节约对国家、家庭的富裕起着决定性作用。

艰苦奋斗是我们的传家宝。我们学习雷锋，弘扬雷锋精神，就是要像他那样勤俭节约、艰苦奋斗，自觉为国分忧，乐于奉献。我们国家人口多，底子薄，经济、文化基础薄弱。要实现中华民族伟大复兴中国梦，需要有一个艰苦奋斗的过程，这就更需要我们自觉地把艰苦奋斗精神发扬光大。虽然说走进了新时代，我们国家发生了翻天覆地的变化，物质生活、文化生活和精神生活都有了很大的提高，但勤俭节约、艰苦奋斗的精神不能丢，更需要大力提倡，需要我们发扬光大。雷锋精神依然是激励我们奋发前进的可贵的精神财富。勤俭节约是一种美德。一个懂得勤俭节约的人，一定会为未来打算，他在物质生活富有的时候，就一定会为将来可能的不幸做好准备；一个没有头脑的人，根本不会为将来着想，他会大手大脚地把全部收入都花光。一旦遇到急难，就会手足无措。

勤俭节约是一种精神。勤俭节约不仅关系到对钱物的科学支配，而且关系到精神层面上节约意识的树立。勤俭节约与生活中的每一件小事息息相关。一个人要理智地使用自己的时间和精力，要养成严谨细心的生活习惯。勤俭节约就意味着科学地管理自己，管理自己的时间与金钱，意味着最明智合理地利用我们一生所拥有的资源。

勤俭节约是一种责任。我们提倡勤俭节约，不再是纯粹的理念，而应当是我们的自觉行为。青少年朋友们，行动起来吧！让我们携手并肩，开展节能、节水、节电活动，增强节约意识，养成节约习惯。把“勤俭节约”当作我们义

图4–19 勤俭节约公益广告语

不容辞的责任。只有这样，我们才能弘扬中华民族的传统美德，培养良好的行为习惯，成为一个像雷锋那样受人尊敬的道德楷模。

古人有训：“一粥一饭，当思来之不易；半丝半缕，恒念物力维艰。”历史和现实告诉我们：小到一个人、一个家庭，大到一个国家、整个人类，要想生存，要想发展，都离不开“勤俭节约”这四个字。观察我们的周围，浪费现象就在身边，如：关不紧的水龙头、白天亮着的电灯、吃剩被扔掉的馒头、地上到处洒落的粮食等。在中国，一件小事如果乘上14亿人口就是大事。如果每人浪费一点资源，加起来就非同寻常；如果每人节约一点资源，加起来就是一笔巨大财富。节约是一种美德，节约是一种智慧，节约更应该成为一种习惯和风气。今天，我们应该大声倡议：让我们积极行动起来，牢固树立节俭意识，“让节俭成为习惯”“让节俭成为生活方式”；坚持从自己做起，从每一天做起，节约每一滴水、每一度电、每一粒粮食，从一点一滴的小事做起。只有时时处处、点点滴滴都注意节俭，我们才能节约资源；从我做起，我们的地球家园才会永远美丽富饶。

第五章 05

迸发进取锐气　练就过硬本领

有进取的锐气，要不畏难事。做到在挑战面前不回避、问题面前不推脱、挫折面前不退步，凭借敢为人先的锐气，在挑战中发现机遇、在问题中找到出路、在挫折中磨练成长；有进取的锐气，要积极进取。“百舸争流奋楫者先”，要敢于走前人没有走过的路，以一往无前的气概和无畏无惧的意识，将学到的理论与自身的实践紧密结合，不断取得新成绩。

“我愿在暴风雨中，艰苦的斗争中锻炼自己，不愿在平平静静的日子里度过自己的一生。”“钉子有两个长处：一个是挤劲，一个是钻劲。我们在学习中，也要提倡这种钉子精神，善于挤，善于钻。”雷锋在学习和工作上永不满足、永不懈怠，体现了自强不息、锐意进取的蓬勃朝气。青少年要像雷锋那样保持进取的锐气，在学习上发扬钉子精神，用练就过硬的本领支撑爱国之行。

“学习是成长进步的阶梯，实践是提高本领的途径。”爱国是一种炽热的情感，更是一种自觉的行动。没有一身真本领，爱国热情就是空谈。新时代青少年弘扬雷锋精神，在新时代建功立业，就要练就一身真本领。历史是一个接续演进的过程，每一代人都有每一代人的使命，每一代人都要完成每一代人的长征。行进在新时代中国特色社会主义征程中，青少年要建功立业，完成时代赋予的使命，就要向雷锋叔叔学习，锐意进取，做自强不息刻苦钻研的青少年；严于律己，做以身作则遵纪守法的青少年。树立“学不可以已”的观念，把学习作为首要任务，增强学习的紧迫感，心无旁骛、如饥似渴、孜孜不倦地求知问学，把成长的基石打深打牢。努力学习马克思主义立场观点方法，努力掌握科学文化知识和专业技能，努力提高人文素养，在学习中增长知识、锤炼品格，在工作中增长才干、练就过硬本领，在实践中认识国情、了解社会，让勤奋学习成为青春远航的动力，让增长本领成为青春搏击的能量，以实实在在的行动投身到伟大的实践中，以真才实学服务人民，以创新创造贡献国家。

一、锐意进取，做自强不息刻苦钻研的青少年

【雷锋大讲堂】

（一）进取创新是一种态度，更是一种精神

中共十八届五中全会提出，坚持创新发展，把创新摆在国家发展全局的核心位置，不断推进理论创新、制度创新、科技创新、文化创新等各方面创新，让创新贯穿党和国家一切工作，让创新在全社会蔚然成风。

1. 进取创新深植于中国传统文化中

众所周知，历史上曾经灿烂于世的古埃及文化、古巴比伦文化、玛雅文化因未能确保其祚运不移，最终都衰落乃至毁灭了；而中华文化却如凤凰涅槃，浴火重生，历经五千年而长盛不衰、永葆青春。这其中一个重要的原因就在于中华民族在传统文化中铸就了一种积极变革自然和社会、大胆提炼融合各种文化、勇于自我创新的精神，并形成历史传承性，融入民族的文化血液，以其独特的风貌活跃于社会发展实践中。

（1）刚健进取的自强精神。这是中华民族创新精神的不竭源泉。翻阅中国古典著作，那些极富哲理的警世箴言比比皆是。《易传》曰：“天行健，君子以自强不息。”《礼记》云：“苟日新，日日新，又日新。”《论语·子罕》载：“譬如为山，未成一篑，止，吾止也。”“譬如平地，虽覆一篑，进，吾往也。”这些正是中华民族刚健进取、自强不息精神的集中概括和生动写照，它表现为一种不断进取、不断创新的积极的人生观。譬如，从自然环境来看，独特的地理环境给中国人民提供了创造农业文明的条件，但并非十分优越。桀骜不驯的黄河经常泛滥，每一次决堤，都曾把辛苦劳作的产业和生灵大片毁灭；但眷念黄土的人们从未从这灾情不断的大河流域退却，黄河文明正是这样创造繁衍、生

生不息。再从社会性灾难来看，中国历史上每一次王朝更迭、外患入侵都有数万生灵涂炭，生产力遭受极大破坏，但每次都是战乱中余生的人们以“而今迈步从头越”的顽强意志重建家园，创造未来。融入民族文化血液的这种自强不息精神，激励着我们民族“以不息为体，以日新为道”，刚健自强，勇于创新，向人类历史贡献了绵延五千年的中华文明。

（2）革故鼎新的变易思想。中国传统文化蕴含着丰富的变易思想，从而内蓄着一种蓬勃的创造活力。《易传》说：“通其变，使民不倦；神而化之，使民宜之。《易》穷则变，变则通，通则久。”这实际上反映了古代中国人的一种创新思维。近代维新变法的思想家康有为将这种观点发挥到极致，他说：“夫物新则壮，旧则老；新则鲜，旧则腐；新则治，旧则板；新则通，旧则滞，物之理也。法既积之，弊必丛生，故无有百年不变之法也。”千百年来，这种革故鼎新的变易思想，成了人们倡导变法、力主创新的理论依据，成了不同时期有道讨伐无道的思想武器，中华民族也因而不断变革现实，不断焕发勃勃生机。战国时期的变法运动，推动了中国社会形态由奴隶制向封建制转化；两汉时期的文化建国运动，确立了全新的政治和文化制度，革新了中国的文化形态；唐代的佛教革新运动，产生了中国特色的佛教禅宗，推动了佛教在中国的发展，丰富了中国的文化内容；近代以来的洋务运动、戊戌变法、辛亥革命、五四运动尽管有程度、目的、性质的不同，但都是对旧有制度、传统和思维的革新，都对中国社会与文化进步产生了积极作用。

（3）心系社稷的忧患意识。从本质上说，忧患意识是一种创新意识，它是人的理性思维为探求客体的内在必然性，对现实存在进行否定性思维的外部情感表现，它是具有创造性、推动性的精神动力。中国传统文化中的这种忧患意识在知识修养较高、社会阅历丰富、具有强烈使命感的知识群体中最为普遍，它并非囿于一时的利害得失和对功利关系的注视，而是表现为对国家、民族和人民命运及利益的强烈关怀和责任感，“先天下之忧而忧，后天下之乐而乐”，道出了一种普遍性的志愿和情怀。“君子安而不忘危，存而不忘亡，治而不忘乱，是以身安而国家可保也。”（《周易》）从这种以兴天下为己任的责任感出发，于是有了“居庙堂之高则忧其民，处江湖之远则忧其君。是进亦忧，退亦忧”这类沉毅冷静的理性思维，就会“原始察终，见盛衰”，善于从一片莺歌燕舞的升平景象中觉察隐患，发出“忧劳可以兴国，逸豫可以亡身”的警示，同时也能在民族危亡、朝政腐败、国民精神整体僵化的危机时刻大声疾呼：我们“有一少年中国在”，借以鼓舞国民、激发斗志。

2. 中华民族伟大复兴呼唤创新精神

中国现在走的改革开放之路，是中华民族正在走向复兴之路，中华民族坚定不移，大步向前继续推进改革开放的路上还会遇到许多不确定的因素和未知的困难；在科学技术方面赶上并超过发达国家，还需要付出艰辛的努力；在中国这样一个幅员辽阔、人口在世界上最多的国家进行现代化建设不是一件容易事，前所未有。

历史上，中华民族保持了近千年的世界领先水平，“在公元3世纪到13世纪之间，中国保持了一个西方所望尘莫及的水平”，中华民族并不缺乏重执世界之牛耳的智慧和勇气，需要的只是时间而已。在中华民族伟大复兴的进程中，我们呼唤的是中华民族的创造力，中华民族的创新精神。改革开放40多年的伟大实践证明：改革开放是决定当代中国命运的正确抉择，是发展中国特色社会主义、实现中华民族伟大复兴的唯一出路；只有改革开放才能发展社会主义、实现中国快速高效发展。

改革开放是前无古人的崭新事业，世界上、历史上没有任何先例可循。作为一场新的伟大革新，改革开放不可能一帆风顺。这就要求我们遇到问题时，

图5-1　中华民族伟大复兴呼唤创新精神

勇于变革、勇于创新，思想不僵化、行动不停滞。只有大力弘扬创新精神，才能克服前进道路上的一切困难。

要实现中华民族的伟大复兴，关键在中国共产党。历史经验表明，中国共产党是不断开拓、不断进取、永远走在时代潮流前面的政党，中国共产党总是勇敢迎接每一次挑战。中国共产党成功的奥秘在于能根据不同形势做出相应调整，坚持走自主创新的道路不动摇，这样的党是永葆生命力的政党。

改革开放给中华民族带来希望，使我们有了千载难逢的机遇，但中国建设现代化的时间与国外发达国家相比非常短，而且我们依然受到发达国家的遏制和威胁。我们的出路在创新，只有以破釜沉舟的勇气自主创新，才能打破限制，不受威胁，闯出中华民族的一片天地。

世事如棋局局新，我们发展的同时别人也在发展，中华民族要想不再落后，只能时时警惕，坚持不懈地走自主创新的道路。创新时代迫切需要创新精神，创新精神决定创新能力。我们愿唤醒中华民族每个人的创新意识，让创新精神在中华大地永放光芒。

（二）向雷锋叔叔学进取创新

雷锋不仅是一个脚踏实地的实干家，而且是一个勇于探索的创造者。他在学习和工作上永不满足、永不懈怠，体现了一种锐意进取、自强不息的创新精神。雷锋把学习作为基本需求，把创新作为重要动力，发扬善于“挤”、善于“钻”的钉子精神，勤奋学习科学理论，刻苦钻研业务知识，努力用现代科学文化知识武装自己、提高自己、完善自己。他始终保持乐观向上、斗志昂扬的状态，始终保持与时俱进、勇往直前的品格，敢于直面挑战、勇于克服困难、善于开拓创新，在创造性的劳动中升华人生价值。

1. 雷锋的创新精神体现了锐意进取的优秀品质

雷锋坚持把学习当成一种人生追求。与此同时，他还能把所学知识充分运用于工作，在创新中为国家和人民谋福利。当雷锋听到有的同志说工作这样忙，实在没有时间学习时，他便根据自己的学习体会，在日记中写下了这样一段话：“要坚守在自己的岗位上。有些人说工作忙、没有时间学习。我认为问题不在工作忙，而在于你愿不愿意学习，会不会挤时间。要学习的时间是有的，问题是我们善不善于挤，愿不愿意钻。一块好好的木板，上面一个眼也没有，但钉子为什么能钉进去呢？这就是靠压力硬挤进去的，硬钻进去的。由此看来，钉子有两个好处：一个是挤劲，一个是钻劲。我们在学习上，也要提倡这种钉子精神，善于挤和善于钻。”这就是人们广为称道的雷锋刻苦学习的钉子精神。在鞍钢工作时，他制订了早晨学一小时，晚上学到10点至11点的自学计划。到部队后工作更忙，没有更多的学习时间，于是，他把学习的书本放在挎包里，人到哪里书到哪里，有空就看上一点。出车回来，他总是要挤出时间来学习。熄灯号响后，为了不影响其他同志休息，他就到工棚、车场、厨房、司务长的宿舍去读书，并且一读就是大半夜。雷锋有时把灯拉到自己的枕头边，用报纸遮盖起来看书。正是由于雷锋这种挤劲，他读的书越来越多，知识越来越丰富。他总是抽出时间阅读《毛泽东选集》，并把它作为自己的思想指南。他在学习毛主席著作中，总结了五步学习法。翻开雷锋读过的《毛泽东选集》，几乎每一篇每一页都画了一些学习重点，边边角角上写着一些阅读心得或眉批。在阅读《纪念白求恩》一文时，他在书上的批注达7处之多。据统计，他在短暂的一生中，共写了9本近20万字的学习心得笔记。

2. 雷锋的创新精神是自强不息的民族精神的集中体现

雷锋仅有高小文化，但特别喜欢学习。他的挎包里始终有书，一有时间就读，思想水平提高很快。毛泽东同志读了他的日记后，称赞他懂点哲学。为干好工作，更好地为人民服务，雷锋先后学会了开拖拉机和推土机、理发、开车、修车等技术活儿。由于个子小，臂短，投弹不行，他就利用休息时间偷偷练习，最后取得了优秀成绩。一个贫苦出身的农村孤儿，在短短四年的革命生涯中，挤出工作、训练和做好事之余的时间，凭着一股钻劲、挤劲，学会这么多技能，工作很出色，多次立功受奖。

【雷锋故事会】

（一）品学兼优的好学生

1949年8月，长沙和平解放。解放了，翻身了，当家做主了！雷锋深切感受到，这世道确确实实变了，变得那么舒心，那么惬意。

政府给翻身农民分田地，雷锋分得二亩四分水田。中华人民共和国成立前，雷家一代接一代佃种地主的田，累弯了脊骨搭上了命，也没落下一寸土地。现在呢，一个孤儿有了自己的田，这可是父辈们活着的时候想都不敢想的。

1950年夏末，安庆乡农会保送孤儿小雷锋免费读书。开学第一天，乡农会主席彭德茂亲自送他去上学。一年多以前他还是蓬头垢面、破衣烂衫的小叫花子，如今从头到脚一身光鲜：才理的发，刚洗的澡，新衣、新鞋、新书包，口袋上别着一支钢笔，活脱脱一个读书郎。钢笔是当年解放军路过望城时，一位连长送给他的。雷锋脸上挂着幸福的笑容，脚下迈着轻快的步子，跟着彭德茂来到学校——由刘家祠堂改建的龙回塘小学。

一年级从认字开始，第一课是认识“毛主席万岁”。老师先用毛笔将这五个字端端正正写在纸上，展示给学生看。雷锋一看就念出声来。不仅会念，还会写，是彭德茂教的。但他还是认真听、认真学，跟着老师一字一句念，一笔一画写。他从心里热爱毛主席，特别敬重这几个字。先用钢笔，后用毛笔，写了一遍又一遍，写了一页又一页，终于写出了他自己最满意的“毛主席万岁”五个大字。他带回家去贴在堂屋墙上的毛主席像下，谁见谁夸写得好，六叔奶奶更是笑得合不拢嘴。

简家塘地处穷乡僻壤，附近没有学校。为了让翻身的穷孩子有书读，乡农会创办了龙回塘小学。可是，新中国百废待兴，困难重重。由于师资不足，龙回塘小学只办了一年就办不下去了。这时，安庆乡人民政府已经成立，彭德茂改任乡长。在彭德茂的安排下，雷锋先从龙回塘小学转到上车庙小学，后又转到向家冲小学。不久，向家冲小学也因为同样的原因停办了，附近再没有学校可上了。雷锋只好一面放牛、砍柴、帮大人干活，一面温习学过的功课。听说长沙城郊有一所清水塘小学，他便拿着自己的考试成绩单去央求人家让他插班上学，后经考试被录取。这所学校离简家塘很远，上学来回足足有15公里路。老师担心他跑不下来，他说没问题，“路再远，也没有我过去讨饭跑得远!”

清水塘小学是全日制小学。雷锋每天早早起身赶往学校，无论春夏秋冬，不管刮风下雨，上课从不迟到。放了学，不像别的同学还能有时间戏耍一阵子，他总是一个人匆匆忙忙往回赶，摸着黑回到家里，常常还得自己做饭吃，有时甚至饿肚子。1954年6月1日，雷锋成为清水塘小学第一批少先队队员。加入了少先队，雷锋懂得了队旗和红领巾的含义，懂得了如何做一名合格的少先队员。他克服困难、好学上进的心劲儿更大了。

（二）雷锋研制矿石收音机

雷锋上小学时的班主任老师张仲明在回忆文章中向我们详细描述了雷锋成功研制矿石收音机的全过程。“我们听到北京的声音了！我们听到北京的声音了!”当他们自己研制的矿石收音机收听到了中央首长的“七一”讲话时，他们高兴得热血在突突地奔腾，心在咚咚地跳动。雷锋第一个跑出去，急切地要把这个消息告诉每一位师生。耳机在师生手中传递，整个校园内洋溢着喜悦的气氛。

那是在1955年下学期，老师组织学生们参观了长沙科技展览。看着科技人员研制的一件件作品，学生们真是羡慕不已。为了培养他们从小爱科学的好品质，学校决定开展尝试研制矿石收音机活动，并到科技展会上要来了有关技术资料。雷锋第一个到科技辅导员李泽芳老师那里报名参加了矿石收音机研制小组，张仲明和吴强国、菊连、谢金兰、刘翠华等都参加了这一活动。对研制矿石收音机，雷锋可真是入了迷，绕线圈、焊零件、装天线、接地线、反复调试，真是忙得不亦乐乎。他每次放学后总是在李老师三番五次的催促下，很晚才依依不舍地离开实验室回家。

为了架好天线，雷锋爬上一棵大树，不料树上的毛虫弄得雷锋全身红肿发痒，他却毫不在乎。在李老师的指导下，他们精心选择矿石的最佳接触点。在调试时，起初收不到声音，大家忙了大半天，虽经反复调试，仍然一点声音也没有。这时一名同学说："调不好就算了吧！"可雷锋毫不理会。突然，他想起了参考资料上介绍的技术要点，两个圆筒线圈的最佳相对位置也是十分重要的。于是他一边调线圈，一边调矿石的接触点。

成功了！他听到了耳机里面的声音了。他连忙小心地取下耳机，戴在其他同学的头上……"成功了，我们成功了！"他们高兴地你望着我，我望着你，只是一个劲儿欣喜地望着，轮换听着，兴奋得简直连心都要跳出来了。大家都赞赏地望着雷锋，此时的雷锋更高兴。七一那天，他们学校的师生早早地等在矿石收音机前收听中央首长的讲话。耳机在师生手中传递，亲耳听了中央首长的讲话，他们感到无比幸福。

（三）做人类英雄

1956年7月15日，望城县荷叶坝小学为高小学生举行隆重的毕业典礼，会场的桌子上摆满了学生们自己采来的鲜花。雷锋所在班赠给学校的紫红色幕布挂在主席台上方，给会场增添了许多喜庆气氛。这天，雷锋穿上自己心爱的白衬衣，这是他节日的"礼服"。从他兴奋的脸上可以看出，他的内心充满按捺不住的激动和喜悦。师生们相互交谈，依依惜别。

学校教导主任钟霞生老师走了过来，他先是问班上学习委员王振云，"你毕业以后准备怎么办?""准备报考望城一中，将来还要考大学！""好！有志气！"钟霞生又转过头来问另一位同学，"你呢?""也准备报考中学。"吴强国充满信心地回答着。

"雷正兴，你是怎样打算的呢?"钟霞生又关心地问雷锋。一向说话爽快的雷锋，这时陷入了沉思……同学们议论纷纷，有的想报考中学，有的则打算去当工人，唯独雷锋沉默不语。同学们猜想，雷锋是个孤儿，家庭出身好，上小学是乡政府出的钱，上中学可能还会被保送。

在鞭炮声和乐曲声中，毕业典礼开始了。除了校长作报告，钟霞生做学期总结，教师代表夏柳讲话以外，还安排学生会主席潘春华发言，吴强国、周子厚也分别代表毕业生和在校生发了言。本来没安排雷锋上台发言，但在学生代表发言以后，只见雷锋突然跑上讲台，含着热泪，向大家倾吐了自己的心声：

亲爱的老师，同学们：

我们小学毕业了。毕业以后，很多同学准备升入中学学习。我呢，我决定留在农村广阔的天地里，当一个新式农民。我决心做个好农民，争取驾起拖拉机，耕耘祖国大地，建设社会主义新农村。将来，如果祖国需要，我就去做一个好工人，为我国的社会主义工业化建设出把力。将来，如果祖国需要，我就参军做个好战士，用自己的鲜血和生命去保卫我们伟大的祖国，做人类英雄。

同学们，让我们在不同的岗位上竞赛吧！老师们，请你们看我的实际行动吧！

当雷锋从台上走下时，他那晶莹的泪花已化作了满面的泪水，令在场的所有人都热血沸腾。这段精彩的发言不但被夏柳老师记在了教师笔记本上，还被学校少先队的板报采用。

其实，雷锋也曾和班里的几个同学一起去望城一中参加过招生考试，回来后夏柳老师问考得如何。雷锋蛮有把握地说："没问题。"可望城一中离简家塘有几十里路，只能住校不能走读。住校食宿费一学期要花不少钱，找谁出？几位堂叔家家躲不开一个"穷"字，有的连自家孩子都上不起学，实在无法再向他们张口了。

雷锋只好又一次来到乡里，找到彭德茂乡长。彭德茂望着这位勤奋好学的孤儿，很想再帮一次忙；但由于乡政府财政拮据，确实无能为力。雷锋望着面露难色的彭乡长，沉默了一会儿，突然说："我太自私了。现在乡上并不富裕，已免费送我读完了小学。一个人总要满足，还有那么多同学辍学了，我不能只想到自己。乡里的钱是大家的钱，别为我再花钱了……"

（四）一个汽车兵的工作总结

雷锋在部队汽车连服役时，热爱本职工作，努力钻研开车技术，总结技术经验。有一次，雷锋在全班工作总结中作了《精通业务，熟练技术》的报告，其中一部分是这样写的：

（六）技术学习目的明确，态度端正。

1. 开始学习技术的时候，有的同志说："只要把技术学好了，就有了铁饭碗……"还有的同志认为，技术学好学赖是个人的事，与别人无关。还有的同志对技术学习不重视。针对这些思想，我们学习了报纸上论"红与专"的文章和毛主席的有关著作。学习之后，大家提高了认识，统一了思想，明确了学习目的。

图5-2 雷锋反复学习汽车构造

2. 学习虚心，不懂就问，不装懂，有打破砂锅问到底的精神。表现在：(1) 每当教员讲完课后，有不懂的问题，大家能及时提出，互相争论和讨论，实在弄不明白的，就请教员做解释，直到把问题弄懂为止。(2) 走到哪学到哪。如乔安山和韩玉臣等同志在沈阳执行任务时，主动请兵部的老司机介绍经验，虚心向他们学习。再如：庞春学和雷锋等同志外出坐公共汽车时，也留心地方司机的驾驶动作，学人之长，补己之短。他们为什么这样虚心呢？这是因为学了毛主席的著作后，懂得了"学习的敌人是自己的满足，要认真学习一点东西，必须从不自满开始"。

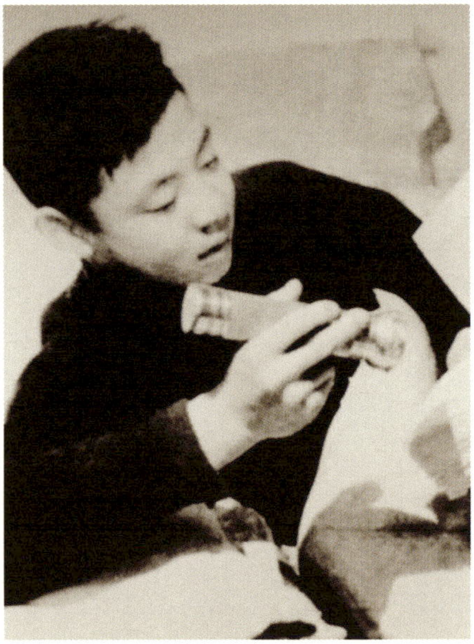

图5-3 雷锋在夜间打着手电筒刻苦学习

3. 学习方法灵活。主要有以下三种方法：(1) 采取互教互学的方法。比如：我们根据教员所讲过的科目，在出车中结合实际（在不妨碍完成任务的情况下），互设各种故障排除，互问互答，互相纠正驾驶动作。(2) 采取包教保学的方法。如我班周述明同志技术较高，主动包教乔安山同志，有疑难问题反复给他讲解，经常利用休息时间和假日把乔安山带到车上对照实物给他讲解。由于教者耐心，百问不烦，学者虚心，不懂就问，因此乔安山技术提高很快。(3) 采取了（理论、图表、实物）三结合的方法。比如：教员讲了联合调节器的工作情况和外部线路的连接后，我们记不住，有的地方还弄不清楚。下课后，我们对照图表讨论。大部分同志懂得了，可是还有少数同志不太懂。然后，我们一同到车场打开汽车发动机盖看实物，把联合调节器卸开来仔细观看。经过实物实验，全班同志才真正突破了这个难点。由于采取了以上三种方法，大家的技术普遍提高。所以，冬训三次测验取得了全班满堂红的优秀成绩，被评为军事训练标兵班。

（五）钉子精神

雷锋所在的运输连附近的建设街小学，有一位姓贾的小同学到工人俱乐部看电影。电影开演之前，发现前排有一位解放军叔叔正在聚精会神地看一本厚

图5-4 雷锋和少先队员在一起

厚的书。什么书使这位解放军叔叔这样入迷？他探头一看，读书的人竟然是校外辅导员雷锋叔叔。他惊喜地叫出声来："这不是雷锋叔叔吗？这么一点点时间您还在看书啊！"

雷锋回过头来说："时间短吗？我已经看了三四页了。时间短，看一页是一页，积少成多嘛。学习不抓紧时间不行啊。"接着他问小贾："你的学习抓得紧吗？"小贾不好意思地说："不是很紧。"雷锋亲切地说："不抓紧是不好的。你们在学校里学习，太幸福了，应该抓紧时间，好好学习。当然，也不是所有的时间都要看书。在学习的时候一定要认真地学。不然，时间就白白浪费掉了。"那位姓贾的小同学听了以后深受启发，以后再也不贪玩了。

"没有一种不幸可与失掉时间相比了。""世界上最快而又最慢，最长而又最短，最平凡而又最珍贵，最容易被忽视而又最令人后悔的就是时间。"这些话不仅富有哲理，而且很有教益。雷锋利用生活中的一点一滴时间去学习，一日一日、一月一月积少成多、日积月累，挤出了许许多多学习时间。正是由于雷锋有这种"挤"劲，他读的书越来越多，知识越来越丰富。

钉子精神还体现在雷锋善于"钻"，干一行、爱一行、钻一行、精一行，"永远保持自己历史鲜红的颜色"。在学习上，雷锋的确有一股"钻"劲。不管遇到什么问题，他都要千方百计把它搞懂。

（六）"我把这篇文章看完后再睡"

一天深夜，指导员开会回来，见雷锋还坐在连队埋头看书，就让雷锋去休息。雷锋看见指导员，马上站起来说："我把这篇文章看完后再睡。"指导员看看表说："今天太晚了，明天还要出车，去睡吧。"雷锋一边答应，一边收起了书。可是当指导员进屋睡了一觉，醒来一看，办公室的灯还亮着，不知雷锋什么时候又回来埋头看书了。

指导员披上衣服悄悄走到他身后，见他正在《矛盾论》书边上写着："外因是条件，内因作决定，要想求进步，主观多努力。"指导员这时拿起雷锋读过的《毛泽东选集》第三卷翻看着，几乎每一篇每一页都画了学习重点，边边角角上还写了一些阅读心得。在雷锋读过的《整顿党的作风》一文中，指导员看见用红铅笔重点画了这样一段话："对于马克思主义的理论，

图 5-5 雷锋和战友们在一起学习《毛泽东选集》

要能够精通它、应用它，精通的目的全在于应用。”在这段话的下边写道：“努力学好马克思主义理论，并做到理论联系实际，改造思想，做好各项工作。”

在《论联合政府》一文最后一节的空白处，雷锋写道：“无数革命先烈为了人民的利益牺牲了他们的生命，给我们换来了幸福。今天，我们没有理由不好好工作和学习，没有理由不改正缺点和错误，没有理由只顾自己不顾集体，没有理由只顾个人眼前利益而忘记了整个无产阶级。”在《为人民服务》一文的最后一页的空白处，雷锋写道：“我觉得一个革命者活着就应该把毕生精力和整个生命为人类解放事业——共产主义全部献出。我活着只有一个目的，就是做一个对人民有用的人。生为人民生，死为人民死。”看了这几段后，天已经很晚了，雷锋躺在床上的时候，已经是凌晨两点了。

【雷锋日记摘】

1959 年 10 月 25 日

青春啊！永远是美好的，可是真正的青春，只属于这些永远力争上游的人，永远忘我劳动的人，永远谦虚的人。

1960年2月15日

敬爱的毛主席，我看到您写的《纪念白求恩》这篇文章，深受教育，被感动得流下了热泪。

过去有人讽刺我说："你积极有什么用，那么点的小个子，给你150斤重的担子，你就担不起来。"我听了这话，还埋怨自己为啥长这么点小个子呢。

可是，您老人家说："一个人能力有大小，但只要有这点精神，就是一个高尚的人，一个纯粹的人，一个有道德的人，一个脱离了低级趣味的人，一个有益于人民的人。"这话给我很大鼓舞。个子小我也要尽我自己最大的力量，做到毫不利己、专门利人，向伟大的国际主义战士白求恩学习。

1960年6月×日

单丝不成线，独木不成林。一个人是办不了大事的，群众的事一定要发动群众、依靠群众自己来办。……我一定虚心向群众学习，永远做群众的小学生。只有这样，才能做好工作，才能不断进步。

我深切地感到：当你和群众交上了知心朋友，受到群众的拥护，这样会给你带来无穷的力量，再大的困难也能克服，无论在什么艰苦的环境中，都会使你感到温暖和幸福。

1960年12月28日

毛主席说："没有满腔的热忱，没有眼睛向下的决心，没有求知的渴望，没有放下臭架子、甘当小学生的精神，是一定不能做，也一定做不好的。"

我在党和毛主席的不断哺育和教导下，健康地成长起来。由于政治觉悟的不断提高，树立了为共产主义而奋斗的大志，在工作和学习中取得了一点点成绩，这应该归功于党，归功于帮助我的同志们。我一定永远牢记毛主席的教导，永远做群众的小学生。

1961年4月×日

挤时间读书：早起点，晚睡点，饭前饭后挤一点，行军走路想着点，外出开会抓紧点，星期假日多学点。

如果不积累许多个半步，就不能走完千里。

1961年10月1日

今天是国庆节，我格外的高兴。在这伟大的节日里，我加倍地惦记着英明的领袖毛主席。

敬爱的毛主席呀，毛主席！我天天想，月月盼，总想见到您。……可现在我还差得很远，没有做出什么成绩，对人民没有多大贡献。但是我有决心听您老人家的话，永远站在无产阶级的立场上。我要像松树那样，不怕风吹雨打、严寒冰雪，四季常青；我要像柳树一样，插到哪里都能活，紧紧与人民连在一起，在人民中生根、长大、结果，做人民最忠实的勤务员。

我要以坚强的毅力，忘我的劳动，刻苦学习，做好工作，争取见到毛主席。

1961年10月19日

有些人说工作忙、没时间学习。我认为问题不在工作忙，而在于你愿意不愿意学习，会不会挤时间。

要学习的时间是有的，问题是我们善不善于挤，愿不愿意钻。

一块好好的木板，上面一个眼也没有，但钉子为什么能钉进去呢？这就是靠压力硬挤进去的，硬钻进去的。

由此看来，钉子有两个长处：一个是挤劲，一个是钻劲。我们在学习上，也要提倡这种“钉子”精神，善于挤和善于钻。

1961年×月×日

时间紧，可是看一页是一页，积少成多。学习，不抓紧时间不行。

1962年3月28日

我们要真正学到一点东西，就要虚心。譬如一个碗，如果已经装得满满的，哪怕再有好吃的东西，像海参、鱼翅之类，也装不进去。如果碗是空的，就能装很多东西。装知识的碗，就要像神话中的“宝碗”一样，永远也装不满。

1962年4月14日

我失去黄继光这样一个好的阶级兄弟，心情是万分悲痛的，我的眼泪忍不住地直流。

我是人民的战士，我不能再哭了。我要控制自己的眼泪，我要化悲痛为力量，我要更加坚强勇敢起来，我要刻苦练好本领，我要更高地举起毛泽东思想红旗，坚决革命到底，不消灭帝国主义和一切反动派决不罢休，一定要讨还敌人的血债。坚决为黄继光报仇，为人类的解放事业——共产主义贡献自己的一切。

1962年8月10日

今天，我认真学习了一段毛主席著作，其中有两句话对我教育最深。毛主席教导我们说：“虚心使人进步，骄傲使人落后。”这是千真万确的真理。过去，我在一切言论或行动中，按主席的教导做了，因此我进步了；现在，我仍要牢记主席的这一教导，坚决努力，要求自己更好地做到这一点。

【拓展报告厅】

“大国工匠”李万君：在平凡中非凡

每次呼吸、移步和变换身姿都万分小心，焊枪在手中稳稳地移动，焊花不停闪耀——这是李万君的工作常态。

焊工是最平凡的工匠。被誉为“没有翅膀的飞机”的高铁，却离不开他们非凡的双手。在全国优秀共产党员、中车长春轨道客车股份有限公司焊工李万君看来，工匠精神有两种：一种是创新发明开拓，攻克非凡的难题；另一种是始终如一日，把平凡的工作做到极致。工作了29年、已获得中华技能大奖的李万君，每一天都在手握焊枪、踏踏实实地做着这两件事。

图5-6 “大国工匠2018年度人物”李万君

李万君，中车长春轨道客车股份有限公司转向架制造中心焊接一车间电焊工。他于1987年7月从长春客车厂职业高中毕业后进入客车厂焊接车间工作至今，先后创造出“拽枪式右焊法”等20余项转向架焊接操作法，及时解决了高铁生产的诸多问题。他带领团队完成技术创新成果150余项，申报国家专利20余项。他凭借世界一流的构架焊接技艺，被誉为“高铁焊接大师”。2016年7月，他荣获“全国优秀共产党员”称号。

“焊得好！”在赛场巡视的领导走到李万君身边停住脚步称赞。“焊得好不是目的，我来就是争第一的。”李万君站起身大声回应道。“真敢说大话，历届第一的高手都在这里比赛呢。”听到这话，李万君红了脸，感觉自己的话有些鲁莽；但比赛结果没有“打脸”，每种焊法的第一名都是他。这是1997年29岁的李万君第一次参加长春市焊工大赛时的一幕。

在中车长春轨道客车股份有限公司，李万君从职业高中毕业生，成长为今天的高级技师，拿过中华技能大奖，被誉为“高铁焊接大师”。如今，手中的焊枪不曾放下，李万君永争第一的初心也未曾改变。1987年职业高中毕业后，李万君就进入长春轨道客车股份有限公司，被分到水箱工段做焊工。“不亲身体会，不知这个岗位的苦。”李万君说，成天趴在带油的钢板上作业，手中的焊枪喷射着烈焰，口罩戴一会儿就黢黑。夏天浑身汗，冬天一身冰。“刚开始对焊接也没啥兴趣。是父亲经常整点料，让我多练习焊接。没想到上班第二年就在公司的焊接比赛中拿了第一，还有奖金。老师傅看到我活儿干得好，也都挺敬佩。”李万君说，这让他渐渐爱上了焊工岗位。

经过多年的勤学苦练，李万君把手中的一支焊枪用得“出神入化”。直径仅有3.2毫米的两根焊条，李万君可以分毫不差地对焊在一起，无须打磨，不留一丝痕迹。20米外，只要听到焊接声音，他就能判断出电流电压的大小，焊缝的宽窄，平焊还是立焊，焊接的质量如何。

迄今为止，李万君已创造了20多项转向架焊接操作法，破解了高铁生产的诸多瓶颈，累计为企业节资创效1000多万元。曾经，一汽专用车厂承揽国外重型卡车的加工订单，焊接试件质量迟迟不能过关。眼看国外专家就要回国，20个小时内交不上合格的试件，订单就得“打水漂”。紧急时刻，该厂找到李万君。李万君勘查完现场，迅速拿出方案，详细解说操作要领。“一个晚上就能解决技术难题，让这些工人掌握了焊接技能，太不可思议了。”外国专家看着眼前完美的焊接品惊叹道，最终放心地把订单交给了中国企业。

“入了党，就要发挥更大作用。”1987年初入职场，李万君披挂着厚重的帆布工作服，扣着封闭的焊帽，和工友们在电焊车间水箱工段的烟熏火燎中淬炼意志。焊枪喷射着2300 ℃的烈焰，瞬间将钢铁融化。炎热的盛夏，车间里火星四溅，烟雾弥漫；声音刺耳，味道呛鼻。一年后，一起入厂的28个小伙伴有25个离职。李万君留了下来。焊工是非常苦、非常累的工作，但是李万君热爱它，钻研它。

厂里要求每人每月焊100个水箱，他总会多焊20个；厂里两年发一套工作服，可他一年得磨破四五套。师傅们都说这孩子黏人，问问题问得太细。1997年，他首次代表长春轨道客车股份有限公司参加长春市焊工大赛。虽然是最年轻的选手，但他三种焊法、三个焊件，三个“第一”轻松收入囊中。

1995年，工作了8年的李万君终于如愿成为一名中共党员。“当时工作条件艰苦，我就想好好干活，加入党组织好发挥更大作用。”成为党员，李万君更加不讲条件地带头干活。厂里的尖端活、关键活都找他，他的作用越来越大。有一年，工厂水管冻裂了，水哗哗地流，生产无法进行。可是带压焊接，一焊就噗噗冒气儿，经验丰富的老师傅也没了主意。李万君仔细观察，反复琢磨，在裂口处焊上了一个带螺纹的管座，让气体从中排出，难题迎刃而解。

“党员，要带头攻克难题。”技艺越来越高的他自然走上了攻克技术难题之路。2007年，作为全国铁路第六次大提速的主力车型，时速250公里动车组在长客公司试制生产。列车转向架横梁与侧梁间的接触环口，是承载整车约50吨重量的关键受力点，按常规焊法焊接段数多，接头易出缺陷，质量无法保证，成为阻碍生产的拦路虎。

“能否一枪把这个环口焊下来呢?”李万君提出这个想法，来自阿尔斯通的法国专家认为不可能。经过1个月的反复钻研摸索，李万君总结出“构架环口焊接七步操作法”，一枪焊完整个环口。这个连最先进的焊接机械手也无法完成的操作，让倨傲的法国专家对中国工人竖起了大拇指。

随着我国高铁产业不断升级，技术难题也越来越“高精尖”。“既要保证生产任务，又要攻克难题，党员自然要加班加点带头干。”李万君又带领团队攻克了美国纽约地铁列车转向架焊接难题，通过32道焊接把4厘米厚的钢板严丝合缝地焊在一起，用超探、射线技术检测也看不到任何缺陷。

“技能，传承下去才有价值。”温度高达几千摄氏度的电焊弧光四面散射，为了看清徒弟孙维鹏的操作手法，李万君一个晚上都没有带护具。“后来我看到师傅的眼睛开始红肿、淌眼泪，就为了教我焊试验片，我是又感动又自责啊。”在26岁的年轻技工孙维鹏心中，师傅李万君是他最敬佩的人。在传授技能这件事情上，李万君的确毫不含糊。他利用业余时间举办高级电焊工培训班，一招一式地传，手把手地教，经常跪在地上指导操作。他还会根据大家的不同特点量身定做训练方案。2013年，长春市焊工比赛的前三名都出自李万君门下。

2008年，李万君挑起了培训新员工的重担。他培训的400多名新员工，全部提前半年考取了国际焊工证，成为高速动车组制造的主力军。不仅培训企业内部和吉林省内其他企业的焊工，李万君还赴新疆阿勒泰地区对400多名技术工人进行培训，把自己的技能变成社会财富。“我的技能不能留给自己，传给企业和社会才更有价值。”李万君说。

2010年，李万君首席操作师工作站成立，随后工作站被国家命名为“李万君国家技能大师工作室”。2011年以来，李万君带头完成国家发明专利21

项、革新70多项、重大技术创新10多项，取得成果150多项，获奖104项。而在短短6年时间里，中国高铁也完成了时速250公里、350公里、380公里的“三级跳”。大国工匠正助力中国梦提速。

【雷锋文化吧】

（一）抚顺市雷锋中学

抚顺市雷锋中学始建于1960年，原名本溪路小学。1961年聘请雷锋同志担任少先队大队辅导员，1976年被抚顺市政府命名为抚顺市雷锋中学。在60多年的办学历程中，雷锋精神已经像空气一样存在于校园的每一个角落，植根于师生的灵魂深处，有效地促进了师生的健康成长。多年来，抚顺市雷锋中学为社会培养了一大批优秀人才，用行动落实立德树人根本任务。学校现有教职工100人、学生850人。学校有19个教学班，建筑面积1.5万平方米，占地面积2.48万平方米。

在抚顺市委市政府及望花区委区政府的关心下，全校教师心系学校发展，形成合力，教育教学质量大幅度提升，优秀的团队促进了学校的快速发展，赢

图5-7　抚顺市雷锋中学

得了家长和社会的高度赞誉。几年来，学校先后荣获全国国防教育示范校、省级文明学校、省优秀党组织、省课改示范校、省语言文字先进单位、省校园环境艺术化单位、省优秀家长学校等荣誉称号。

2011年学校提出了“用雷锋精神铸魂育人”的办学思想，明确了“建有雷锋文化的校园，塑有雷锋精神的师生，办有雷锋特色的学校”办学目标，紧紧围绕“涵养雷锋文化，构建‘绿色课堂’，打造‘青苹果乐园’课程”三条主线，落实立德树人根本任务，实现全员育人、全程育人、全方位育人的格局。在全国实现了六个“率先”：

一是率先在全国“雷字号”学校中打造了“青苹果乐园”课程，实现课程育人。“青苹果乐园”课程分四个体系：育人乐园课程彰显雷锋特色，目标是铸魂；探究乐园课程彰显科技特色，目标是创新；活力乐园课程彰显国防特色，目标是强身；求知乐园课程彰显多元特色，目标是修身。通过实施该举措，让“青苹果”“红”起来，“新”起来，“熟”起来，“动”起来。

二是率先在全国“雷字号”学校中完善了校园雷锋文化体系，实现文化育人。学校率先明确了“3·5”教育的雷锋特色育人思路。“3”，即是“承载雷锋的好思想，践行雷锋的好作风，铸就雷锋的好品质”。“5”，即是“一事之前想雷锋、一事之中仿雷锋、一事之后比雷锋、一年四季学雷锋、一生一世做雷锋”。率先提出“为每位学生提供值得一生回忆的优质教育，为每位教师搭建成就一生幸福的梦想舞台”办学理念；率先把习近平总书记寄语青年团员的“敢于有梦勇于追梦勤于圆梦”作为学校的校训。创作了三首校歌《梦想三部曲》。率先确立了与雷锋同行的厅廊文化。学校建造了500㎡校园雷锋文化展馆，为学生打上雷锋文化的印记。

三是率先在全国“雷字号”学校中确立常态化、制度化、链条化的“1468”活动，实现活动育人。“1”，指坚持1个育人理念；“4”，指学雷锋4个节点；“6”，指6大节（学雷锋节、读书节、班主任节、体育节、科技节、艺术节）活动；“8”，指学校的8个社团。“1468”活动，让全校师生充满正能量、传递正能量。这些特色鲜明的学校文化让师生对雷锋中学校园有一种归属感，对教育有一种敬畏的情怀，让雷锋中学的老师满怀爱心与责任心去落实立德树人的根本任务。

四是率先在全国“雷字号”学校中编写了彰显雷锋特色的校本教材《雷锋12月》，实现实践育人。让雷锋精神进课堂、进头脑；让雷锋课的实践融入日常坚持经常；让雷锋品质铸牢学生的思想之魂，将立德树人落到实处。

五是率先在全国“雷字号”学校中提出了“以核心价值为引领培养学生核心素养的暨学校一二三四五‘双核’育人体系”，实现管理育人。这一体系从明确一个学做目标、培育两个特色品牌、树立三个正确观念、实施四项育人工程、提升五种核心能力五个方面对学校的特色品牌打造、教师专业成长、学生全面发展都进行了整体的管理规划。

六是率先在全国“雷字号”学校中成立了第一家“少年雷锋团”和“少年科技团”，实现协同育人。全国中学第一家“少年雷锋团”于2013年3月正式成立，标志着雷锋中学的德育工作从此与部队的军事化管理相结合，它不仅拓宽了学校德育教育的空间，更为学校的对外交流赢得了良好的口碑。2016年12月学校创新发展思路，又成立了“少年科技团”。“少年科技团”以龙凡将军为首席导师，同时请到了抚顺唯一的一位院士胡永康老师担任学校“少年科技团”的名誉导师，他对“少年科技团”的发展给予了厚望。“少年雷锋团”和“少年科技团”，一个是修身的载体，一个是成才的摇篮。用“少年雷锋团”吹响“少年科技团”向科技进军的冲锋号。这两个团对雷锋中学来说是车之两轮、并驾齐驱，鸟之两翼、比翼双飞。

多年来，雷锋精神以其极强的生命力和感召力，影响和带动着雷锋中学一批批、一届届师生成长进步。放眼未来，更多美丽的少年梦、强大的中国梦将会在雷锋中学人手中梦想成真！

抚顺市雷锋中学微信公众号

（二）雷锋系列微视频《你的样子》

第十三集《嘹亮》　　第十四集《苍茫》

【作者如是说】

（一）奏响一曲从平凡走向非凡的辉煌交响

经历了旧社会苦难的雷锋，更懂得新社会的幸福和美好。他深知，只有珍惜年少时光，把握难得的学习机会，努力掌握科学文化知识，才有能力报答党和政府的恩情。

时光不会偏爱任何一个人。懂得生活的人，往往会把人生的每一段时光都雕刻得精致而有韵味。雷锋在属于自己的时光中写下成功的絮语；在流逝的时光里，留下青春闪光的印记。他一点一滴地追逐时光、品味时光，终于在短暂的人生征途上，实现了常人难以完成的跨越，奏响了一曲从平凡走向非凡的辉煌交响。

生命，让每个人都开一次花，但并不确保每个人都结一次果。能不能结果，往往取决于当你还是一朵花的时候。

俗话说，人无完人。正因为这样，我们才要不断学习、不断提高自己。如何在正视不足和缺点的前提下，采取积极的行动来弥补不足、克服缺点呢？一方面要正确看待别人，认识到自己在群体中处于什么样的位置，寻找以后努力的方向；另一方面要正确认识自己。不要只从不同的方面评价自己，却看不到自己的优点，总觉得“某某的学习比我好，某某的书法比我好，某某的琴比我弹得好”，而实际上每个人身上都有闪光点：学习好的可能体育不如你，书法好的可能学习不如你，不要一味给自己挑毛病。既能看到自己的闪光点，也能看到不足之处，对自己的认识才会全面，才能更好地取长补短。

台湾地区著名作家琼瑶，小时候除了语文外，其他各科成绩并不好。有一次，数学考试她只考了20分，学校发给她一张通知单，要她拿回去给父母盖章。挨到深夜，她鼓足勇气将通知单交给母亲。母亲整个脸色都阴暗下去，将她狠狠地责骂了一顿。她很绝望。但琼瑶分析了自己的长处与短处，下决心取长补短、专心写作。父母默认了她的追求，她开始发挥自己写作方面的长处，真正追求自己的事业，最终取得了令人羡慕的成就。

所以，我们要多鼓励自己，“成绩单不漂亮没关系，只要我努力，就是一名好学生！”“基础不好没关系，只要我每天都有进步，就是一种成功！”“我的生活是充满阳光的，努力的我最美丽！”这样自信地度过每一天，你会日益体验到，“我的人生是非常有价值的，我是最棒的！”

“宝剑锋从磨砺出，梅花香自苦寒来。”雷锋用理想、坚韧和勤奋主宰了自己的命运，成就了辉煌的人生。今天的年轻人，已没有了雷锋的苦难经历，有的只是时代给予的机遇和幸运，更应当站在时代潮流的前列，展示生活的至善至美，像雷锋那样珍惜时光、珍爱生命，把青春的种子播撒在改革开放的春天里，用生命的热血滋润，用生活的沃土培育，在闹市做一盏明亮的路灯，在原野做一棵向阳的春苗，在江河大海做一朵欢腾的浪花，在雪山之巅做一株怒放的雪莲，把生命之美融入自然之美、社会之美，释放出骄人的芬芳。

（二）为中华崛起而读书

读书学习，陶冶了我们的情操，开阔了我们的视野，丰富了我们的情感。“半亩方塘一鉴开，天光云影共徘徊。问渠那得清如许？为有源头活水来。”青少年朋友们，让我们畅饮这“源头活水”，攀登这人类进步的阶梯，成为知识的富翁、精神的巨人，成为祖国21世纪高素质的建设者。雷锋叔叔说：“我愿做高山岩石之松，不做湖岸河旁之柳。我愿在暴风雨中艰苦的斗争中锻炼自己，不愿在平平静静的日子里度过自己的一生。”这正是雷锋精神的真实写照，更是他对人生的诠释。

小时候，在我们牙牙学语时，长辈们总会教给我们一些古语，“书山有路勤为径，学海无涯苦作舟”“少壮不努力，老大徒伤悲”“书读百遍，其义自现”……或许那个时候，我们不懂这些是什么意思，只知道能背下来就是最棒的。渐渐地我们长大了，学会拼音了，学会认字了，学会读词了，我们迫切地希望了解这个世界。于是，我们交上了一个好朋友——书，爱上读书，更爱上学习。

毛泽东曾经说过：“饭可以一日不吃，觉可以一日不睡，书不可以一日不读。”这体现了读书的重要性。读书，是在如画风景中拣拾朝花，寻找生命感悟的花絮。你可以泛舟西湖，随手采摘到生命启迪的莲子；你可以游览苏杭，欣赏人间的天堂；你可以登临泰山，了解帝王封禅的缘由，体味“一览众山小”的胸襟；你可以为中华崛起而读书，为中华腾飞而读书。

西汉时候，有个十分好学的青年叫匡衡，但因家境贫寒无钱买灯，一到夜晚他家屋内一片漆黑，没法读书。怎么办呢？一天晚上，他见隔壁人家点着蜡烛，就在墙壁上悄悄地凿了一个小孔，让微微透过洞孔的烛光映在书上。就这样，他每天晚上都借邻居的灯光读书，直到邻居家熄灯为止。匡衡就是在这样的学习条件下，学到了知识，后来成为西汉有名的学者。听完故事，大家想到什么呢？知识改变命运。高尔基说过：“书籍使我变成了一个幸福的人。”我们读书，不是为别人而读，不是为考试而读，而是为自己而读。与书相伴，犹如与知识为友，以智慧为师，可以储备能量、增长才干。读书犹如穿梭于茫茫的

图5-8　爱读书　读好书　好读书

大海，使人心情愉快。走进浩瀚的书海，闻着那淡淡书香，弹指间信手拈来，寻找到人生的真善美，坐观尘世潮起潮落，终睹得蓝天白云。

在人生的黄金时代，我们要做“爱读书、爱学习”的好学生，我们要追逐梦想、努力学习、报效祖国。如果你有梦，那就是行走在追梦路上的人。当我们看到奥运健儿夺取一枚枚宝贵的金牌，当我们聆听钢琴家奏出一曲曲优美的旋律，当我们欣赏着书画家一幅幅生动的作品时，你可知道这精彩的背后是什么？是有志者持之以恒的努力！我们都明白，没有谁能在随意轻松中取得成绩，没有谁能凭着一时的侥幸而获得成功，更没有谁能在一天天虚度时光中收获丰硕的果实。著名京剧大师梅兰芳说：“我是一个笨拙的学艺者，没有天才，全凭苦学。”爱因斯坦说：“在天才和勤奋之间，我毫不迟疑地选择勤奋。”这些成就了大事业的人，他们中有哪一个是凭着一时侥幸、一两天心血来潮而取得如此成就的呢？他们中又有哪一个不是在一天天的扎扎实实、勤勤恳恳的付出中让自己最终驶向了成功的彼岸呢？这说明，干什么都不可能一蹴而就，只有认真对待每一天、每一件事，方能滴水穿石、取得成就。或许你以前的学习并不能让自己和家人满意，那么，从此刻开始，发奋努力，迎头赶上；或许，你以前过于顽皮，让老师头疼、让同学反感、让家长悲哀过，那么，从今天开始端正自己的思想，规范自己的言行，约束自己的鲁莽，使自己成为一个受老师欣赏、受同学欢迎、让家长宽心的人。请你记住：不积跬步，无以至千里；不积小流，无以成江海。

2014年8月15日，习近平总书记在看望南京青奥会中国体育代表团时强调：“少年强、青年强则中国强。少年强、青年强是多方面的，既包括思想品德、学习成绩、创新能力、动手能力，也包括身体健康、体魄强壮、体育精神。”少年怀着梦想起航，国家富强就有希望；雷锋精神代代相传，中华复兴重任就在我们肩上。让我们牢记习近平总书记的殷切期望，爱读书、爱学习，为祖国的繁荣富强贡献力量！

二、严于律己，做以身作则遵纪守法的青少年

【雷锋大讲堂】

（一）自律是一种素养，更是一种习惯

所谓自律，是指社会中的个体对自我实行的约束和控制，即加强自我约束。每个人总会受到这样那样的条条框框约束，最铁的是规律，最硬的是法律，最严的是纪律，最管用的是他律，最要紧的是自律。

有这样一则寓言：一天，风筝和线手牵手在天空中飞翔。过了一会儿，风筝不耐烦地对线说："老兄，请放开我，不要限制我自由活动的空间。"线劝道："老弟，不行啊！我的责任就是要限制你。否则，你就会失去飞翔的自由。"风筝不听劝告，拼命地摆脱线的束缚。然而，就在它将线挣断后不久，便一头栽进了无底的深渊。

图5-9　自律是一种素养，更是一种习惯

风筝的不幸，是对自由的真正意义不了解，而自律对于自由有着紧密的关系。真正的自由都要受到一定的约束和限制，没有任何限制的自由是不存在的，不受约束的自由也是极其危险的。所以，每个人都要以风筝为鉴戒，在自觉接受“他律”的同时，还必须学会“自律”。只有这样，你才不会掉入万丈深渊。

树不修，不成材；玉不琢，不成器。

若要使人格的钻石熠熠生辉，璀璨夺目，就需要艰辛的打磨，去其瑕疵，剥其污损，用严格律己的精神强其硬度，增其光彩。

我国历史上有众多出类拔萃的优秀人物作为民族的美器良才，他们都特别重视修身自律，以养美德，甚至把“立德”作为立德、立功、立言“人生三不朽”之首。而要立德，先得自律。不自律，德不成；不自严，德不久。所以古人提倡“吾日三省吾身”“慎独，慎微，慎初”“其责己也重以周，其待人也轻以约”“勿轻小事，小隙沉舟；勿轻小物，小虫毒身”“君子以细行律身，不以细行取人”，唯有“修身以为弓，矫思以为矢，立义以为的，奠而后发”，才“发必中矣”。

慎始，就是要迈好人生第一步。《左传》说：“慎始而敬终，终以不困。”万事开头难，一开始就慎重小心，才能走得远、走得好。慎始，顾名思义，不论工作、学习、做事、创业，都要小心翼翼地开始，循序渐进地推进，开一个好头，然后形成习惯，坚持下去。在作风的培养上也是如此，一开始就要严格要求自己，绝不苟且放纵，不向消极丑恶妥协。看看那些身陷囹圄的贪官，都是一开始没有把握好自己，吃了不该吃的饭，去了不该去的地方，拿了不该拿的红包，结果一路滑了下去，最后堕入深渊，万劫不复。可见，“冰冻三尺，非一日之寒”，任何事物都有一个从量变到质变的过程。不能慎始，是走下坡路的起点。把握好了开头，则奠定了善终的基础。

慎独，在独处时谨慎不苟，是古人特别看重的道德修养方法，是儒家修行的最高境界。《礼记·大学》云：“此谓诚于中，形于外，故君子必慎其独也。”说的是在独处无人监督时，仍能谨慎从事、不越雷池，自觉遵守各种道德准则。大庭广众之下，面对众目睽睽，绝大多数人都会遵纪守法、谨慎行事，这叫“慎众”，要做到不难。难的是，一个人独处时，还能“如履薄冰，如临深渊”地小心谨慎、规规矩矩，做道德高尚的正人君子。《大学》

说："小人闲居为不善。"虽然"慎独"不易，但并非遥不可及，只要我们有坚定不移的信仰、信念，有是非分明的荣辱感、羞耻心，有不肯苟且的决心和毅力，有管住自己的自制力，就能做到人前人后一个样，作风优良、品行高尚，让党和人民放心。

慎微，意为认真重视和正确处置细小的事情。表现在作风养成上，就要做到三点：一要认清慎微的意义。古人云："不矜细行，终累大德""道自微而生，祸自微而成"。这些至理名言，都说明了慎微的重要性、必要性。二要防微杜渐，努力做到慎微。刘备有一句名言："勿以恶小而为之，勿以善小而不为。"这其实就是做到慎微的基本方法。对于小毛病、小陋习、小错误，固然不必大惊小怪，但也不可掉以轻心，必须坚决改正，自觉抵制不良作风的侵蚀，以免"小洞不补，大洞吃苦"、"小恶"将来发展成"大恶"。三是胸怀做大事的志向，着手从小事做起，耐心、细心加恒心，从细微之处培养优良作风。

（二）向雷锋叔叔那样严于律己

雷锋离我们并不遥远，他并不是一个外在于我们的一个高高在上的道德神像，每个人心中都有一个雷锋。这是与生俱来的人性，只不过，雷锋将这种与生俱来的善表现在行动中，外化在实践中，时时处处践行之，并持之以恒，成为一种行为习惯。如果你认真读《雷锋日记》的话，随处可见雷锋自律的内容，雷锋的自律主要表现在以下方面。

1. 经常性地严于解剖自己

1961年9月19日，雷锋向党支部写了一份深刻而感人的"入党转正申请书"。雷锋开宗明义地写道："我从去年11月8日入党后，激动的心情一直没有平静过。天天想、日日盼，总想转正的那天早日到来"。在三页纸的申请书中，雷锋写了自己给河南省巩义县干沟民办小学捐款一百元的经过，写了随时为党和人民的事业贡献一切乃至生命的决心，同时用较长篇幅写了自己的缺点。

雷锋在人格塑造上的自我从严，至今仍然是我们的表率。

他经常告诫自己：必须谦虚谨慎，老老实实做人；要“不断充实自己”，保持谦逊好学的态度；在单独执行任务时，想想邱少云；在得到福利和享受时，想想白求恩；要像保养、清洗螺丝钉那样“随时清除思想上的毛病”……

2. 有则改之，无则加勉

雷锋所在班施工点在下石碑山。村里有一位老奶奶生病了，雷锋开车帮助请医送药。老奶奶的孙女在报上读过雷锋日记，非常佩服雷锋，感到雷锋有种说不出的魅力。她喜欢接近雷锋，向雷锋请教一些问题。

这天，雷锋以市人大代表的身份到村民家了解对政府工作的意见。离开老奶奶家时，应老奶奶孙女的要求，留下一张照片并写了赠言：“请你记住这句话：伟大出于平凡。我衷心地祝您，在平凡的工作中，创造出不平凡的事迹。”

这张照片，让别人误以为雷锋与女孩儿互有好感，有谈恋爱的苗头。1962年7月29日，指导员高士祥找到雷锋谈话，首先肯定了他的工作，然后话锋一转，希望他在生活作风方面更谨慎、更检点一些，接受组织考验。

雷锋听出，指导员话里有话，且分量不轻。雷锋不解地望着指导员，不知风从何处来。

高士祥索性挑明了说：“听别人反映，你和驻地一个女孩儿有书信往来，还给人家送照片。有这回事儿吗？”

雷锋一听，便明白是怎么回事了。但是，他认为此时指导员找他谈这个问题，完全出于关心和爱护，是给他敲警钟。部队有纪律规定，战士不准在驻地找对象。至于这个情况是谁反映给领导的，雷锋没有多想，也没有追问，只是向指导员说：“请领导上信任我，请组织上考验我。”

这些坦诚的想法，很真实地见之于雷锋的笔下。1962年8月10日，他在人生的最后一篇日记中写道：

“今天，我认真地学习了一段毛主席著作，其中有两句话对我教育很深。毛主席指导我们说：‘虚心使人进步，骄傲使人落后。’这是千真万确的真理。过去，我在一切言论和行为中，按主席的指导做了，因此我进步了；现在，我仍要牢记主席这一教导，坚决努力，要求自己更好地做到这一点。

“今后，我要更加珍爱人民和尊敬人民，永远做群众的小学生，做人民的勤务员。”

雷锋作为一名普通人，也会有过失，也会犯错。在他那短暂的生命历程里，不知多少次反省自己，不知多少次告诫自己。他严于解剖自己的果敢，倾注了对真善美的执着追求；他诚恳接受批评的谦逊，饱含了“永远做一个人民的小学生”的真诚心愿。

闻过则喜。炊事员指出他不该随手拿锅巴吃，排长批评他外出拉菜办事主观，指导员提醒他正确对待男女交往。对此，他是勇于反省，自悟其过，即使感到“莫名其妙，不知风从何起”也从未拒绝批评，使自己失去纠正错误、提升境界的机会。

雷锋严于律己的态度启示人们，正视人生不足，不断升华自己，才能逐渐达到顺应自然的境界。把生命当作自我不断完善的过程，人生就会充满快乐和锐气，不断告别稚嫩走向成熟，告别失败走向成功，告别往昔走向新天地。

【雷锋故事会】

（一）警惕骄傲自满这个“敌人”

雷锋到了望城县委机关工作后，对自己的要求更加严格。他以诚实、热情、勤奋赢得了大家的高度赞扬，工作上也一帆风顺。

有一段时间，雷锋滋生了沾沾自喜、骄傲自满的情绪。于是，单位领导决定找他谈话并帮助他。

一天，中共望城县委组织部中心原干事黄菊芳去找他。雷锋正在宿舍里一页一页地翻阅《团章》，见黄干事来了后，雷锋很高兴，因为他正好有问题请教。黄菊芳于是因势利导地和他谈了起来：“小雷，平时是你找组织谈话的多，今天是组织派我来找你。我们交换一下意见好吗？”雷锋说：“那太好了，我知道组织一直是关心我的，我有什么缺点请指教。”黄菊芳说：“你的学习和工作确实搞得不错，政治上也要求进步，我们很欢迎。但是，你要注意，在大家的赞扬声中，头脑要冷静；在进步面前要找差距，一个人总不会十全十美的。据反映，你最近一段时间里有一点骄傲情绪，不知是不是真的？你要有则改之，无则加勉。”雷锋马上说：“你说得没有错，我认为自己到机关后，领导相信我、看重我、表扬我，我没有把这些当成是对自己的鼓励，相反地认为有些人虽然比我早进机关，但是有些地方还不如我呢，我就有点看不起他人了，真没想到这就是骄傲。”黄菊芳接着说：“是的，这就是骄傲自满的表现，它的危害性很大，如不及时纠正，就会脱离群众，成为你进步的障碍。今后千万要注意，要争取不断进步，才不会辜负大家对你的期望。”雷锋痛心地说：“我到机关后大家对我情同手足，工作上、生活上都非常关心我，我有点进步的时候就看不起别人，这是不对的。我定改正缺点，时刻警惕骄傲自满这个看不见的敌人对我的腐蚀。”

从那以后，雷锋进步更快了，并时刻注意严格要求自己，大家对他的反映也更好了，组织上对他闻过则改、严于律己的表现十分满意。于是，依据他入党的迫切要求和表现，把他确定为入党积极分子来培养。

（二）一块锅巴引发的反省

“因工作的需要，经常外出汇报，在生活上形成了一种自由散漫的作风。比如，有时候不请假外出，礼节不够周到，军容不够整齐。因今年我大部分时间在外地汇报，很少参加党的组织生活，也没有经常向组织汇报自己的思想、工作和学习情况。

“对同志的关心不够，没能经常进行谈心活动。工作缺少办法，有时抓住了这头却丢了那头，遇到具体问题，仅仅从大道理上作一些解释，究竟怎样解决，要达到什么为合适，自己心中没底。个性急躁，办事总想一口气得成。”

一天，连里派四班出一台车给团后勤处拉菜。四班只有13号车在家，雷锋自己开车，让连队两个战士跟车，三个人一起前往浑河农场。车在路上出了一点故障，修好后赶到农场，天色渐暗。雷锋一边装菜一边想，午饭吃得早，别让两个战友饿着。他找农场管理员联系一下，人家非常热情，听说他们没吃饭，马上给做了。雷锋招呼两个战友去吃饭，两人闷着头装车，硬是不去，说天快黑了，车灯又坏了，赶快装完菜，回连队再吃。

“忙了一下午，你们不饿吗?”雷锋说，“这里已经准备好饭了，吃完再走，也免得回连队再麻烦炊事班的同志。”

“麻烦自己人总比麻烦别人强。”一个头也不抬，小声嘟囔。另一个瞥了一眼，口气挺冲：“班长，要吃你去吃，我们干活。”雷锋实在说不动他们，只好再找农场管理员道歉，表示谢意。

装完车赶回连队，没等雷锋汇报情况，两个战士已经先找了陈洪波排长，说班长雷锋办事主观，不和他们商量就让农场给做饭。陈排长直来直去把他们的意见转告雷锋，提醒他注意工作方法，话语中略带批评的意味。

本来是出于对战友的关心爱护，谁知人家非但不领情，反倒有怨气，还把意见汇报上去了。雷锋虽然觉得有点委屈，但还是向排长承认了自己的过错，进行了深刻的自我反思。他在当天的日记中写道：

> 今天排长给我指出，要我今后办事多和群众商量，注意工作方法。我觉得很好，一定改进。至于其他方面的小缺点，我也要特别注意，加以纠正。有些反映虽然有出入，但我也很欢迎，今后提高警惕，随时注意……我们不能要求批评百分之百的正确。如果批评是来自下面的，那么即使这种批评只有百分之五到百分之十是正确的，我们也不应当忽视，一定要坚决克服缺点，做好工作。

一天午饭前，雷锋去炊事班打饭，随手拿了一块锅巴放在嘴里嚼起来。炊事员刘太顺看见了，半真半假地说："自觉点啊!"当时雷锋脸上火辣辣的，什么也没说，赌气地把锅巴放回盆里，一扭身走出了伙房。

恰巧这时，通信员送来了一张报纸，雷锋接过来就看，首先看到报纸上有一段话说："因为我们是为人民服务的，所以，我们如果有缺点，就不怕别人批评指出。不管是什么人，谁向我们指出都行。只要你说得对，我们就改正。"

雷锋一口气把这段话念了几遍，越念越感觉自己不对，越念越感到这段话好像是专门对他说的，越念越后悔不该和刘太顺赌气。他问自己："你多不虚心呀!人家话说重一点你就受不了啦!"他想来想去，最后返回炊事班，向刘太顺做了检讨，说自己拿锅巴吃不对，如果每个来打饭的人都在伙房乱抓乱拿，那还像话吗?并承认自己听了不顺耳的话就赌气，接受批评的态度不好。

（三）损坏了别人的东西要赔

雷锋是汽车兵，常常外出执行任务。那天，他和战友小乔又一次出车路过黑林子。在村头拐弯处，因驾车的小乔躲闪不及，轧死了一只小鸭子。四周静寂，空无一人，然而，雷锋立即叫停，下车捡起鸭子挨家挨户询问。偏巧，这只鸭子是曾借给雷锋木杆儿和油灯的田大娘家的。雷锋要按价赔偿，田大娘死活不肯，说："轧死小鸭子算个啥？你来来往往地帮我们家干了多少活儿？要说赔，别人还罢，要说你小雷，莫说轧死一只，就是把大娘的鸭子都轧死了，我也不收一分钱！"雷锋回答："大娘，我们有纪律。损坏了别人的东西，不管是谁，我们都要赔。"他不容分说，掏出两元钱放在炕上，喊了一声"大娘，再见！"，跑出院外，开车走了。

【雷锋日记摘】

1959年8月26日

自从由鞍山转到弓长岭以来，自己就抱定决心：一定要很好地工作、学习，争取加入中国共产党。对各种学习任务都能认真完成；自学较好，每天早晨学习一小时，晚上总是要自学到深夜10至11点钟。早晨坚持做早操，没有违犯过纪律，都能按规定去做。今后，我应当继续加强组织纪律性，向违法乱纪做斗争，严守纪律、听从指挥，做好机器检查和保养，保证安全，消灭事故。努力学习政治，开展思想斗争和批评与自我批评，加强团结，虚心学习。

1959年8月30日

我深深地认识到，做每一件工作，完成每一项任务，哪怕是进行每一次学习，都十分需要听党的话，听领导的话，争取领导的帮助和支持。

党和领导叫怎样去做，就不折不扣地按党的指示去做。这样，就是有再大的困难，也有办法克服；再艰巨的任务，也能完成。相反，如果脱离了领导，不听党的话，光凭个人的心愿去做事情，是很难做好的，甚至要犯错误。有些同志思想进步慢，工作成绩差，是什么原因呢？我认为原因只有一个，就是自以为正确，不听党的话，不听群众的话，明明自己的看法不对，也不改正；明明领导和同志们的意见是正确的，也不诚恳地接受。这样，就会落后。

党的声音，就是人民的声音。

听党的话，就会开放出事业的花朵！

1960年6月5日

要记住：

“在工作上，要向积极性最高的同志看齐；在生活上，要向水平最低的同志看齐。”

1961年3月×日

凡是脑子里只有人民、没有自己的人，就一定能得到崇高的荣誉和威信。反之，如果脑子里只有个人、没有人民的人，他们迟早会被人民唾弃。

1961年4月×日

当你在最困难、最危险、甚至威胁自己生命之时，也能严格地遵守纪律，那就是好党员。我要做一个名副其实的好党员。

1961年4月15日

毛主席教导我们说：“任何新生事物的成长都是要经过艰难曲折的。在社会主义事业中，要想不经过艰难曲折，不付出极大努力，总是一帆风顺，容易得到成功，这种想法，只是幻想。”

共产党所以能够领导人民群众，正因为，而且仅仅因为，它是人民群众的全心全意的服务者，它反映人民群众的利益和意志，并努力帮助人民群众组织起来，为自己的利益和意志而斗争。

1962年2月3日

我一口气看完了《中国青年》杂志上徐老（徐特立）写给晚辈的几封家信。越看越感到浑身是劲，越看越觉得亲切，越看越想看。特别是徐老说的：“一个共产党员应当什么都知，什么都能，什么都学，什么都干，什么人都交，什么生活都过得下去。”这些话对我来说，是有很大启发和教育的，也是我应当知道的，必须要做的。我要永远记住徐老这些有益的话，并且要贯串（穿）于一切言论和行动之中，决心把自己锻炼成为一个名副其实的共产党员，为人类作出贡献。

1962年2月27日

雷锋呀，雷锋！我警告你牢记：千万不可以骄傲。你永远不能忘记，是党把你从虎口中拯救出来，是党给了你一切……至于你能做一点事情了，那是自己应尽的义务。你每一点微小的成绩和进步都应该归功于党，要记在党的账上。我一定听党和毛主席的话，把我的青春献给世界上最壮丽的事业——为人类解放而斗争。

1962年3月4日

我愿在暴风雨中——艰苦的斗争中锻炼自己，不愿在平平静静的日子里度过自己的一生。

1962年3月×日

你崇高的行为就是献身于为人民服务，为自己的祖国效忠，为崇高的共产主义理想立功。

1962年3月×日

不经风雨，长不成大树；

不受百炼，难以成钢。

迎着困难前进，这也是我们革命青年成长的必经之路。有理想有出息的青年人必定是乐于吃苦的人。

1962年3月7日

我要永远愉快地多给别人，毫不计较个人得失……

1962年3月9日

我懂得，一个人只要听毛主席的话，积极工作，就能为党做很多好事情。但，一个人的力量毕竟是有限的，走不远、飞不高，好比一条条小渠，如果不汇入江河，永远也不能汹涌澎湃、一泻千里。

1962年3月16日

我是党的儿子，人民的勤务员。我走到哪里，哪里就是我的家，我就在哪里工作。

1962年4月17日

一个人的作用，对于革命事业来说，就如一架机器上的一颗螺丝钉。机器由于有许许多多的螺丝钉的连接和固定，才成了一个坚实的整体，才能够运转自如，发挥它巨大的工作能力。螺丝钉虽小，其作用是不可估量的。我愿永远做一个螺丝钉。螺丝钉要经常保养和清洗，才不会生锈。人的思想也是这样，要经常检查，才不会出毛病。

我要不断地加强学习，提高自己的思想觉悟，坚决听党和毛主席的话，经常开展批评与自我批评，随时清除思想上的毛病，在伟大的革命事业中做一个永不生锈的螺丝钉。

【雷锋文化吧】

（一）抚顺市望花区雷锋小学

1960年10月10日，抚顺市望花区建设街小学聘请伟大的共产主义战士雷锋同志担任少先队校外大队辅导员，直到1962年8月15日雷锋因公殉职。1971年，为纪念雷锋同志，经抚顺市人民政府批准，将该小学命名为雷锋小学。1978年，该校被辽宁省教育局命名为首批要办好的重点小学。1990年3月5日，雷锋小学综合电教楼建成（7层锐角楼国家级甲级工程由校内师生和望花区人民群众及雷锋小学塑料厂教委捐款建成），1998年被列为中国名校。2010年10月29日，抚顺市望花区雷锋小学新校舍正式落成并投入使用。

学校有一支近百人的校外辅导员队伍，他们当中有老英模郅顺义（董存瑞战友）、高玉宝（《半夜鸡叫》作者）、王遐芳（全国学雷锋模范、全国劳模），有当年的小英雄龙梅、玉荣（草原英雄小姐妹）、戴碧荣，有朱伯儒、张子

图 5-10　抚顺市望花区雷锋小学

祥，有对越自卫反击战（锦州铁拳团）的解放军战斗英雄，有雷锋班的前后21任班长，有雷锋辅导过的学生，还有许多劳动模范。这些校外辅导员多次参加雷锋小学举行的学雷锋活动，不断地把各种信息传递给雷锋小学。

经过50多年的努力，雷锋精神激励了一代又一代后来人。在学校先后送走的7500多名毕业生中，有沈阳军区学雷锋标兵、好军医孙桂琴；有为少年儿童健康成长倾注心血的省优秀共产党员、新少年杂志社总编辑李英敏；有干一行爱一行的抚顺市学雷锋先进个人、抚顺钢厂企管部副部长何文鲁；有奋不顾身抢救落水青年，被誉为“80年代活雷锋”的普通劳动者陆长占；有11岁就发明了“序数推算法”并以优异成绩从重庆大学毕业，现任抚顺市电脑软件开发工程师的吴大可；还有13岁获得发明专利的留学归国生——卫星文学频道主持人贾波、军事频道主持人王晓燕，抚顺电视台主持人李翊华，抚顺交通广播台主持人吕薇……

雷锋小学用雷锋精神建校育人的工作经验在全国推广。50多年来，从雷锋小学走出一批又一批毕业生，带着对人生最美好的认知走向社会。

不仅仅是校外辅导员，还有一些像崔桂芳、田歆新等好老师都是一颗颗闪耀的星星。他们带领学生们向前进。

雷锋小学的发展得到了国家、省、市各级领导的高度重视和亲切关怀。

1990年，江泽民总书记视察抚顺期间在雷锋纪念馆亲切接见了雷锋小学师生代表，并提出了“用雷锋精神塑造师生的健康人格”的办学目标，勉励师生永远沿着雷锋成长的道路前进。“用雷锋精神塑造师生的健康人格”已成为雷锋小学的办学特色。

1990年3月5日，全国人大常委会原委员长彭真为雷锋小学亲笔题写了校名。1990年8月13日，中共中央政治局委员、国务委员兼国家教委主任李铁映视察学校并写下了留言：“向雷锋学习，用雷锋精神培育新一代。”时任团中央第一书记宋德福，国家教委党组书记何东昌、副主任柳斌等领导同志也光临学校视察并题词留念。

1997年7月，中共中央政治局常委、国务院副总理朱镕基到抚顺视察洗化项目并接见了雷锋小学的学雷锋代表。

2001年8月21日，中共中央政治局常委、国务院副总理李岚清视察了雷锋小学。李岚清同志指出：“要把雷锋精神作为学校的德育教育、素质教育的宝贵资产，把雷锋小学办成传播雷锋精神的种子基地。”

时任辽宁省副省长鲁昕曾先后两次来到雷锋小学视察，指导学校的发展。

用雷锋精神塑造健康人格。在雷锋小学50多年发展的历史进程中，始终彰显着雷锋闪光的名字，始终贯穿着雷锋不朽的精神。经过不断挖掘整理，学校创造了一整套德育模式。学校根据小学生的特点，把当年的校外辅导员作为看得见、学得到的榜样，让雷锋精神永远在孩子们幼小的心灵中扎根，用雷锋伟大的人格力量塑造学生的健康人格。

雷锋小学坚持用雷锋精神建校育人，取得了丰硕的教育成果。学校少先队被命名为“全国红花集体”“红旗大队”“少先队先进集体”，学校党支部被中共辽宁省委命名为“先进党支部”，学校连续二十年被辽宁省政府命名为文明学校，1995年被辽宁省政府命名为模范学校。连续二十年被抚顺市环保局评为花园级校园，省级卫生甲级单位。雷锋小学校办工厂为社会下岗和待业青年累计解决工作岗位实习岗位近万人次。

2019年9月，雷锋小学获得“全国教育系统先进集体”称号。

（二）雷锋系列微视频《你的样子》

第十五集《星空》

【作者如是说】

（一）严于律己，宽以待人

所谓“严于律己”，就是严格约束自己，国有国法、家有家规，个人也有个人的“纪律”。这个“纪律”是对自己的高要求，做到自我批评和自我检讨。所谓“宽以待人”，则是面对各种误解和委屈而毫无怨恨之心，以德报怨而不计较；不过高要求别人，允许别人有缺点；给别人时间和空间，让他去改进自己的缺点；给别人机会，让他屏蔽自己的缺点；不要评论别人的缺点，不要宣传别人的缺点，更不要抓住别人的缺点不放。古人说“见贤思齐，见不贤而内自省”即是这个道理。

但是，生活中，却常见有的人宽于律己、严以待人，凡是敝帚必然自珍自夸，凡是他人必然求全责备，时而感世伤怀，时而悲天悯人，时而怨物，时而自嗟。总而言之，昂昂然天地间，唯我独尊，世间万物难入他的法眼。世界上，不同的事物各有长短，“梅须逊雪三分白，雪却输梅一段香”“相如工而不敏，枚皋速而不工”……更何况金无足赤，人无完人。我们又何必囿于成见，不肯多一分包容呢？在生活和工作中，看人、对人，要见人之长、容人之短。“己所不欲，勿施于人”，希望别人宽容自己，自己就应该宽容别人，不情愿别人苛求自己，也就不应该苛求别人。学会将心比心，以责人之心责己、爱己之心爱人，就一定能豁达地宽容别人。

雷锋作为一名普通人，也有过失也会犯错。在他那短暂的生命历程里，不知多少次反省自己，不知多少次告诫自己。他果敢地严于解剖自己，倾注了对真善美的执着追求。他谦逊诚恳接受批评，饱含了“永远做一个人民的小学生”的真诚心愿。他闻过则喜。炊事员指出他不该随手拿锅巴吃，排长批评他外出拉菜办事主观，指导员提醒他正确对待男女交往。对此，他总是勇于反省自己、自悟其过，即使“感到莫名其妙，不知风从何起”，也从未拒绝批评，使自己失去纠正错误、提升境界的机会。

在日常生活中，我们怎样才能做到严于律己、宽以待人呢？同学之间朝夕相处，学习生活在一起，交往中难免会产生一些误会和矛盾。当这种情况发生时，首先应该严于律己，多想想自己的不足，主动承担责任，以求得“化干戈为玉帛”，增进同学之间的友谊，求得谅解。同时还应宽以待人，多站在对方的角度想一想，即使受点委屈，也要从大局着想，以友谊为主，做到有理让三分。

严于律己、宽以待人的态度，是人际交往中的“润滑剂”，可以减少生活中许多不必要的摩擦和纷争。如果总是戴着有色眼镜看人，一语不和就“针尖对麦芒”，那么，一句话、一件微不足道的小事，都可能闹得不可收拾。俗话说，“心底无私天地宽，人到无求品自高”。事实证明，一个人只有跳出个人的圈子，才能严于律己、宽以待人。

（二）学会自律走向成功

自律就是自己约束自己。通俗点讲，自律就是自己管好自己。江水因为有了河床，才避免了到处泛滥，最终流向梦想的大海；轮船因为有了导航仪，才不会迷失方向，最终驶向胜利的彼岸。平时，有爸爸妈妈在身边管着我们，可爸爸妈妈不可能时刻陪在我们身边，我们总有离开爸爸妈妈的时候，总要开始自己的独立生活。自律就像河床、就像导航仪，我们只有学会了自律，才能避免误入歧途，最终走向成功。所以，我们必须学会自律。

言行规范、健康发展、学有所长，是学校对我们的要求。因此，从我们迈进校门的那一刻起，我们要说，新的一天我们要从遵守纪律做起。俗话说：“没有规矩不成方圆。”纪律是做好一切事情的保障，没有纪律约束，是什么事情也做不好的。大家知道，鲁迅先生书桌上的“早”字，是严格自律的表现，是自觉守纪的典范。正因为这样，鲁迅先生才成为伟大的文学家、思想家、革命家。

青少年朋友们，要使自己学业有成，理想能够实现，我们就需要刻苦努力，切忌急功近利，少点浮躁、多些实干，让自身的心态安静平稳，这就是成功之道。为此，我们要排除杂念、一心向学。能静一分钟，就能收获一分钟的静谧；能静一节课，就能收获一节课的效益；能静一天，应能收获一天的惊喜；能坚持一辈子，一生就是传奇。我想关键在于自律。

学会自律就要像雷锋那样，常常在一颗螺丝钉、一滴水珠、一篇短文、一句哲言面前，独自聆听自己的心声。一个人从学会聆听自己心声的那一天起，就开始了真正的站立。他记录下自己的心迹，又不时重温，警策之余，悟在其中。心灵世界的块块绿洲，常常都是这样出现的。

学会自律就要像雷锋那样，“对待个人主义像秋风扫落叶一样”。他经常收到来自全国各地的信，看得最细回复最快的，恰恰是那些带有勉励以至指出他不足的来信。他改过之诚，让提意见者为之感动；他改过之快，让批评者为之叹服。

雷锋严于律己的态度启示人们，正视人生不足，不断升华自己，才能逐渐达到顺应自然的境界。把生命当作自我不断完善的过程，人生就会充满快乐和锐气，不断告别稚嫩走向成熟，告别失败走向成功，告别往昔走向新的天地。

播下一个行动，收获一种习惯；播下一种习惯，收获一种性格；播下一种性格，收获一种命运。所以，我们从现在起要养成好的行为习惯和学习习惯。然而，哪些是我们应该养成的好习惯呢？首先是思想意识要到位。在生活、学习中我们有着各种不同的习惯，当我们做某件事情时，要想一想，你的做法是否对集体、对他人有利，损害集体和他人利益的事我们坚决不能做。勿以恶小而为之，勿以善小而不为。课堂上，专心听讲是对老师最大的尊重；升旗仪式上，你全神贯注，目送国旗冉冉升起，是对祖国最深的敬意。只要我们以校规校纪来规范自己的行为，我们就一定能成为合格的学生。

自律，是我们内心的一股力量。“律”即是约束，我们向来认为约束是对心灵的桎梏，却不曾看到约束背后的美丽。它的美正如一首诗，平平仄仄按一定的规律排列起来，呈现出一种令人赞叹的音韵节律。愿青少年朋友们养成文明守纪的习惯，与纪律同行，去实现我们的理想。与纪律同行，使我们的人生更加灿烂辉煌。青少年朋友们，昨日的习惯已经造就了今日的我们，而今日的习惯将决定我们的明天。让我们从今天做起，从现在做起，养成各种良好的习惯，遵守纪律，明天就能成就我们的大未来！

自律，是一个人良好的素养，也是一个人宝贵的精神财富。古今中外，凡是有所作为的人，都是有精神追求且自律的人，比如：贝多芬、爱迪生、曹雪芹、傅雷、曾国藩……他们的人生成就，都是由责任和自律驱动的结果。虽然自律的人不一定成功，但自律肯定会让一个人走得更高更远。养成自律的习惯，将自律融入自己的身体和灵魂，才能让自己在自律中超越自我，在自律中慢慢成就自我。不要总是抱怨他们的机遇比你好，他们的成绩比你高，他们的特长比你出色，那么你见到过他们背后每一天的自律吗？是他们在你网游时候的博览群书，是他们在你高谈阔论时的脚踏实地，是他们在你游山玩水时的刻苦磨炼，才有了骄人的成绩、炫目的技艺。很多时候，不是你优秀后才自律，而是你自律了才会变得优秀，才会得到岁月的厚爱。所以，你要想活出自己想要的样子，就必须先学会自律。持久的坚持，其本身就是一种高度的自律。无论是谁，有了强大的自律，将会有意想不到的收获，人生之路将变得无与伦比的精彩和惊艳！

参考文献

[1] 李平. 校园雷锋种子工程［M］. 北京：人民日报出版社，2015.
[2] 宋焕斌. 雷锋精神概论［M］. 北京：中国石化出版社，2016.
[3] 张仲国. 锋芒淬砺［M］. 沈阳：辽宁大学出版社，2016.
[4] 李静. 铸魂之道［M］. 沈阳：辽宁人民出版社，2018.
[5] 雷锋. 雷锋日记［M］. 北京：解放军文艺出版社，1963.
[6] 雷锋. 雷锋日记选［M］. 北京：解放军文艺出版社，1973.
[7] 雷锋. 雷锋日记诗文选［M］. 北京：战士出版社，1982.
[8] 总政组织部，沈阳军区政治部.雷锋［M］. 北京：解放军出版社，1988.
[9] 本书编写组. 雷锋的故事［M］. 北京：解放军文艺出版社，1963.
[10] 戴明章. 回忆雷锋［M］. 沈阳：春风文艺出版社，1994.
[11] 陈广生，朱亚南. 雷锋全传［M］. 北京：解放军文艺出版社，2012.
[12] 殷允岭. 雷锋传［M］. 北京：中国青年出版社，2012.
[13] 总政治部组织部. 永恒的丰碑［M］. 北京：解放军出版社，2012.
[14] 钟超. 向雷锋学什么［M］. 北京：红旗出版社，2012.
[15] 本书编写组. 雷锋精神在身边［M］. 北京：人民出版社，2012.
[16] 本书编写组. 雷锋精神代代传［M］. 北京：学习出版社，2012.
[17] 祝正洲. 我要做个雷锋式的好少年［M］. 武汉：武汉大学出版社，2014.
[18] 张惠双. 工人雷锋［M］. 北京：中国大百科全书出版社，2014.
[19] 李佑新，高文学. 雷锋精神［M］. 北京：中共党史出版社，2019.
[20] 贺培育. 湖南当代雷锋［M］. 湘潭：湘潭大学出版社，2017.
[21] 本书编写组. 雷锋精神学习读本［M］. 北京：红旗出版社，2017.
[22] 华东方. 雷锋档案［M］. 北京：人民日报出版社，2016.